GREEN &BLACK'S
ORGANIC

ULTIMATE

Chocolate Recipes
The New Collection

究極の
チョコレート
レシピ

～

写真
ジェニー・ザリンス

編集　ミカ・カー＝ヒル
訳　岩田 佳代子

ガイアブックスは
地球の自然環境を守ると同時に
心と身体の自然を保つべく
"ナチュラルライフ"を提唱していきます。

First published in Great Britain in 2010 by
Kyle Cathie Limited, 23 Howland Street,
London W1T 4AY
www.kylecathie.com

Text copyright © 2010 Cadbury Holdings Limited *
Photography copyright © 2010 Jenny Zarins
Design copyright © 2010 Kyle Cathie Limited

Design: heredesign.co.uk
Photography: Jenny Zarins
Project editor: Sophie Allen
Food stylist: Lizzie Harris
Props stylist: Tabitha Hawkins
Recipe testing: Georgina Fuggle & Sylvain Jamois
Copy editor: Stephanie Evans
Production: Gemma John

* except for all recipes acknowledged on pages 6–7

目次

序文　ジョー・フェアレー	8
はじめに	10
ティー・タイム	14
トルテ、タルト、プディング、パイ	74
デザート	118
アイスクリームなど	158
小菓子とチョコレートのあつかい方	174
索引	206

レシピの目次は各章の扉ページをご参照ください。

ACKNOWLEDGEMENTS

レシピの使用を許可くださった以下の方々に感謝します。

Tom Aikens, Chocolate Tart (p81), Chocolate Crêpes (p200) *tomaikens.co.uk*
Donna Air, Chocolate-drizzled Fruity Flapjacks (p28) *donnaair.com*
Omar Allibhoy, Churros and Chocolate a la Española (p183) *elpiratadetapas.co.uk*
Darina Allen, Chocolate and Peanut Butter Pie (p88), from *Easy Entertaining* (Kyle Cathie 2005), Gluten-free Chocolate Fudge Pudding (p97), from *Healthy Gluten-free Eating* (Kyle Cathie, 2004) *cookingisfun.ie*
L'Artisan du Chocolat, Chocolate Martini (p204), Matcha White Chocolate New Orleans Fizz (p205) *artisanduchocolat.com*
Lindsey Bareham, Chocolate, Almond and Raspberry Birthday Cake (p66), Chocolate and Chestnut Soufflé Cake (p70), *lindseybareham.com*
Annie Bell, Guilt-free Chocolate Cake (p58), Bûche de Noël (p116) from *Gorgeous Cakes* (Kyle Cathie 2005)
Richard Bertinet, Dark Chocolate and Cardamom Ice Cream (p164), *thebertinetkitchen.com*
Charmaine Bustard, Farmhouse Chocolate and Banana Bread (p54)
Adam Byatt, Ultimate Chocolate Soufflé (p154) *trinityrestaurant.co.uk*
Millie Charters, Chocolate Pudding Pie (p90)
Sally Clarke, Bitter Chocolate and Buttermilk Ice Cream (p160) *sallyclarke.com*
Harry Eastwood, Heartache Chocolate Cake (p63), from *Red Velvet & Chocolate Heartache* (Bantam Press, 2009) *harryeastwood.com*
Maria Elia, Retro Cherry Chocolate and Almond Swiss Roll (p106) *thisismariaelia.com*
The English Cheesecake Company, Choctastic Cheesecake (p148) *englishcheesecake.com*
Kellie Fernandes, Chocolate Chip Cookies (p16)
Jane Ford, Jane's Chocolate Christmas Pudding (p114)
Georgina Fuggle, Truly Gooey Chocolate and Hazelnut Cookies (p20), White Chocolate and Blackberry Cupcakes (p42), Ginger and Dark Chocolate Roulade with Poached Pears (p108), Pistachio and Fig Chocolate Biscotti (p192) *thehartandfuggle.com*
Paul Gayler, Dark Chocolate, Brandy and Cherry Cake (p64), White Chocolate and Lemon Cheesecake Ice Cream (p162), Milk Chocolate Rum and Raisin Semi-freddo (p166) *paulgayler.com*
The Ginger Gourmand, Chocolate Panna Cotta with Vanilla Poached Pears (p149) *thegingergourmand.blogspot.com*
***Good Housekeeping* magazine**, Chocolate and Pecan Pie (p94), Marbled Mousse (p122), Chocolate Iced Mille Feuilles (p170) *allaboutyou.com/goodhousekeeping*
Guerrilla Gardening, Chocolate Seed Bombs (p188) *GuerrillaGardening.org*
Arianna Halshaw of Bittersweet Bakers, Chocolate Cinnamon Rolls (p51) *bittersweetbakers.com*
Anna Hansen, Chocolate Liquorice Delice with Cocoa Chilli Wafer (p129) *themodernpantry.co.uk*
Alice Hart, Velvet Salted Caramel Chocolate Torte (p78) *thehartandfuggle.com*

Maida Heatter, Brownie Crisps (p18)
Harriet Hewitson, Pear and Chocolate Tatin (p82)
Felicity Hood, Chocolate and Raspberry Cheesecake Brownies (p36)
Simon Hopkinson, Chocolate Pithiviers (p197), from *Roast Chicken and Other Stories* (Ebury Press 1999)
The Hummingbird Bakery, Ginger Chocolate Cupcakes (p44), Dark Chocolate Cupcakes (p45) *hummingbirdbakery.com*
Sam Hutchins, Chocolate Fritters (p190), 32 Great Queen Street, WC2B 5AA
Sylvain Jamois, 5-minute Chocolate Pot (p124) *undercoverkitchen.com*
Judges Bakery, Chocolate Cupcakes (p38) *judgesbakery.com*
Hanne Kinniburgh, Strawberry and White Chocolate Cheesecake (p146)
Thierry Laborde, White Chocolate and Passion Fruit Delice (p128) *visitthekitchen.com*
Rose Levy Beranbaum, Chocolate Layer Cake (p60) *realbakingwithrose.com*
Prue Leith, Ultimate Chocolate Roulade (p110), *Leiths Cookery Bible* by Prue Leith and Caroline Waldegrave (Bloomsbury Publishing 2003)
Lulu, Mint Chocolate Bombs (p156), *trullorestaurant.com*
Nick Malgieri, Chocolate Bourbon Cake (p77), *nickmalgieri.com*
Marianne Magnier Moreno, Almost Oreos (p22) from *Cooking from Above: Baking* (Hamlyn 2009)
Emma Marijewycz, Chocolate-orange Ginger Biscotti (p194)
Mary McCartney, Chocolate and Coconut Rice Pudding (p132) *marymccartney.com*
Allegra McEvedy, Not Millionaire's Shortbread (p24) *allegramcevedy.com*
Rachael Nimento, Chocolate Tiffin (p27)
Sharon Osbourne, Strawberry pâte de fruit (p184) *sharonosbourne.com*

Lorraine Pascale, Chocolate Banoffee Tart (p84) *ellasbakehouse.co.uk*
Antony Perring, Chocolate and Raspberry Croissant Pudding (p100) *antonyperring.com*
José Pizarro, Olive Oil Chocolate Torte (p111) *josepizarro.com*
Primrose Bakery, Peanut Butter Cupcakes (p40) *primrosebakery.org.uk*
Claudia Roden, Gateau au Chocolat (p68), from *The Book of Jewish Food* (Penguin 1999)
Denise Rowe, All-in-one Spiced Chocolate Loaf (p56)
Mark Sargeant, Spiced Chocolate Cream (p136) *theswanwestmalling.co.uk*
Hannah Saxton, Vanilla Cream Truffles (p196) *mychocolate.co.uk*
Natalie Seldon of Estella Cupcakes, The Ultimate Chocolate Fudge Cake (p73) *estellacupcakes.com*
Delia Smith, Chocolate Ricotta Cheesecake (p144) © 2003 *The Delia Chocolate Collection* (BBC Books). Recipe reproduced by kind permission of Delia Smith; for further Delia recipes – please go to *deliaonline.com*
James Tanner, Chocolate Fondant (p96), from *James Tanner Takes 5* (Kyle Cathie 2010) *tannersrestaurant.com*
Jo Wood, Thyme and Chocolate Truffles (p202) *jowoodorganics.com*
Charles Worthington, White Chocolate and Cardamom Rice Pudding with Marmalade and Cointreau Sauce (p134) *cwlondon.com*
Paul a. Young, Pure Gold Sea Salted Chocolate Ginger Tart with Fennel Seed Brittle (p86), paul.a.young fine chocolates – *paulayoung.co.uk*

序文　ジョー・フェアレー

弊社の「グリーン・アンド・ブラックス」チョコレートは、絶対にそのまま食べなければいけないわけでは決してありません。よくおききする「エネルギー」という言葉から察しますに、弊社製品を愛してくださるみなさまは、弊社の製品、それも特にダーク・チョコレートを最大限にご活用くださり、ケーキやクッキー、デザートを主とするさまざまな誘惑を満たしていらっしゃるばかりか、シチューの「隠し味」に使われたり、鶏肉の赤ワイン煮などに新たな風味を付加したりしていらっしゃるのではないでしょうか。

　チョコレートがすっかり浸透している現代からはとても考えられないことかもしれませんが、弊社が、世界初のオーガニック・チョコレート、グリーン・アンド・ブラックスの生産をはじめた1991年は、弊社が拠点としているイギリスの市場におけるチョコレートの種類はごくかぎられており、カカオ70％という製品を市場に送りだしたのも弊社が初めてだったのです。ただヨーロッパ大陸では、カカオ70％のダーク・チョコレートの効能はかなり

以前から認められていました（特にスレンダーなフランス人女性の方々からは、弊社のチョコレートを机の引きだしに常備しておき、午後4時にそれを口にすれば、空腹に悩まされることなく夕食の時間を迎えられるとよく言っていただきました……）。

　弊社を創業してすぐに気づいたのですが、テレビ番組で活躍されているシェフの方から、雑誌の料理編集者のみなさん、さらには、家庭で熱心に料理をされている方々にいたるまで、カカオ70％のダーク・チョコレートは、料理の基本となっていたのです。そこでわたくしどもは考えました。リンダ・マッカートニーのブラウニーのようなすばらしいレシピや、グラウチョ・クラブのとびきりしっとりしたチョコレート・プディングなど、さまざまなレシピを集めて編集しようと。それが弊社初の料理本『Unwrapped: Green & Black's Chocolate Recipes』となり、料理本に光をあてた賞を受賞し、ベストセラーとなったのです（世界中で500,000部以上が売れました）。

　そして多くのリクエストをいただき──ジャジャーン！──ついに2冊目のレシピ本が出来上がりました。今回ご紹介するのは、これまでにご縁があって、弊社のファンになってくださいました多くのみなさまのレシピです。いずれのレシピにも、弊社創業時以来の「伝統的な」ダーク・チョコレートはもとより、調理用のチョコレートなど、さまざまなフレーバーが多数使用されています。レシピを集める際には、ぜひ載せてほしいとの声をいただきましたし、声をかけさせていただいた方は全員が全員、掲載オーケーを即答してくださいました。あれは絶対に、ココア・パウダーを50gはかるよりも早かったでしょう（例外はツイッギーです。彼女にだけは、依頼を断られました。理由は、「わたしにはすてきなデザートなんかつくれないし、おいしそうなグリーン・アンド・ブラックスのチョコレートを前にして頭に浮かぶことといったら、食べることだけですもの！」だそうです）。「グリーン・アンド・ブラックス・ファンクラブ」がこれだけ広範にわたっている真の理由は、弊社のチョコレートが最高のものだからだと自負しております──今でも昔と変わらず、腕のいい職人たちが、細部にまで最大限気を配り、完璧な製品をつくっているのです──けれどそれと同時に、弊社製品をお買い求めいただく際の「満足感」もまた、ことのほか重要なものであると認識しております。

　グリーン・アンド・ブラックスが生まれたのはずっと昔、雨のある土曜の夜のことで、場所はポートベロー・ロードの寝室でした（ちなみに「グリーン」は、弊社製品がすべてオーガニックであることから、そして「ブラック」は、弊社の根幹をなすカカオ70％の製品が、当時の市場ではカカオ含有量最高であったことから名づけました）。そして1991年の創業以降、実際にわたくしどもが目にしてきたのは、弊社のチョコレートが、弊社とともに仕事をしているコミュニティ（しかも、今後もともに働くことを固く約束してくれるコミュニティ）にもたらしてきたすばらしい影響でした。弊社がマヤ族の方々とフェアトレードをはじめるまでは、ベリーズでは中等教育がおこなわれていませんでしたが、今では70％（以上）の児童が中学校にかよい、しかも多くの子どもたちが、さらにその後の教育をも受けるようになってきているのです。また、彼らがコミュニティにフィードバックする技術が一助となり、コミュニティ内の住民のみなさんも続々と、貧しい暮らしから旅立っていっています。そして、たいへん誇らしい発表をさせていただきますと、2011年末までに、弊社製造の製品は（使用している無数の材料を含めて）すべて、フェアトレード認証を取得していくことになっているのです。

　わたくしが以前、ベリーズにあるトレド・カカオ・グロアーズ・アソシエーションの代表ケイヤタノ・アイコに、弊社を愛してくださるみなさまへのメッセージはないかとたずねましたところ、「みなさんがチョコレートを1枚買ってくれることで、子どもを1人学校へ行かせてくださっているのです。そうお伝えください」と言われました。わたくしには、それ以上のすばらしい言葉は思いつきません。せいぜい、うずまき模様をなす、チョコレート色をしたケーキの種のなかに、こっそり指をつっこんでみたり、友人にチョコレート・ポットなりムースなりをふるまうくらいのものです。あるいはいっそのこと（しつけのゆきとどいたフランス女性のまねをして）しばし口を閉ざしましょうか。いえいえ、しばしといわず、もうずっと……

ジョー・フェアレー、グリーン・アンド・ブラックス共同創業者

はじめに

　今から7年前、弊社初の本が出版されました。掲載したレシピは、甘いものから辛口のもの、手のこんだものから簡単なもの、スフレからソーセージまでと実に多岐にわたっており、レシピを供してくださったのも、友人や親戚、食の世界に携わる方々から料理好きな著名人のみなさんにいたるまで、こちらもさまざまでした。

　そこで本書ではテーマを決め、近年人気の高いチョコレートの焼き菓子を中心にとりあげていくことにしました。簡単にできることが条件、ともいえます。レシピを供してくださったのは前作同様──家族や友人、才能あるみなさんや著名な方々──ですが、前作よりもわたしのアイデアを多くとりいれています。

　本書を、女性はもちろん、男性にも楽しんでいただきたいと思っています。食や料理への男性の興味は高まってきているのに、焼き菓子はいまだ男性とは無縁のもの、といった感があります。が、それはおかしいでしょう。焼き菓子をつくる世界中の女性に見せてやろうではありませんか、誇りをもってエプロンを身につけ、となりの女性に一歩も引けをとらずに、すばやくチョコレート・スポンジをつくれるわれら男性の姿を。

　焼き菓子が大半を占める本書では、前菜などのレシピ集よりも、化学的な側面が非常に大きくなっており、材料の分量やつくり方、温度を守らないと残念な結果になりかねません。焼き菓子は、「レシピなんて見ないわ、冷蔵庫にある、ありあわせのものを使うから」などといって、適当につくれるものではないのです（余談ですが、プロの料理人でもないかぎり、そんなことをいう人をわたしは信用しません）。焼き料理であれ焼き菓子であれ、焼きすぎたり、焼きがたりなかったりするのはどうしてですか？　そう問われるたびに、わたしはきいています、「オーブン用の温度計はありますか？」と。答えは決まって「いいえ」です。「すぐに買ってきて、温度を計ってつくってみてください。それでもまだ問題があるようなら、そのときもう1度いらしてください」それがわたしの返事です。だれひとりとして2度とやってきませんが、わたしのことが気に入らないからかもしれませんね。

　弊社ではつねに、最良のオーガニック材料でチョコレートをつくっていますし、弊社にカカオ豆を供してくれている、ともに働くカカオ農村の人々とも、緊密な関係を維持しています。弊社のマヤゴールド・チョコレートバーは、イギリス初のフェアトレード認証を受けました。本書のレシピの考案、試作の際には、可能なかぎりオーガニックおよびフェアトレードの材料を使用しています。あなたがつくるときも、できれば同じ材料をお使いになることをおすすめします。食物が栽培されたり自生する大地、そして、化学薬品や人工の農薬を使わずに、とびきりおいしい食物を育てようと努力してくださっている農家の方々に敬意を払わないなら、近い将来、わたしたちや子どもたちがなにを口にしていることになるのかわかったものではないのですから。以上、講義終了。

　本書のレシピはすべてが新作ではありません（以前、独自のアイデアなるものは存在しない、といった人がいたかと思うのですが、それはレシピにも当てはまるのではないでしょうか？）。けれど、焼き菓子レシピのなかでは最高のものだとの点はご同意いただけると信じています。新しいチョコレートの開発の際、わたしの胸はいつも、楽しく、なつかしい思いでいっぱいになります（チョコレートに人気があり、その代用品のイナゴマメに人気がないのは、当然でしょう。チョコレートはおいしいからです）。味や香りは、大人になっても記憶に残っていますし、わたしは、幼いころのことや、それをはじめて口にしたときの思い出を蘇らせてくれる食べ物がことのほか好きです。とはいえ、なによりもまずわたしが求めるのは、思い出の再現ではなく、思い出をしのぐものであり、それができたときはじめて、自分の仕事をきちんとやりおおせた、と実感できるのです。

　最後に、わたしの唯一の望みは、本書が汚れてくれることです、それも主にチョコレートで。どうか忘れないでください、本書に残るチョコレートの汚れだけが証明できるのです、本書がいかに価値あるレシピ本かを。

本書から１つだけアドバイスを得たいなら
（公平を期せば、まあ、２つ、
ということになりますが……）

わたしがこれまでに使ってきたオーブンは
すべて、その値段にかかわらず、
目盛りが不正確です。

つまり、ダイヤル式であれデジタル式であれ、
表示される数字はすべからく信用できない、
ということです。

煮るよりも焼く方が化学実験的な側面が強く、
分量や温度の計測がまちがっていると、
うまくつくれません。

したがって、まだもっていない場合は、
オーブン用の温度計を
買ってください。

手ごろな価格で購入できます。

それからもう１つ。正確なはかりも。
わたしが使っているデジタル式のはかりは、
さほど高くありませんでした。

TEATIME
ティー・タイム

チョコチップ・クッキー 16
メイダ・ヒーターのブラウニー・クリスプ 18
チョコレートとヘーゼルナッツのとびきりしっとりクッキー 20
なんちゃってオレオ 22
アレグラ・マッキーヴァディの百万長者じゃない人のショートブレッド 24
チョコレート・ティフィン 26
チョコレート・ソースをかけたフルーティなフラップジャック 28
ウォルナッツとアプリコットのチョコレート・スライス 30
アニタのすてきなウーピー・パイ 32
究極のチョコレート・ブラウニー 34
チョコレートとラズベリーのチーズケーキ・ブラウニー 36
ジャッジズ・ベーカリーのチョコレート・カップケーキ 38
プリムローズ・ベーカリーのピーナッツ・バター・カップケーキ 40
ホワイト・チョコレートとブラックベリーのカップケーキ 42
ハミングバード・ベーカリーのジンジャー・チョコレート・カップケーキ 44
ハミングバード・ベーカリーのダーク・チョコレート・カップケーキ 45
チョコチップ・スコーン 46
チョコレートとカルダモンのマフィン 47
チョコチップ・マドレーヌ 48
ザッハトルテ 50
アリアンナのチョコレート・シナモン・ロール 51
いなか風チョコレート・バナナ・ブレッド 54
オールインワン・スパイシー・チョコレート・ローフ 56
アニー・ベルの罪悪感ゼロのチョコレート・ケーキ 58
ローズ・レヴィ・ベランバウムのチョコレート・レイヤー・ケーキ 60
心痛むチョコレート・ケーキ 63
ダーク・チョコレートとブランデーとチェリーのケーキ 64
リンジー・ベラムのチョコレートとアーモンドとラズベリーのバースデー・ケーキ 66
クローディア・ローデンのガトー・ショコラ 68
チョコレートとクリのスフレ・ケーキ 70
究極のチョコレート・ファッジ・ケーキ 72

チョコチップ・クッキー

16個分

無塩バター	125g
上白糖	100g
黒砂糖	50g
放し飼いのニワトリの卵 Mサイズ	1個
バニラ・エッセンス	数滴
ベーキング・パウダーの入っていない小麦粉	140g
ベーキング・パウダー	小さじ½
塩	小さじ½
ロールド・オート	75g
粗く刻んだ（カカオ70％の）ダーク・チョコレートかミルク・チョコレート（分量は、あなたのチョコレート依存度次第）	200g

このクッキー、わたしはチョコレートをたっぷり使ってつくるのが好きです。体にいいオートをたくさん使ったりしているので、このクッキーを数枚食べるだけで、「ファイブ・ア・デイ（訳注：1日に5サービング［5皿＝70g×5］以上の野菜や果物を摂取しよう、というもの）」をほぼカバーできます（もちろん嘘です）。

バターと上白糖、黒砂糖をボウルに入れて、なめらかなクリーム状にします。そこに卵とバニラ・エッセンスを入れ、混ぜてください。小麦粉、ベーキングパウダー、塩、オートを加え、さらにチョコレートを混ぜて、生地をつくります。その後冷蔵庫に10分ほど入れて、生地を固めてください。

生地をスモモくらいの大きさにとりわけ、両手で丸めてボール状にします。耐油性のクッキング・シートの上に並べていきますが、焼いているあいだに生地が広がっても大丈夫なよう、充分に間隔をあけておきましょう。手でボールを1つずつ軽くつぶしてからオーブンに入れ、15分焼きます。

オーブンからだしたら、トレイの上で5分間冷まして固めてください。それからフライ返しを使ってワイヤー・ラックに移します。

アドバイス
- チョコレートは、どんなフレーバーを使っても大丈夫。大事なのは、食べやすい大きさに刻むこと。

メイダ・ヒーターのブラウニー・クリスプ

約30個分

無塩バター	110g
＋塗布用に少々	
粗く刻んだ（カカオ85％の）ダーク・チョコレート	50g
インスタント・コーヒーの粉	小さじ1
グラニュー糖	100g
放し飼いのニワトリの卵 Lサイズ	1個
バニラ・エッセンス	小さじ½
塩	小さじ¼
ベーキング・パウダーの入っていない小麦粉	30g
細かく刻んだウォルナッツ（ただし粉末状にはしないこと）	75g

ブラウニーのよさがすべて詰まっていながら、薄くてサクサクしたお菓子です。しかも、手で簡単に割れます。

オーブンの中段にラックをセットし、180℃〈ガスマーク4〉に温めておきます。40×25cmの焼き型にバターを塗っておいてください。

フライパンにバターを入れ、中火でとかします。ジュージュー音がするくらいまで熱するのはかまいませんが、くれぐれもこがさないでください。火からはずしたらチョコレートを加え、なめらかになるまで混ぜます。次にインスタント・コーヒーの粉も混ぜてください。砂糖を入れたらゴムべらを使ってよくかき混ぜます。ついで卵、バニラ・エッセンスを入れ、さらに塩と小麦粉も混ぜてください。

前述の焼き型に生地を流し入れて、表面を整えます。そこにウォルナッツを散らしてください。

15分焼きます。途中で焼き型の前後を逆にしてください。

焼きあがったらすぐに5cm角に切りわけ、幅広のへらでラックに移して冷まします。保存は密閉容器で。

チョコレートと
ヘーゼルナッツの
とびきり
しっとりクッキー

16個分

ベーキング・パウダーの
　入っていない小麦粉..............30g
ベーキング・パウダー
　..........................小さじ½
粗く刻んだ
　ミルク・チョコレート..............100g
粗く刻んだ
　ホワイト・チョコレート............100g
皮なしのヘーゼルナッツ..........100g
（カカオ70%の）
　ダーク・チョコレート.............250g
放し飼いのニワトリの卵
　Mサイズ..........2個＋卵黄1個分
グラニュー糖..............................110g

材料を一目見ただけで、このレシピのすばらしさがわかるでしょう。材料の半分以上がチョコレートなうえ、小麦粉はほんの少ししか使わないので、信じられないくらいしっとりしたクッキーができあがります。一般的なクッキーほどサクサクはしていませんが、ナッツがたっぷり入ったチョコレート菓子です。

オーブンを180℃〈ガスマーク4〉に温め、クッキング・シートを敷いたトレイを3枚用意しておきます。

中くらいのボウルで、小麦粉、ベーキング・パウダー、刻んだチョコレート（ミルクもホワイトも）、ヘーゼルナッツを混ぜてください。混ぜたら、しばらくおいておきましょう。

ダーク・チョコレートをとかします。電子レンジを使うか、湯煎にかけてください。湯煎の場合は、ボウルにお湯を入れないよう気をつけましょう。電子レンジなりお湯からボウルをとりだしたら、かき混ぜて、そのまましばらくおいて冷まします。

卵と卵黄に砂糖を加え、軽くフワッとするまで泡立ててください。先刻混ぜておいた生地を加えてから、冷ましたチョコレートも入れて、かき混ぜます。

生地を大さじでたっぷりすくって、用意したクッキング・シートに落としていきます。10分焼きます——我慢できませんが……。

ちゃんと冷ましてから食べましょう！

なんちゃって オレオ

約20個分

生地用

ベーキング・パウダーの入っていない小麦粉	140g
塩	小さじ½
良質のココア・パウダー	大さじ1
上白糖	75g
粉砂糖	25g
砕いた（カカオ70％の）ダーク・チョコレート	25g
室温に戻した無塩バター	100g
放し飼いのニワトリの卵Lサイズの卵黄	1個分
バニラ・エッセンス	小さじ½

ガナッシュ用

ホワイト・チョコレート	125g
生クリーム	40㎖

オレオを思わせる、かぎりなく黒に近い茶色いクッキー生地と、中にはさんだまっ白なアイシングのコントラストがとてもあざやかです。このレシピは、本家オレオのものをとり入れていますが、バニラのたっぷり入った弊社のホワイト・チョコレートを使うことで、とてもなめらかなガナッシュ・フィリングがつくれます。このクッキーは、ぜひお子さんとごいっしょにつくってみてください。あのオレオとそっくりのクッキーが上手につくれれば、お子さんも大喜びでしょう。

小麦粉、塩、ココア・パウダーをボウルにふるい入れます。べつのボウルに上白糖と粉砂糖を入れて混ぜてください。チョコレートを湯煎にかけます。ボウルにお湯を入れないよう気をつけましょう。とかしたら、しばらくおいて冷まします。

電動泡立て器を使って、バターと砂糖を混ぜ、軽くフワッとしたクリーム状にしてください。やわらかくなるへらで、ボウルについたクリームをきれいにまとめます。そこに卵黄とバニラ・エッセンスととかしたチョコレートを加えてください。すべての材料を、電動泡立て器でしっかりと混ぜあわせます。再度へらできれいにまとめたら、ふるっておいた小麦粉、塩、ココア・パウダーを加えましょう。電動泡立て器を低速にして混ぜ、生地をまとめます。

ボウルから生地をだして、きれいな調理台の上におき、長さ15㎝ほどの円柱形に成型していきましょう。作業台の上で生地を転がしてきれいに成型したら、生地をラップで包み、少なくとも1時間半は冷蔵庫に入れておきます。

生地をしっかり休ませているあいだに、オーブンを180℃〈ガスマーク4〉に温め、クッキング・シートを敷いたトレイを2枚用意しておきます。

ガナッシュ用に、ホワイト・チョコレートを湯煎にかけてください。ボウルにお湯を入れないよう気をつけましょう。生クリームを加えてお湯からはずし、しっかりと混ぜたら、15分ほど冷まして室温までさげます。

生地を冷蔵庫からだし、ラップをはずして、板の上においてください。よく切れるナイフを使って、生地をごく薄く40枚に切りわけます（1枚の厚さは2.5㎜くらい）。切った生地をクッキング・シートに並べ、12分ずつ、2度にわけて焼きましょう。焼きあがったら、シートに並べたまま冷まします。

冷めたら、半分のクッキーをクッキング・シートの上でひっくり返し、中央にガナッシュを小さじ1ずつのせていきましょう。その上から残ったクッキーをかぶせ、そっと押して、ガナッシュをクッキーとクッキーのあいだにまんべんなく広げます。できあがったクッキーは、密閉容器に入れて冷蔵庫にしまってください。ガナッシュがなじん

で、おいしく食べられるようになるまで、最低でも30分はそのまま冷やします。冷蔵庫に入れておけば、数日は保存がききます。

アドバイス

- 生地を20枚分切ったら、まずそれを先にクッキング・シートに並べて、すぐに焼きはじめましょう。残りは、それを焼いているあいだに切ればいいのですから。
- キッチンがかなり暖かいなら、まず生地を半分に切ります。一方を切りわけているあいだ、もう一方の生地は冷蔵庫にしまっておきましょう。
- 生地をきちんと円柱形に保っておくのは意外と難しいのですが、いくつか方法がありますから、試してみてください：
  ～ 生地を包むとき、ラップの両端を同時に、しっかりときつくねじるといいでしょう。そうすればラップがピンと張りますから、一段ときれいな形がつくれます。
  ～ すきまなくぴっちりとラップで包んであることを確認したうえで、生地をそっと冷水に浸してください。そして冷水ごと冷蔵庫に入れておきます。円柱形を保つ一助となります。あるいは、生地を寝かせておくあいだ、生地そのものの重みで、下になった部分が平らになってしまわないよう、生地を定期的にくるくる回す、というのもおすすめです。
  ～ 焼き終えてから、クッキーがきれいな丸い形になっていないことがわかったら、まずは少し――3分くらいですね――冷ましてから、クッキーとほぼ同じ大きさの丸抜き型を使って、丸く切り抜きましょう。その後、クッキーを完全に冷ましたら、あとは前述した手順でしあげていけば大丈夫です。

23

アレグラ・マッキーヴァディの百万長者じゃない人のショートブレッド

大きなスライス約12枚分

ベース層用

軽くローストしたフェアトレードの
ピーナッツ..................................200g

放し飼いのニワトリの卵
Mサイズ..2個

フェアトレードの天然ミネラルを
含んだグラニュー糖.................100g

重曹..小さじ1

落花生油／ひまわり油............少量

中間層用

フェアトレードの上白糖...........200g

ダブル・クリーム.....................130㎖

塩 ....小さじ½

トップ層用

マヤゴールドか
ミルク・チョコレート..............200g

イギリスで人気の四角いお菓子ショートブレッド。（名前からもおわかりでしょうが）その小麦粉を使用してないフェアトレード版が、このレシピです。ベースとなる層は、よくあるショートブレッドの層を、ピーナッツたっぷりのクッキー風にしてあります。まん中の層をなすわたしのキャラメルは、通常の固めのファッジよりかなりねっとりしていますが、たっぷり使用しているマヤゴールドの独特な風味が全体をしっかりとまとめています。「少々食べにくいけれど、おいしい」といったところでしょうか。なので少なくとも、食べすぎることはないでしょう！

オーブンを180℃〈ガスマーク4〉に温めておきます。フード・プロセッサーを使って、ピーナッツをパウダー状にしてください。

小型のロースト用フライパンか、20㎝角で深さ5㎝の天板（あるいは同サイズの角形の缶でも可）に、耐油性ペーパーを敷きます。ペーパーにはあらかじめ、両面に軽く油を塗っておきましょう。ベース層の材料をすべてボウルに入れてしっかりと混ぜます。それを、用意しておいた天板などに入れ、均等に押し広げてから、30分焼いてください。

オーブンからとりだしたらすぐに、パレット・ナイフかフライ返しを使って、生地を押し固めます。あとはそのまま、完全に冷ましてください。

そのあいだに、上白糖とダブル・クリームを計量しておきます。厚底鍋を中火にかけて、充分に熱してください。

上白糖をそっと、鍋のまん中に入れていきます。鍋のまん中に上白糖の山をつくるつもりで入れるといいでしょう。やがて端がとけて、キャラメル状になってきたら、鍋をそっとゆすりキャラメルを少しずつ、砂糖の山にからめていきます。キャラメルの下に潜む湖の上で、残った砂糖の島がプカプカとゆれだしたら、島を静かに押して、湖の中にきれいに沈めてください。少しでもキャラメルがこげてきたら、できるだけすばやくかき回して、熱を飛ばします。

キャラメルは、落ちついて、ていねいに、ゆっくりと時間をかけてつくりましょう。また、つくっているあいだは決して鍋から離れないでください。

砂糖が全部きれいにとけて、黒みを帯びた、おいしそうな赤茶色になったらできあがりです。ダブル・クリームと塩を加えて1分間、死にものぐるいでかき回してください（キャラメルがすさまじく泡立ちますが、心配は無用です）。それを、先ほどのベースの上に流し入れて固めます。室温でも大丈夫ですが、急いでいるなら冷蔵庫に入

れましょう。とんでもなくパニくっているときは、冷凍庫にどうぞ。

キャラメルがしっかり固まったら、チョコレートを湯煎にかけます。ときどきかき混ぜてください。ボウルにお湯を入れないよう気をつけましょう（電子レンジでとかしてもかまいません）。とかしたチョコレートをキャラメルの上から流し入れ、パレット・ナイフで表面を平らにします。そのまま室温で固めてください──チョコレートを冷蔵庫に入れるのは、おすすめしません。

チョコレートが固まったら、ペーパーを引っ張るようにして天板などからとりだし、温めたナイフを使って四角く切っていきます。

アドバイス

- つくりはじめる前に、鍋がきれいか、砂糖やクリームにはなにも混ざっていないか、しっかりと確認しておいてください。少しでもよけいなものが混ざってしまうと、せっかくのキャラメルがだいなしになってしまいますから。
- キャラメルをつくったあとの鍋をきれいにするいい方法をお教えしましょう。鍋に水を張り、弱火にかければ、残ったキャラメルがきれいにとれます。

チョコレート・ティフィン

24個分

皮をむいた粒のままのアーモンド	90g
皮をむいた粒のままのピスタチオ	90g
無塩バター	200g
糖蜜	140g
砕いたジンジャー・ビスケット	400g
良質のココア・パウダー	70g
サルタナ(干しブドウ)	80g
オレンジの皮	1個分（お好みで）
砕いたミルク・チョコレート	320g

このレシピをこころよく提供してくれたのは、弊社メンバーの友人レイチェル・ニメンコ。わたしは、このレシピでつくるティフィンがことのほか大好きです。じつにさまざまな食感や味が楽しめるのですから。ビスケットにナッツ類にかみごたえたっぷりのサルタナと、それぞれに異なる食感はもとより、それらが、口いっぱいにとろけるチョコレートと混ざりあったときのあの味わい。もうたまりません。ピスタチオとアーモンドは、まちがいなく「最強ナッツの双璧」ですし、ビスケットに入っているジンジャーやオレンジの皮ともよくあいます。なお、妻からきいたのですが、チョコレートとオレンジの組みあわせは、好き嫌いがはっきりわかれるとのこと。したがって、もし嫌いな場合には、オレンジの皮はいつでもはぶいてかまいません！

オーブンを180℃〈ガスマーク4〉に温めておきます。ナッツ類を、色が変わりはじめるまで軽くいためていきましょう。時間は5分くらいです。25㎝四方の焼き型に、耐油性ペーパーを敷いておきます。

鍋にバターと糖蜜を入れてとかしてください。

砕いたビスケット、ココア・パウダー、ナッツ類、サルタナを大きなボウルに入れて、しっかりと混ぜあわせます。へら型のアタッチメントをつけた電動ミキサーを使ってもいいでしょう。そこにとかしたバター、糖蜜と(使うなら)オレンジの皮を加えて混ぜます。ペーパーを敷いた焼き型に生地を入れ、できるだけ平らに広げてください。その後、1時間半冷蔵庫で寝かせます。

ミルク・チョコレートをとかします。電子レンジを使うか、湯煎にかけてください。湯煎の場合は、ボウルにお湯を入れないよう気をつけつつ、ときどきかき回します。ほとんどとけたら、電子レンジなりお湯からボウルをとりだしてください。そのままかき混ぜつづけて、まだ残っている固まりもすべて、きれいにとかします。

よく冷えたティフィンを冷蔵庫からだし、とかしたチョコレートの半量をその上面に広げ、パレット・ナイフを使ってざっとならしてください。数分おいてチョコレートが固まったら、残りのチョコレートも広げていきます。パレット・ナイフですばやくならしたら、フォークの歯を使って、波のような模様を描いていきましょう。波状のチョコレートの層が固まるまでおいておきます。だいたい5-10分です。その後、四角く切りわけます。

アドバイス

- これは、前もってつくっておくのにおすすめのレシピです。密閉容器に入れておけば、10日後でもおいしくいただけます。
- 充分な大きさの焼き型がないときは、中くらいのサイズのロースト用フライパンを使えば大丈夫。この生地なら、どんな形の型にでも入れられるのですから！
- もう少しはなやかな味にしたいときは、スパイス・ミックス・パウダーを小さじ1加えてください。

チョコレート・ソースをかけたフルーティなフラップジャック

12本分

無塩バターの固まり	150g
＋塗布用に少々	
三温糖	75g
無添加ハチミツ	大さじ3
ロールド・ポリッジ・オート	250g
ドライ・ベリー	170g
粗く刻んだミルク・チョコレート	100g

このレシピを提供してくれたのは女優のドナ・エアーですが、彼女も我々も、このフラップジャックは、昔ながらのすばらしいレシピだと思っています。「シンプルだけれど、とてもおいしいんです。これなら本当に、山ほど食べられるわ。このレシピの好きなところは（もちろん味以外でよ、なんといってもこのフラップジャックには、チョコレートがかかっているんですもの！）、食べたいドライ・フルーツをなんでも入れられるってところね。わたしがおすすめするのは、すばらしいスーパーフード（訳注：カロリーが少なく、栄養たっぷりの自然食品で、健康増進やアンチエイジングなどの効果が期待できるもの）でもある、クランベリーやチェリーみたいなドライ・ベリー類。アプリコットもおいしいし、秋だったらドライ・ペア（干し洋ナシ）だっていいし……。しかもこのおやつは、お母さんにも子どもにもすごくいいのよ。ポリッジ・オートには、健康には不可欠だってだれもが知っているあの必須脂肪酸がたっぷり含まれているんですもの。これなら、"おやつ"としてどうどうと食べられるでしょ。さあ、たっぷりめしあがれ！」

オーブンを180℃〈ガスマーク4〉に温めておきます。30×20×4㎝のテフロン加工を施した天板に、軽く油を塗っておいてください。

バター、砂糖、ハチミツを鍋に入れて火にかけます。バターと砂糖が完全にとけるまで、ときどき静かにかき混ぜてください。

火からおろしたら、オートとドライ・フルーツ、それに刻んだチョコレート半量を加えてよくかき混ぜます。生地を、用意しておいた天板に入れ、均等に広げてから、キツネ色になるまで、20-25分焼きます。

オーブンからだしたあとは、天板に入れたままで完全に冷ましてください。

残りのチョコレートをとかします。電子レンジを使うか、湯煎にかけてください。湯煎の場合は、ボウルにお湯を入れないよう気をつけましょう。とかしたチョコレートを、天板のフラップジャックにかけたら、チョコレートが固まるまで、そのまま冷まします。その後、ナイフを使って12等分してください。

アドバイス
- 密閉容器に入れれば保存はできますが、長くても3日までです。

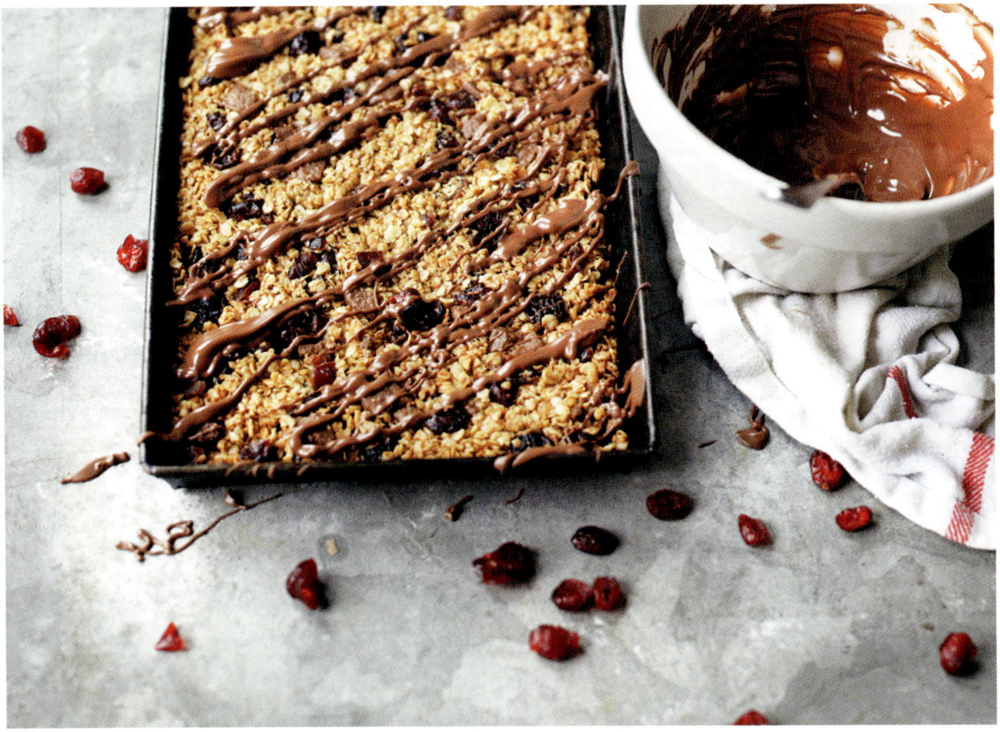

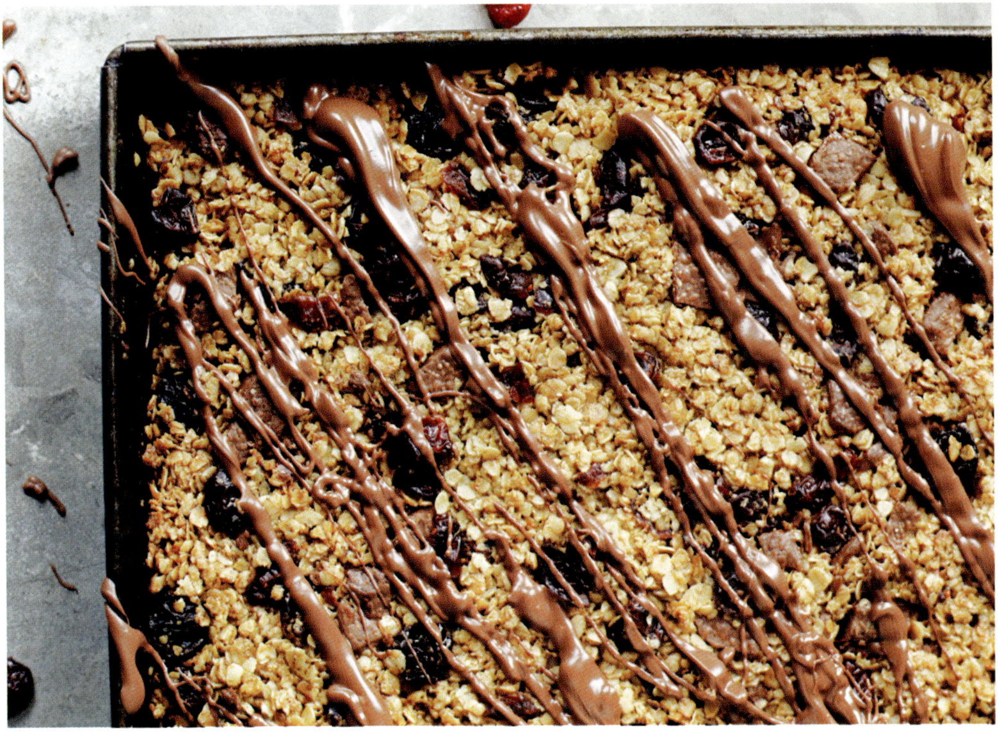

ウォルナッツとアプリコットのチョコレート・スライス

約12個分

ショートクラスト・ペイストリー（パイやタルト用のサクサクの生地）	250g
（p.81を参照）	
なめらかなアプリコット・ジャム	125g
ウォルナッツ	100g
放し飼いのニワトリの卵 Lサイズ	3個
三温糖	175g
とかした無塩バター	50g
ベーキング・パウダーの入っていない小麦粉	75g
細かく刻んだソフト／セミ・ドライ・アプリコット	150g
（カカオ70％の）ダーク・チョコレート	250g

70年代なかば、当時子どもだったわたしがはじめてアプリコットとチョコレートの組みあわせを知ったのが、ソーントンズのアプリコットのパルフェで、以来ずっとその組みあわせが大好きです。ただし、生のアプリコットを使うと、風味が飛んでしまったり、粉っぽくなってしまったりして、残念な結果になることがままあります。けれどこのレシピは、おいしいウォルナッツのフランジパーヌを、ペイストリーのベースとチョコレートのトッピングでサンドしているので大丈夫。食感も香りも楽しめる、すばらしい組みあわせになっています。

オーブンを180℃〈ガスマーク4〉に温め、20×30cmの焼き型にクッキング・シートを敷いておきましょう。

ペイストリーは、焼いているあいだに多少縮むことを考慮し、焼き型の底面よりも少し大きめに広げてから、たるみを持たせつつ焼き型に敷いていきます。その後15-20分か、こんがりとしたキツネ色になるまで焼いてください。焼きあがったら、型に入れたまま冷まし、ペイストリーの表面にまんべんなくジャムを塗ります。

フード・プロセッサーでウォルナッツを細かく砕いてください。卵と砂糖を、軽くフワッとするまで混ぜてから、ふるった小麦粉とともにとかしたバターに混ぜこんでいきます。さらにウォルナッツも混ぜあわせましょう。

混ぜあわせたものをペイストリーの上に流しこみ、均等に広げます。もう1度オーブンに入れて25-30分、しっかりと固まるまで焼いてください。その後、オーブンからだして冷まします。刻んだアプリコットを散らしましょう。

チョコレートをとかします。電子レンジを使うか、湯煎にかけてください。湯煎の場合は、ボウルにお湯を入れないよう気をつけましょう。大きなスプーンを使って、とかしたチョコレートをまんべんなく、たっぷりとかけていきます。チョコレートの厚さが均等になるように気をつけてください。

チョコレートが固まったら、焼き型からとりだし、まな板にのせます。よく切れるパン切り包丁で、12個かそれ以上に切りわけてください。

アドバイス

- アプリコット・ジャムやアプリコットの量は、好みで増減してかまいません。ハード・タイプのドライ・アプリコットしか手に入らなくても、1晩水に漬けてたっぷり水を吸わせれば大丈夫です。
- 食感のコントラストをしっかりと楽しみたいなら、ペイストリーは、固く、サクサクしていなければなりません。そのためには、2度目の焼き時間が長くならないよう、最初にしっかりと焼いておきます。

アニタのすてきなウーピー・パイ

約10個分

パイ用

無塩バター	125g
(カカオ70%の)ダーク・チョコレート	150g
砂糖	225g
放し飼いのニワトリの卵 Lサイズ	3個
バニラ・エッセンス	小さじ1
ベーキング・パウダーの入っていない小麦粉	250g
良質のココア・パウダー	30g
ベーキング・パウダー	小さじ½

フィリング用

無塩バター	50g
半脱脂粉乳	30㎖
バニラ・エッセンス	小さじ½
粉砂糖	250g

ウーピー・パイを見たことも食べたこともないという方のために説明しますと、もともとはペンシルベニアのアーミッシュたちのあいだで食べられていたもので、大きさはハンバーガーくらい。やわらかいクッキーでマシュマロをはさんでつくります。そのつくり方は昔からずっと変わりませんでした。けれど、デンマーク人とイギリス人の血を引く、わが尊敬すべき同僚にして焼き菓子の達人アニタ・キニバーグは、独自のレシピをうみだしたのです。オリジナルよりも小さく、バターとチョコレートの風味がきいています。しかも、中にはさむのはバタークリーム。彼女を天才と呼ぶ人もいますが、わたしにとっては、ただの大切な友人です。

オーブンを180℃〈ガスマーク4〉に温め、2枚のトレイそれぞれにクッキング・シートを敷いておきます。

バターとチョコレートを湯煎にかけてください。ボウルにお湯を入れないよう気をつけましょう。お湯からはずしたら、そのまま少し冷まします。

べつのボウルで砂糖、卵、バニラ・エッセンスを3分間、あるいは、軽くフワッとして色が白っぽくなるまで混ぜてから、チョコレートとバターをとかしたものに混ぜ入れてください。

小麦粉、ココア・パウダー、ベーキング・パウダーをふるいあわせて、混ぜ入れます。

大きなスプーンで生地をすくい、用意しておいたトレイに落としてください(だいたい20枚分です)。それを10-12分焼きます。オーブンからだしたら、そのまま冷ましましょう。

フィリング用の材料をすべてかき混ぜて、クリーム状にします(最初は木製のスプーンで混ぜてください——いきなり電動ミキサーを使ったら、粉砂糖の雲にすっぽり覆われてしまうかもしれませんから)。

パイが冷めたら、2枚1組にし、1枚の平らな面にフィリングをたっぷりのせてから、もう1枚を上からかぶせてしっかりとはさみます。

アドバイス

- もっとオリジナルに似たものをつくりたい場合は、p. 92の「チョコレート・メレンゲ・パイ」なり、p. 167の「ベイクド・アラスカ」のイタリアン・メレンゲをつくって、それをフィリングとして使うといいでしょう。

究極の
チョコレート・
ブラウニー

24個分

無塩バター	300g
砕いた（カカオ70%の）ダーク・チョコレート	300g
放し飼いのニワトリの卵　Lサイズ	5個
グラニュー糖	450g
バニラ・エッセンス	大さじ1
ベーキング・パウダーの入っていない小麦粉	200g
塩	小さじ1

『究極のチョコレートレシピ』本に欠かせないのが、究極のチョコレート・ブラウニーのレシピです。そこでくまなく探し、数多くのレシピを試してもみましたが、結局は、弊社最初のレシピ本に掲載したものにもどってきました（ただし今回のレシピからはチェリーをはぶいてあります）。驚くほど簡単につくれ、チョコレートをふんだんに使っていながら甘すぎず、外はサクッ、中はすばらしくしっとり、塩をたっぷり使っているので、こってりしすぎることもありません。まさに、わたしの兄ジョーがいうところの、文句なしの拍手もの、でしょう。

オーブンを180℃〈ガスマーク4〉に温め、30×24×6cmの天板に、耐油性ペーパーかクッキング・シートを敷いておきます。

バターとチョコレートを湯煎にかけてください。ボウルにお湯を入れないよう気をつけましょう。卵、砂糖、バニラ・エッセンスをべつのボウルに入れ、生地がもったりして、スプーンの背にくっつくようになるまでしっかりと泡立てます。バターとチョコレートが完全にとけたら、お湯からボウルをはずし、泡立てた生地を入れてかき混ぜてください。小麦粉と塩をふるいあわせてからそれも加え、生地がなめらかになるまでしっかりかき混ぜつづけます。

生地を天板に流し入れてください。生地が均等に広がるように気をつけましょう。オーブンに入れ、20-25分か、表面全体がパリッとしてキツネ色になり、ひび割れはじめるまで焼きます。この大きなブラウニーは、外はしっかり焼きあげ、中はしっとりしたままにしておくことがポイントです。

20分ほど冷ましてから、天板に入れたまま大きめの四角に切りわけていきます。耐油性ペーパーやクッキング・シートは簡単にはがせるでしょう。

アドバイス
- 天板に流し入れる前の生地に、ひと握りほど、好きなナッツやドライ・フルーツを加えます。刻んで入れるか丸ごと入れるかは、お好みで。
- すべての材料を混ぜあわせたら、必ず味見をします。バニラや塩の加減を確かめてください。ただし念のため、味見をしすぎて焼く生地がなくなってしまわないよう気をつけましょう。

チョコレートとラズベリーのチーズケーキ・ブラウニー

16個分

ブラウニー用

無塩バター.................................280g
　　＋塗布用に少々

（カカオ70%の）
　ダーク・チョコレート............170g

天然ミネラルを含んだ
　上白糖..350g

ベーキング・パウダーの
　入っていない小麦粉...............70g

塩 1つまみ

放し飼いのニワトリの卵
　Mサイズ.......................................5個

バニラ・エッセンス................小さじ2

細かく砕いた
　ホワイト・チョコレート..........100g

チーズケーキ用

クリーム・チーズ.......................350g

未精製のきめの細かい
　上白糖...75g

バニラ・エッセンス................小さじ1

放し飼いのニワトリの卵
　Mサイズ.......................................2個

生のラズベリー..........................170g

このレシピは、昔からかわらず弊社の製品を愛してくれているフェリシティ・フードが、弊社主催の一般向けコンテストのために考案してくれました。それも、自分の大好物２つ——ラズベリーとチョコレートを堪能すべく！定期的に夕食会を開いている彼女は、しばしばこのレシピで友人たちを喜ばせています。見た目はもちろんのこと、味もすばらしく、大勢の人たちを魅了することまちがいなしです。

オーブンを180℃〈ガスマーク４〉に温め、20㎝角のブラウニー用焼き型にバターを塗っておきます。

ブラウニーの生地をつくりましょう。バターとチョコレートを湯煎にかけます。ボウルにお湯を入れないよう気をつけてください。よくかき混ぜて、バターとチョコレートが完全にとけて混ざったら、ボウルをお湯からはずして冷ましておきます。

大きなミキシング・ボウルに砂糖、小麦粉、塩を入れ、冷ましたチョコレート生地を流し入れてから、しっかりと混ぜて、なめらかにしてください。べつのボウルで卵を泡立て、バニラ・エッセンス、ホワイト・チョコレートといっしょにミキシング・ボウルに加えます。

よく混ぜて、つややかなチョコレート生地をつくってください。できあがったら、用意しておいた焼き型に流し入れます。

次はチーズケーキの生地です。クリーム・チーズ、砂糖、バニラ・エッセンス、卵を、トロッとなめらかになるまでしっかり混ぜます。これをブラウニーの生地の上にそっと流し入れてください。生地はなるべく均等に広げましょう。

フォークを使い、チーズケーキの生地をブラウニーの生地に混ぜこむようにしながら、マーブル模様を描いていきます。その後、ラズベリーをおいていきましょう。ラズベリーは、しっかりと生地に埋めこむようにしてみてください。

35-40分焼きます。30分たったらいったん型をとりだし、ブラウニーが、多少のしっとり感を残しつつしっかり焼けているかを確かめます。もう少し焼いた方がいい場合は、オーブンにもどしましょう。焼きあがったら、型に入れたまま、ホイルをかぶせて冷まします。

冷めたところで、「おいしいブラウニー」を型からだし、16個に切りわけて、運のいいお客さまにおだししましょう。

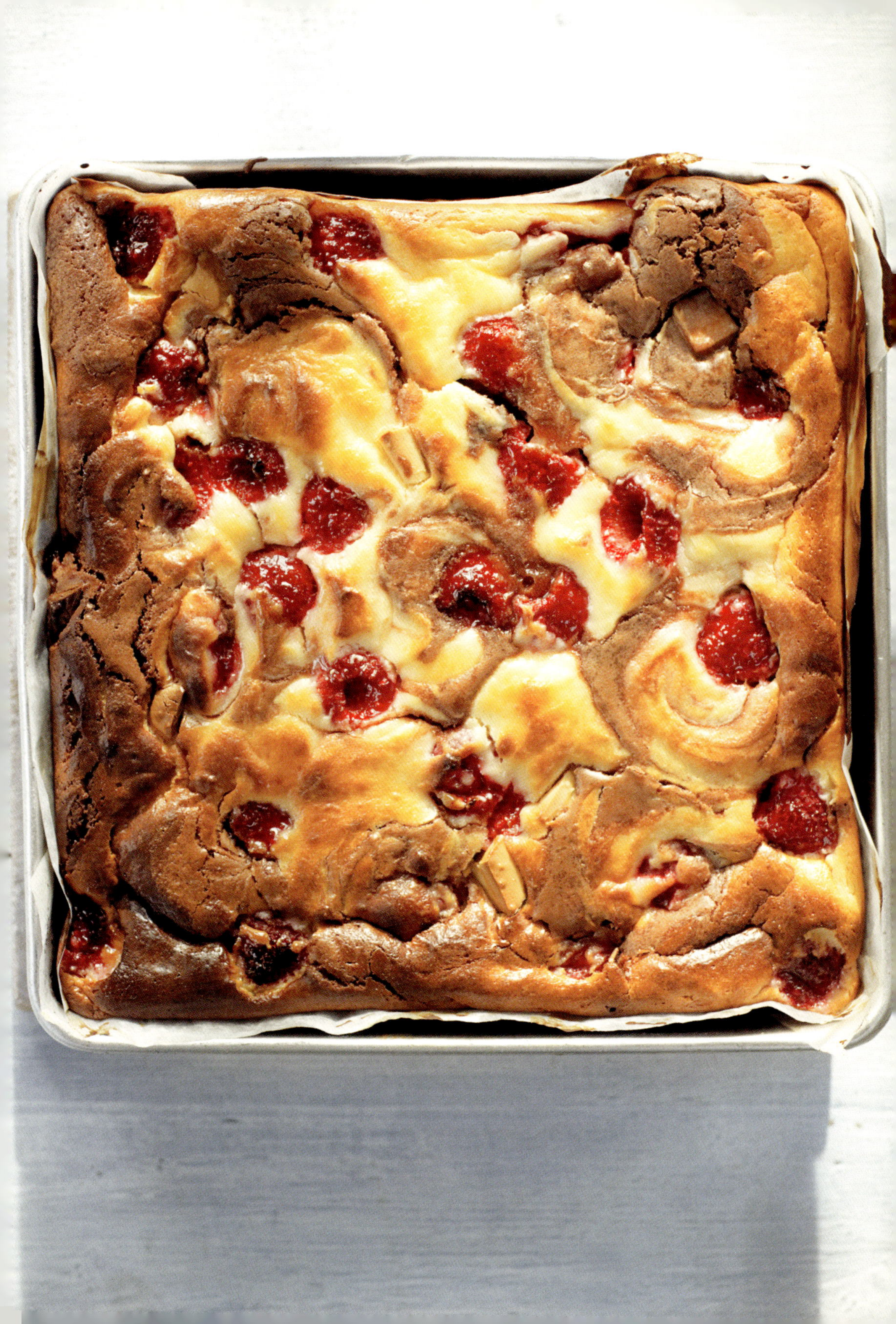

ジャッジズ・ベーカリーのチョコレート・カップケーキ

24個分

カップケーキ用

（カカオ70％の）
　ダーク・チョコレート 40g
高脂肪牛乳 大さじ2
無塩バター 250g
上白糖 250g
放し飼いのニワトリの卵
　Lサイズ 4個
ベーキング・パウダーの
　入っていない小麦粉 200g
良質のココア・パウダー 40g
ベーキング・パウダー 小さじ2
バニラ・エッセンス 小さじ1

バタークリーム用

（カカオ70％の）
　ダーク・チョコレート 200g
ふるった粉砂糖 400g
やわらかくした無塩バター 200g
高脂肪牛乳 .... 100㎖

弊社創業者クレイグ・サムズとジョセフィン・フェアレーは、受賞経験のある腕のいい職人によるベーカリーにつづいて、オーガニックと地元の食材がなんでもそろう店もオープンさせました。場所は、当初は弊社の創業地（ポートベロー・ロード）でしたが、のちに南海岸ぞいにあるヘイスティングスのオールド・タウンへと移転しています。いずれの店舗でも、チョコレートのレシピに使用するチョコレートのブランドは当然ひとつだけ――飛ぶように売れているこのカップケーキも、例外ではありません……。

オーブンを180℃〈ガスマーク4〉に温め、12個焼けるカップケーキ型2枚に、カップケーキ用のケースを入れておきます。

チョコレートを湯煎にかけましょう。ボウルにお湯を入れないよう気をつけてください。とけたらボウルをお湯からはずして、少し冷まします。牛乳を入れてよくかき混ぜてください。

電動ミキサーでバター、砂糖、バニラ・エッセンスを、軽くフワッとするまで混ぜあわせます。

卵を少しずつ加えながらしっかりとかき混ぜて、生地となじませてください。それから、とかして冷ましておいたチョコレートを混ぜ入れます。

小麦粉、ココア・パウダー、ベーキング・パウダーをふるいあわせてから、静かに生地に混ぜ入れてください。

生地を、大きな口金のついたしぼり袋にうつして、カップケーキ用の紙のケースそれぞれに、ふちから1㎝のところまでしぼりだしていきます。

型をオーブンに入れ、約15分、生地がふくれてキツネ色になるまで焼いてください。オーブンからだしたら、ケースに入れたままワイヤー・ラックに並べて冷まします。

フロスティング用に、チョコレートを上記と同じ方法でとかしてください。ボウルをお湯からはずして、冷まします。

電動ミキサーを中速にして、粉砂糖とバターがしっかりとなじむまで混ぜてください。とかして冷ましておいたチョコレートに、牛乳を混ぜあわせます。それをゆっくりと、粉砂糖とバターを混ぜたものに加えていきましょう。全部加えたら、電動ミキサーを高速にして、生地が軽くフワッとするまで混ぜます（かき混ぜているあいだに生地が重くなってきたら、分量外の牛乳を少し加えた方がいいでしょう）。

カップケーキが完全に冷めたら、おいしそうなバタークリームをたっぷり盛りつけてください。

アドバイス
- ケーキそれぞれに刻んだチョコレートを飾れば、一段と豪華に見えます。

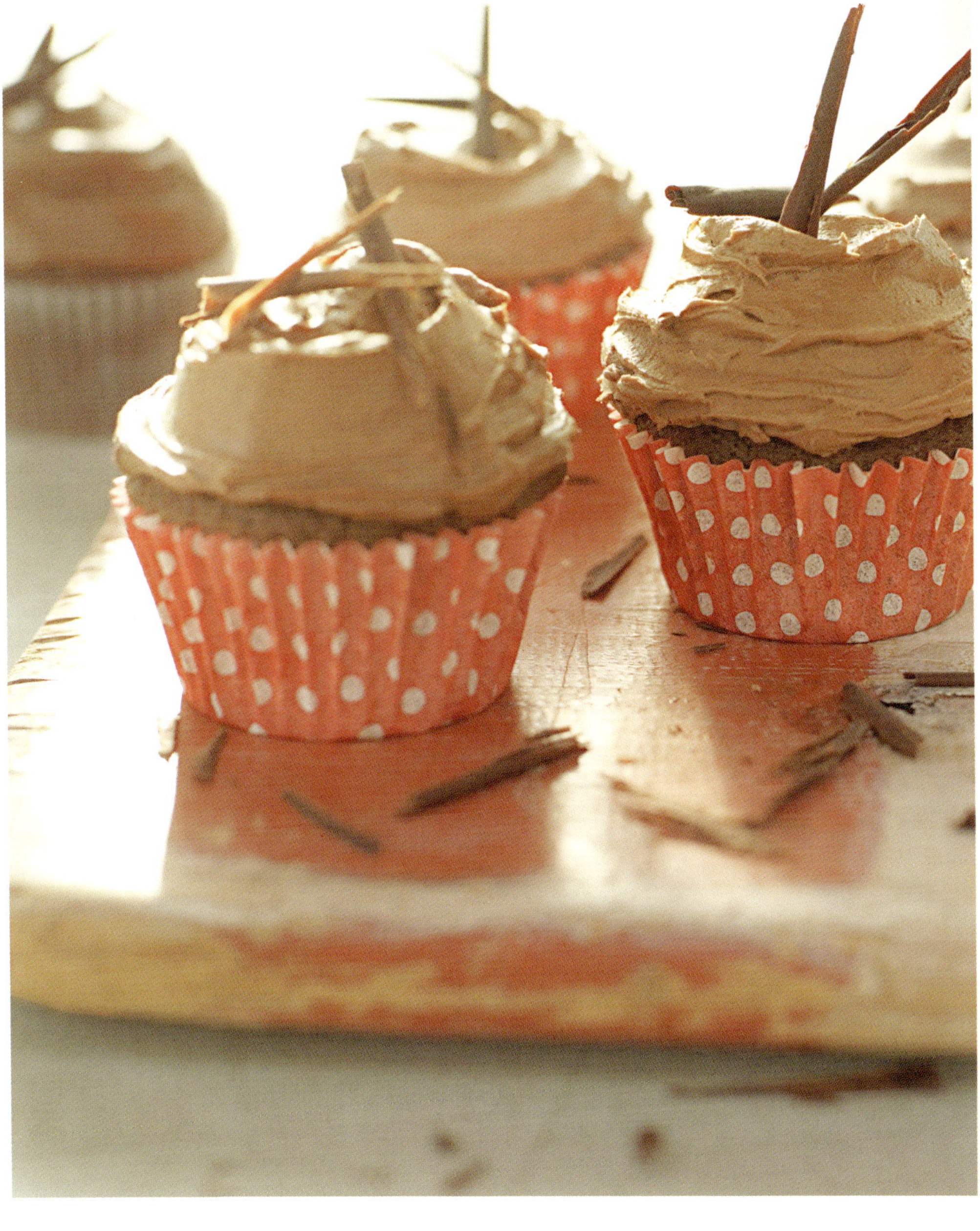

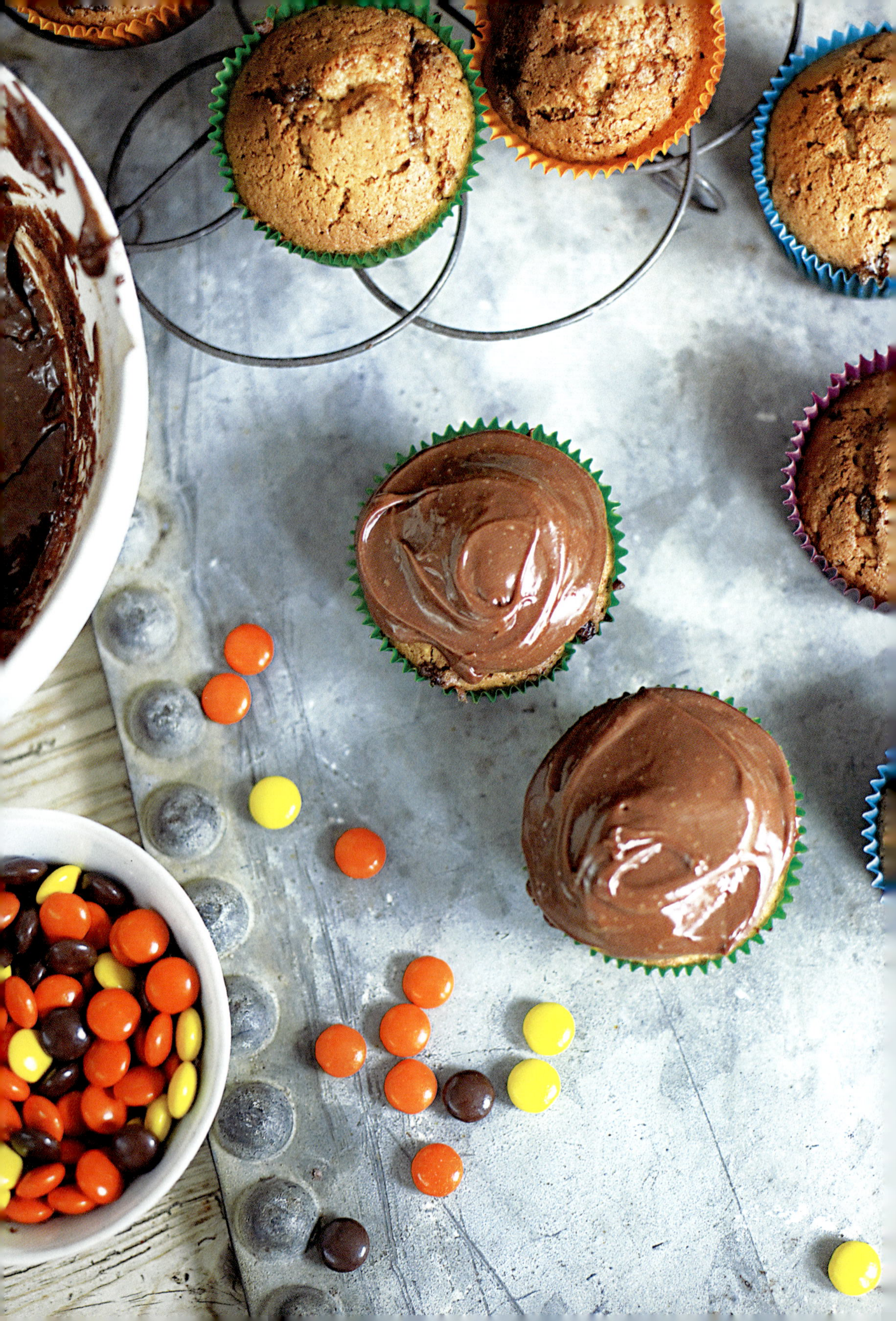

プリムローズ・ベーカリーのピーナッツ・バター・カップケーキ

12個分

カップケーキ用

室温にもどした無塩バター 75g
なめらかな
　ピーナッツ・バター 130g
黒砂糖 190g
放し飼いのニワトリの卵
　Lサイズ 2個
バニラ・エッセンス 小さじ1
ベーキング・パウダーの
　入っていない小麦粉 120g
ベーキング・パウダー 小さじ1
塩 1つまみ
牛乳 .... 60㎖

フロスティング用

ダブル・クリーム .... 60㎖
無塩バター 30g
砕いたミルク・チョコレート ... 300g
バニラ・エッセンス .... 小さじ½

これは、とてもずっしりした、濃厚なカップケーキです。7月4日の独立記念日用につくってもいいでしょう——ただし、1年に1度しか食べられないのでは我慢できないほどおいしいので気をつけてください！　装飾用としてご紹介しているピーナッツ・バター・チップは、手に入れるのが難しいかもしれませんが、高級食品やオーガニックの食材を専門にあつかう店舗か、アメリカのデリカテッセンならおいてあるはずです。かわりに、リーシーズ・ピーシズ（ピーナッツ・バター・クリーム入りの粒状チョコ）を使ってもいいでしょう。

オーブンを180℃〈ガスマーク4〉に温め、12個焼けるレギュラーサイズのマフィン型に、カップケーキ用のケースを入れておきます。

バター、ピーナッツ・バター、砂糖をよく混ぜあわせてクリーム状にしてください。卵を1つずつ加えていきます。1つ加えるたびに数分かき混ぜましょう。その後、バニラ・エッセンスを加えてさらに混ぜます。

べつのボウルに、小麦粉、ベーキング・パウダー、塩を入れて混ぜてください。そのうちの⅓を前述したクリーム状の生地に加えて、しっかりと混ぜます。そこに牛乳⅓量も加えて、再度しっかり混ぜましょう。これをあと2回くり返し、すべての粉と牛乳をクリーム状の生地に混ぜこんでください。

生地をスプーンですくい、カップケーキ用のケースの⅔程度にまで、そっと入れていきます。約20分、生地がわずかにふくれて、キツネ色になるまで焼いてください。どれか1つのケーキの中央に串をさして、中まで焼けているか確かめます——串を抜いたときに、なにもついてこなければ大丈夫です。

オーブンからとりだしたら、型に入れたまま10分ほどおいておき、その後そっとワイヤー・ラックにうつして冷まします。完全に冷めたら、ミルク・チョコレートのフロスティング（以下を参照）を盛りつけていきましょう。その上に、手に入ればピーナッツ・バター・チップを、なければリーシーズ・ピーシズを飾りつけます。

フロスティングをつくりましょう。ダブル・クリームとバターを入れた鍋を、ごく弱火にかけます。手を休めることなくかき回してください。決して沸騰させないこと。さもないとこげてしまいます。バターが完全にとけたら、すぐに火からおろしてチョコレートを加えましょう。だいたい10分くらいですが、手を休めずにかき回しつづけて、チョコレートをとかします。チョコレートがとけ切らずに残ってしまったら、再度鍋をごく弱火にかけてとかしてください。その後バニラ・エッセンスを加えて、さらに混ぜます。

フロスティングがとろとろで使いにくい場合は、しばらく室温においておき、その後再びかき混ぜてから盛りつけていくといいでしょう。残ったフロスティングは、密閉容器に入れて冷蔵庫で保存できます。

ホワイト・チョコレートとブラックベリーのカップケーキ

カップケーキ用

やわらかくした
　無塩バター.............................150g

上白糖...150g

放し飼いのニワトリの卵
　Mサイズ..3個

バニラ・エッセンス................小さじ1

ベーキング・パウダー入りの
　小麦粉....................................180g

(必要なら) 牛乳............................少々

粗く砕いた
　ホワイト・チョコレート............100g

フロスティング用

やわらかくした
　無塩バター.............................230g

粉砂糖..450g

軽くつぶした
　ブラックベリー........................120g
　(ただし12個は、装飾用に
　つぶさずにとっておくこと——
　アドバイスを参照)

12個分

ジョージー・ファグル (旧姓フーティット) は、弊社にいたときからずっと、つねにすばらしいことに挑んでいます。友人のアリス・ハートと、いろいろな場所で短期間だけオープンするポップアップ・レストランもその1つです。彼女は、我々に協力して、本書に掲載されたさまざまなレシピを試作してくれたばかりでなく、自分のレシピも数点、提供してくれています。わたしはこのレシピが大好きです。なんといっても、ホワイト・チョコレートの甘さと、フロスティングに使用しているブラックベリーの酸味、そのバランスが絶妙なのですから。一方、弊社のファイナンス・アナリスト、ジョーもこのレシピがお気に入りですが、彼の場合は、とにかくかわいいからだそうです。

オーブンを190℃〈ガスマーク5〉に温め、12個焼けるマフィン型に、1番かわいいカップケーキ用のケースを入れておきます。

電動のスタンド・ミキサーかハンド・ミキサーで、バターと砂糖を軽くフワッとするまで混ぜてください。

卵を1つずつ加えていきます。1つ加えるたびにかき混ぜましょう。その後、バニラ・エッセンスを加えてさらに混ぜます。

小麦粉を入れて混ぜあわせてください。生地が固いようなら、牛乳を少量加えます。生地は、すくったらトロッと落ちる程度の固さにしておきましょう。ホワイト・チョコレートを加えて混ぜます。

生地を、用意しておいたカップケーキ用のケースの2/3程度にまで、入れてください。15-20分か、生地がしっかりふくらんで、押したときに弾力が感じられるまで焼きます。完全に冷ましてから、フロスティングをしましょう。

フロスティングをつくります。バターが充分にやわらかくなっているのを確認してから、電動のスタンド・ミキサーかハンド・ミキサーで、バターと粉砂糖を軽くなめらかになるまで混ぜてください。ブラックベリーも混ぜあわせます。しぼり袋にうつしたら、冷ましたカップケーキそれぞれの上に、たっぷりしぼりだしていきましょう。

アドバイス
- それぞれのケーキに1粒ずつブラックベリーを飾ってみるのもおすすめです。

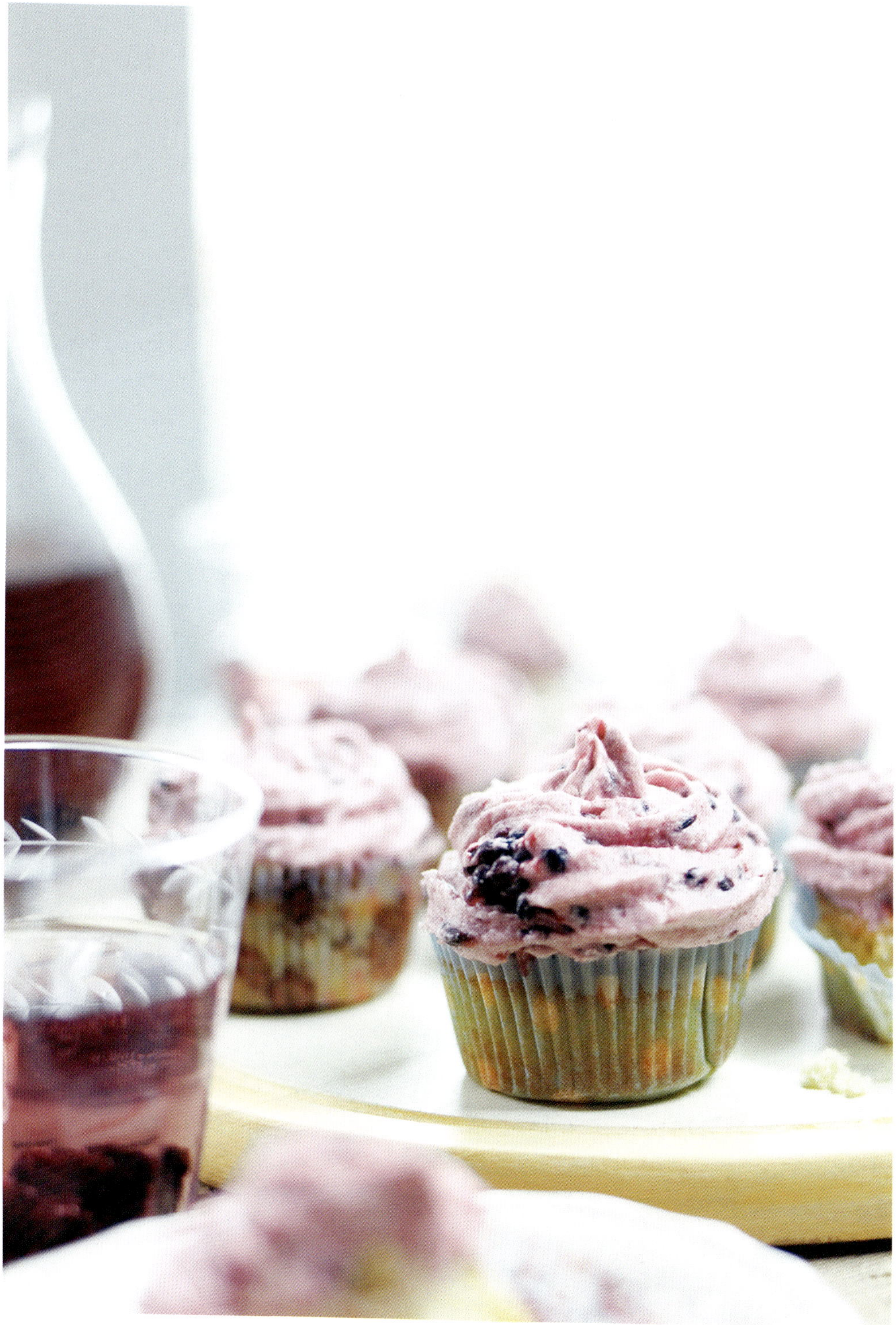

ハミングバード・ベーカリーのジンジャー・チョコレート・カップケーキ

10-12個分

やわらかくした無塩バター 40g
上白糖 140g
ベーキング・パウダーの
　入っていない小麦粉 100g
良質のココア・パウダー 20g
ジンジャー・パウダー 小さじ1
ベーキング・パウダー ...... 大さじ½
高脂肪牛乳 100ml
放し飼いのニワトリの卵
　Mサイズ 1個

フロスティング用

やわらかくした
　無塩バター 100g
粉砂糖 250g
良質のココア・パウダー 40g
高脂肪牛乳 40ml
ジンジャー入り
　ダーク・チョコレート 100g

ジンジャーとチョコレートというのはじつに相性がよく、さまざまな組みあわせで用いられます。ハミングバード・ベーカリーでは、ケーキの生地にはジンジャーのパウダーを、フロスティングには、弊社のダーク・チョコレートに混ぜた砂糖漬けのジンジャーを使っています。このレシピのケーキを召し上がれば、粉末と砂糖漬けという2つの異なるジンジャーが、いかにたがいを引き立てあっているかがおわかりになるでしょう。ケーキとフロスティングをべつべつに食べるより、いっしょに口に入れた方が、一段とおいしくいただけます。

オーブンを175℃〈ガスマーク4〉に温め、12個焼けるマフィン型にカップケーキ用のケースを入れておきます。

低速にした電動のスタンド・ミキサーかハンド・ミキサーで、バター、砂糖、小麦粉、ココア・パウダー、ジンジャー・パウダー、ベーキング・パウダーを、バターの大きな固まりがなくなるまでしっかりと混ぜてください。

クッキング・ジャグに入れた牛乳と卵をよく混ぜてから、半量を前述した生地に流し入れ、低速のミキサーで全体がしっかりとなじむまで混ぜます。その後中速にして、生地をなめらかにしてください。ボウルの内側や底をこそげるようにし、全体がきちんと混ざっているか確かめましょう。残りの液体を加え、中速から高速で混ぜて、すべての材料をよくなじませながら、生地をなめらかにしていきます。

生地をすくって、用意しておいたカップケーキ用のケースの⅔程度にまで入れてください。20-25分か、生地がしっかりふくらんで、押したときに弾力が感じられるまで焼きます。完全に冷ましてから、フロスティングをしましょう。

フロスティングをつくります。電動のスタンド・ミキサーかハンド・ミキサーで、バター、粉砂糖、ココア・パウダーを、バターの大きな固まりがなくなり、すべての材料がよくなじむまで混ぜてください。ミキサーを低速にして牛乳を加えていき、その後高速にして約1分かき混ぜ、軽くフワッとしたフロスティングにしあげていきます。

ジンジャー入りチョコレートを粗く刻みましょう。大きすぎず、小さすぎないよう気をつけてください。カップケーキに盛りつけたフロスティングに刻んだチョコレートをかけたときに、その風味や食感を楽しめる大きさが1番です。

冷めたカップケーキにチョコレートのフロスティングをします。その上から、刻んだジンジャー入りチョコレートを飾りつけていきましょう。

ハミングバード・ベーカリーのダーク・チョコレート・カップケーキ

10-12個分

やわらかくした無塩バター	40g
上白糖	140g
ベーキング・パウダーの入っていない小麦粉	100g
良質のココア・パウダー	20g
ベーキング・パウダー	大さじ½
高脂肪牛乳	100㎖
放し飼いのニワトリの卵 Mサイズ	1個
（カカオ85%の）ダーク・チョコレート	50g

フロスティング用

やわらかくした無塩バター	100g
粉砂糖	300g
良質のココア・パウダー	40g
高脂肪牛乳	60㎖
（カカオ85%の）ダーク・チョコレート	50g
（カカオ70%の）ダーク・チョコレート	50g

たっぷりのダーク・チョコレート＋たっぷりのココア・パウダー＋たっぷりのバター＝とびきりおいしいカップケーキ。

オーブンを175℃〈ガスマーク4〉に温め、12個焼けるマフィン型にカップケーキ用のケースを入れておきます。

低速にした電動のスタンド・ミキサーかハンド・ミキサーで、バター、砂糖、小麦粉、ココア・パウダー、ベーキング・パウダーを、バターの大きな固まりがなくなるまでしっかりと混ぜてください。

クッキング・ジャグに入れた牛乳と卵をよく混ぜてから、半量を前述した生地に流し入れ、低速のミキサーで全体がしっかりとなじむまで混ぜます。その後中速にして、生地をなめらかにしてください。ボウルの内側や底をこそげるようにし、全体がきちんと混ざっているか確かめましょう。残りの液体を加え、中速から高速で混ぜて、すべての材料をよくなじませながら生地をなめらかにしていきます。

チョコレートをとかしましょう。電子レンジを使うか、湯煎にかけてください。湯煎の場合は、ボウルにお湯を入れないよう気をつけてください。チョコレートがとけてなめらかになったら、かき混ぜて冷まし、生地に加えてよく混ぜます。生地をすくって、用意しておいたカップケーキ用のケースの⅔程度にまで入れてください。20-25分か、生地がしっかりふくらんで、押したときに弾力が感じられるまで焼きます。オーブンからだし、ワイヤー・ラックの上で完全に冷ましてから、フロスティングをしましょう。

フロスティングをつくります。電動のスタンド・ミキサーかハンド・ミキサーで、バター、粉砂糖、ココア・パウダーを、バターの大きな固まりがなくなり、すべての材料がよくなじむまで混ぜてください。ミキサーを低速にして牛乳を加えていき、その後高速にして約1分かき混ぜ、軽くフワッとしたフロスティングにしていきます。

2種類のダーク・チョコレートを、前述した方法でとかしましょう。かき混ぜて少し冷ましてから、¼量を上記のフロスティングに加えます。とかしたチョコレートが、フロスティングに均等に混ざるまで、手を休めずにかき混ぜてください。できあがったチョコレート・フロスティングを、冷ましたカップケーキに盛りつけたら、冷蔵庫に5-10分入れて、フロスティングをしっかりと冷やし固めます。

残しておいたとかしたチョコレートに、フロスティングをそっと浸したら、そのまましばらくおいて、フロスティングのまわりにチョコレートをしっかりとつけてください。これで、やわらかいフロスティングにパリパリしたチョコレート・コーティングのできあがりです。

チョコチップ・スコーン

6-8個分

ベーキング・パウダーの入っていない精白小麦粉	225g＋打ち粉用に少々
塩	1つまみ
上白糖	50g
ベーキング・パウダー	小さじ1
無塩バターの固まり	40g
チョコチップの大きさに刻んだ（カカオ70%の）ダーク・チョコレート	100g
混ぜるための半脱脂粉乳	150ml
放し飼いのニワトリのとき卵	1個分

みなさんの中にいらっしゃる、伝統を重んじる方々の叫び声がもうきこえるようです。「わたしの愛するスコン（スコーンではなく、あくまでもスコンです）に、こんな余計なチョコチップなど入れないでちょうだい！」しかしそうはいきません。お気に入りのスコーン・ミックスに、（刻んだ）板チョコレートを加えるなり、このレシピを活用するなりして、いつもどおりに焼いてみてください。最低でも、チョコレートの入っていないものと同じくらいおいしいと思っていただけるでしょうし、いつもの自家製ジャムやクロテッド・クリームを塗れば、とびきりの味になることと思います。

オーブンを220℃〈ガスマーク7〉に温めておきます。

粉類をすべてふるって、大きなボウルに入れてください。その中にバターの固まりを入れ、こすりつけるようにして混ぜあわせ、全体をパン粉状にします。刻んだチョコレートを加えてかき混ぜ、生地の中央をくぼませましょう。そこに脱脂粉乳を入れ、よく混ぜてやわらかい生地をつくってください。その生地を、打ち粉をした板の上におきます。

生地を軽くこねて、丸く成型してください。ついで、生地を2.5cmくらいの厚さにのばしてから、直径6cmの抜き型を使って、スコーンの形に抜いていきます。スコーンをクッキング・シートに並べましょう——シートには油を塗らなくて大丈夫です。

スコーン表面にとき卵を塗り、10-12分、表面がキツネ色になるまで焼きます。ワイヤー・ラックで冷ましたらできあがりです。

チョコレートとカルダモンのマフィン

12個分

ミルク・チョコレート	50g
ベーキング・パウダーの入っていない小麦粉	240g
ベーキング・パウダー	小さじ2
重曹	小さじ½
良質のココア・パウダー	大さじ2
上白糖	175g
刻んだ(カカオ70%の)ダーク・チョコレート	150g
カルダモンのさや3、4本分の種のパウダー	
高脂肪牛乳	250mℓ
植物油	90mℓ
放し飼いのニワトリの卵Lサイズ	1個

ここで告白しなければなりません。じつはあまりマフィンが好きではないのです。あれは単にカップケーキを大きくしただけのものだといいたい気持ちもあります。イギリス式の本物のマフィンは、いわゆるパンであり、焼いて供するもの、それも理想をいえば、ハムやポーチド・エッグ、オランデーズ・ソースを添えるものだからです。この焼いていただくマフィンの方がいつなんどき「イングリッシュ・マフィン」などと呼ばれるようになったのかは知るよしもありませんが、わたしはその呼び方を断固拒否します。まあ、それはともかく、ケーキに目がない同僚ゲイルに言ったのです、こんなわたしでも喜んで食べるチョコレート・マフィンを考案してくれと。そして、彼女がつくってくれた何種類かの中から、わたしが1票を投じたのがこのレシピ──チョコレートとことのほか相性のいいスパイス、カルダモンを加えたものだったのです。わたしは敬意を表して、完食しました。

オーブンを200℃〈ガスマーク6〉に温め、12個焼けるマフィン型にマフィン用のケースを入れておきます。

ミルク・チョコレートをとかしましょう。電子レンジを使うか、湯煎にかけてください。湯煎の場合は、ボウルにお湯を入れないよう気をつけてください。その後、冷ましておきます。

大きなボウルに小麦粉、ベーキング・パウダー、重曹、ココア・パウダー、砂糖、刻んだダーク・チョコレート、カルダモン・パウダーを入れて混ぜてください。

べつのボウルに、冷ましたミルク・チョコレートと牛乳、植物油、卵を入れて混ぜます。そこに前述した粉類を加えてください。ただしくれぐれも混ぜすぎないように気をつけましょう。

生地を12等分してマフィン用のケースに入れ、20分、または生地がふくらんで、弾力が感じられるまで焼きます。

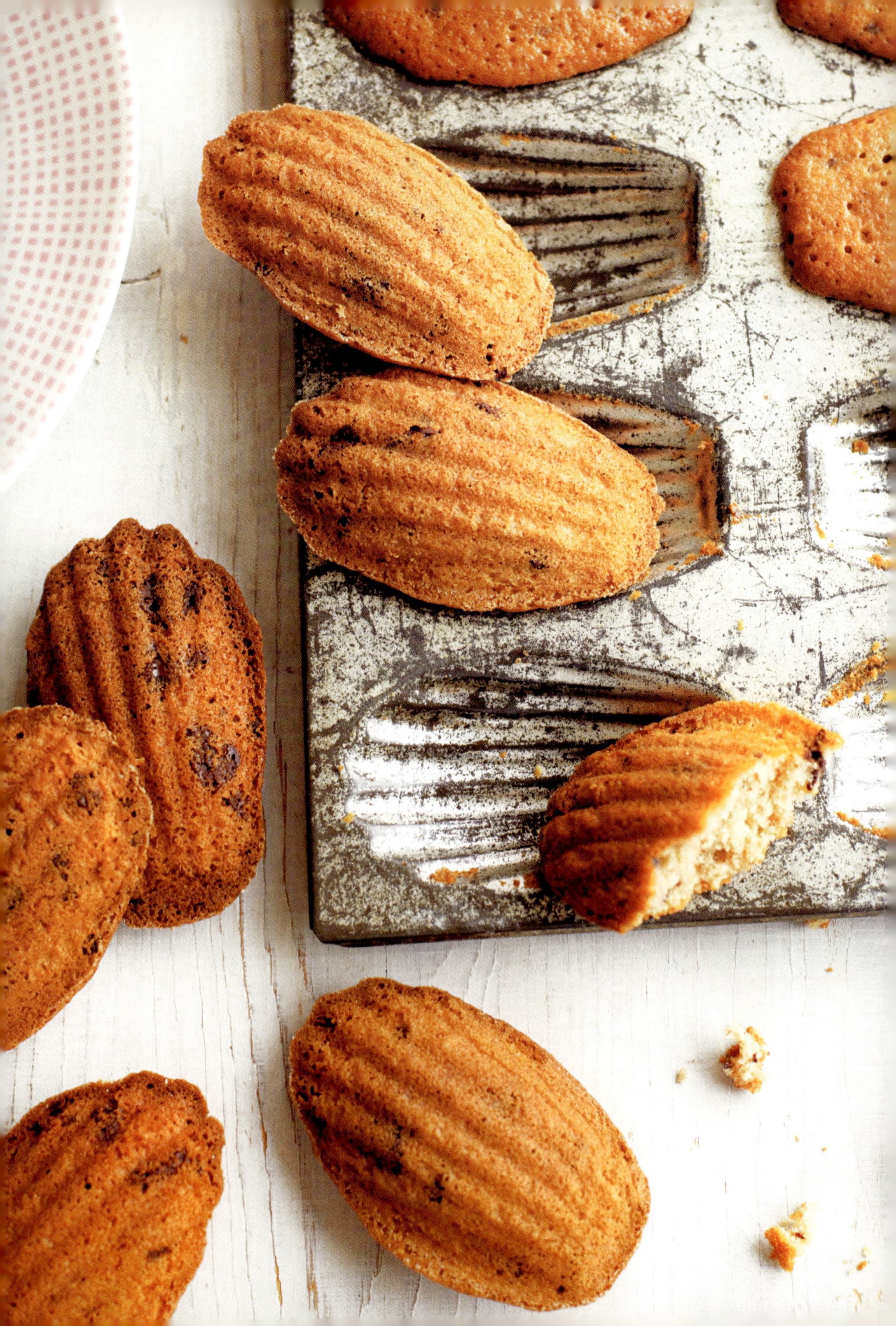

チョコチップ・マドレーヌ

24個分

無塩バター	135g
	＋塗布用に少々
好みのハチミツ	大さじ2
放し飼いのニワトリの卵	
Lサイズ	3個
上白糖	125g
ベーキング・パウダー入りの	
小麦粉	135g
	＋打ち粉用に少々
細かく刻んだ（カカオ70％の）	
ダーク・チョコレート	100g

これは、セント・ジョン・レストランによる2冊目の料理本『Beyond Nose to Tail』に掲載されていたレシピを（ほんの少しだけ）変えたものです（セント・ジョンの料理本を2冊とももっていない場合は、今すぐ買いにいきましょう。レシピがすばらしいばかりでなく、読み物としてもとても楽しい本ですから）。わたしとしては、もしまだおもちでないなら、このマドレーヌ用にぜひとも、12個焼けるマドレーヌ型を買うことをおすすめします。このレシピでマドレーヌをつくったら、まちがいなくまたつくりたくなるでしょうから。また、最初に焼いた分を供しているあいだに、2回目をオーブンに入れておくといいでしょう。1回目の分だけではたりなくなるのは確実ですから。

バターとハチミツを小さな鍋に入れて、トロッとしたキツネ色になるまで、弱火で煮とかします——8分くらいです。できあがったらボウルに入れて、冷ましておいてください。多少分離しても心配はいりません。

電動のスタンド・ミキサーかハンド・ミキサーで、卵と砂糖を約8分間（ここが1番のポイントです）、生地の量が3倍になるまで混ぜます。

そこに、小麦粉と、バターとハチミツを煮とかしたものを混ぜあわせて、冷やしてください。その後、チョコレートを混ぜ入れ、冷蔵庫で2、3時間寝かせておきましょう。

オーブンを190℃〈ガスマーク5〉に温めておきます。マドレーヌ型にはバターを塗り、打ち粉をしておいてください。それぞれの型に、デザートスプーン1杯分ずつ生地を入れてから、15分か、表面がキツネ色になり、さわったときに固さが感じられるまで焼きます。

焼きたてを供するのが1番です。

ザッハトルテ

10人分

トルテ用

とかしたバター .... 塗布用

（カカオ70%の）
　ダーク・チョコレート 250g

放し飼いのニワトリの卵
　Lサイズの卵黄 2個分

グラニュー糖 100g

放し飼いのニワトリの卵
　Lサイズの卵白 5個分

アーモンド・パウダー 150g

ひきたての
　コーヒー 小さじ1½

塩 .... 小さじ½

アイシング用

（カカオ70%の）
　ダーク・チョコレート 100g

無塩バター 40g

もと同僚で友人のジェイミー・ユアンに、彼女の結婚式用にチョコレート・ケーキをつくってほしいと頼まれました。1度もつくったことがなく（チョコレート・ケーキではなく、ウェディング・ケーキのことです）、彼女の結婚式の前々日までアメリカにいる予定ではあったものの、どうして断れましょう。わたしはかたっぱしから本を読んでは、大きなケーキの焼き方を調べ、ありとあらゆる焼き型や道具を買い集めました（自分用にメモ：もうこれ以上キッチン用品は買わないこと）。けれどなにより大事なのは、チョコレート・ケーキのレシピ──それも、適度にしっとりしていて、チョコレートの風味もしっかりとあるレシピを手に入れることでした。わたしはザッハトルテのレシピを試してみました。そして最終的に砂糖を減らし、チョコレートの量を増やしたのです──これで、わたしの問題はすべて解決したような気がします。

オーブンを180℃〈ガスマーク4〉に温めておきます。23cmのスプリングフォーム型にとかしたバターを塗ってから、耐油性ペーパーを敷いておいてください。

トルテをつくります。チョコレートをとかしましょう。電子レンジを使うか、湯煎にかけてください。湯煎の場合は、ボウルにお湯を入れないよう気をつけましょう。その後、冷ましておきます。

卵黄と砂糖を、生地がもったりするまで混ぜあわせてください。

きれいなボウルに卵白を入れ、しっかりと角が立つまで泡立てます。

卵黄と砂糖の生地に、アーモンド・パウダー、コーヒー、塩、とかしたチョコレートを加えて、よく混ぜてください。静かに卵白を混ぜ入れてから、用意しておいた型に流し入れます。

55分間焼きますが、40分たったらトルテ全体にホイルをかぶせて、表面がこげないようにしてください。トルテの中央に串をさして、焼き具合を確かめます。ベタッとした生地がついてこなければ大丈夫です。トルテをオーブンからだしてください。スプリングフォームのリングをはずし、底板にのせたままワイヤー・ラックにおいて冷まします。

アイシングをつくりましょう。チョコレートを、前述した方法でとかしてください。バターを加え、全体がよくなじみ、トロッとしたクリーム状になるまで混ぜます。

できあがったら、トルテの上から均一にかけていきましょう。スプーンの背を使って、トルテの表面やサイドのアイシングをきれいにのばしてください。あとはそのまま固めます。

アリアンナの
チョコレート・
シナモン・
ロール

16個分

生地用

強力粉 500g
　　　　　＋打ち粉用に少々
天然ミネラルを含んだ
　上白糖 120g
インスタント・ドライ・
　イースト 小さじ2½
塩 小さじ1¼
全乳 ....225㎖
無塩バター............................40g
放し飼いのニワトリの卵
　Lサイズ..............................1個
バニラのさや1本分からしごいて
　とりだした種

フィリング用

三温糖 150g
シナモン・
　パウダー 大さじ2½
室温にもどした
　無塩バター....................115g
細かく刻んだ(カカオ70%の)
　ダーク・チョコレート 150g

シナモン・ソース用

無塩バター............................25g
　　　　　＋塗布用に少々
三温糖 50g
塩 1つまみ
シナモン ....小さじ½

記憶にあるかぎり昔から、わたしはこのレシピの基本バージョンを暗記していました。これは、ノルウェー人の母が、その母、つまりわたしの祖母から教わって以来ずっと、家族の大事なイベントがあるたびに必ずつくってくれたロール・ケーキなのです。まだ幼い少女だったころ、このつくり方を教わったわたしは──とはいえ、当時は紙に書かれたレシピなどありませんでしたから、すべてが目分量でしたけれど──自分が大人になったような気がしました。家族にとって1番の秘密を教えてもらえるまでに信用されているのだ、そう思ったのです。その後わたしは何年も、子どものころ大好きだったあのレシピにあれこれ手を加えて試行錯誤を繰り返し、ついに、わたし独自のレシピを完成させました。母に、自分のつくったロール・ケーキよりおいしいとようやくお墨つきをもらえたときには、シェフとしてこれ以上ないほどの誇らしさを感じたものです！　わたしにとってこのロール・ケーキは、家族やお祝いの象徴であり、お菓子づくりに夢中になるきっかけでもありました。このロール・ケーキがあったからこそ、今のわたし──パティシエとなり、ロンドンにビタースイート・ベーカーズという自分のベーカリーをかまえるまでになったわたしがいるのです。

生地をつくっていきます。強力粉、砂糖、イースト、塩を中くらいのボウルに入れ、よく混ぜあわせたら、そのままおいておきましょう。

牛乳とバターを静かに火にかけます。温まってバターがとけたら火からおろしてください。

スタンド・ミキサーにパドル状のアタッチメントをつけます。温めた牛乳とバターをミキサー・ボウルに入れ、卵、バニラの種（バニラ・ビーンズ）も加えてから、先に混ぜあわせておいた粉の半量も加えて静かにかき混ぜ、よくなじませましょう。

残りの粉もゆっくりと加えていきます。すべてが完全になじみ、生地がボウルの側面にくっつくくらいになるまで、しっかり混ぜてください。生地がベタベタしすぎた場合は、ボウルの側面から生地がきれいにはがれるまで、1回につき大さじ1ずつ強力粉を加えていきます。それから生地を丸めていきましょう。

打ち粉をした調理台に生地をおき、生地が固く、弾力がでてくるまで6分ほどこねます。スタンド・ミキサーに、生地をこねるアタッチメントのドゥ・フックを装着し、生地をミキサー・ボウルのなかで4分こねてもいいでしょう。

生地を大きなボウルに入れ、軽くラップをしたら、その上からボウルを覆うように、湿らせたふきんをかぶせます。その後ボウルをあたたかくて暗い場所──衣類を乾かすための乾燥用の戸棚のような場所におき、生地が倍の大きさにふくらむまで、1時間半から2時間おいておきましょう。

そのあいだにソースの材料を用意します。バター、砂糖、塩、シナモン・パウダーをあわせとかし、バターを塗った23×33cmの天板に流し入れておいてください。

フィリング用の三温糖とシナモン・パウダーも混ぜあわせておきましょう。

生地が倍の大きさにふくらんだら、ボウルからとりだし、たっぷりと打ち粉をした作業台の上でのばしていきます。35×45cmくらいの大きな長方形をめざしましょう。

室温にもどしておいたバターを、のばした生地の周囲1cmを残して、均等に塗っていきます。バターを塗った上に、三温糖とシナモン・パウダーを混ぜたものをふりかけ、さらにその上から、刻んだチョコレートをまんべんなく散らしてください。

長辺を手前にして、慎重に生地を巻いていきます。最後までしっかりと巻きこんでください。パン切り包丁を使って、できあがった「丸太」を2等分し、ついで4等分、16等分と切りわけていきましょう。大きさが均一になるよう、気をつけてください。

シナモン・ソースを流しておいた天板の上に、切りわけたロール・ケーキを、1cmずつあいだをあけて、均等に並べていきます。天板の上から湿らせたふきんをかけ、再度あたたかくて暗い場所に今度は45分間おいておき、生地を二次発酵させてください。

そのあいだにオーブンを180℃〈ガスマーク4〉に温めておきます。

生地をオーブンに入れ、ふくらんでキツネ色になるまで焼きましょう。軽く押してみて、指がしずみこんだりしなければ焼きあがりです。

天板に並べたまま最低でも30分は冷まします。その後、天板よりも大きなクッキング・シートかお皿をかぶせ、慎重に、けれどすばやく、天板をひっくり返してください。ソースがとても熱くなっていますから、必ず鍋つかみを使いましょう。

温めても冷めても、おいしくいただけます。

53

いなか風チョコレート・バナナ・ブレッド

1本分

ベーキング・パウダー入りの小麦粉	225g
塩	1つまみ
室温にもどしたバター	100g
上白糖	175g
割りほぐした放し飼いのニワトリの卵Lサイズ	2個分
完熟バナナ	2本
牛乳	大さじ3
ごく細かく刻んだ（カカオ70%か85%の）ダーク・チョコレート	100g

弊社の製品をこよなく愛してくれているカーマインが、このすばらしいバナナ・ブレッドのレシピを提供してくれました。しかも、弊社のチョコレートを使えるよう、巧みにアレンジしてくれていたのです。その結果、ダーク・チョコレートがそこここからのぞく、とびきりおいしいしっとりローフ・ケーキができあがりました。これくらいではまだまだうっとりできない、というあなたは、バターをたっぷり塗ってめしあがれ。

オーブンを180℃〈ガスマーク4〉に温め、23×13cmのローフ型にペーパーを敷きこんでおきます。

小麦粉と塩をふるいあわせてください。

バターと砂糖を混ぜてクリーム状にします。こうすることで、フード・プロセッサーで混ぜやすくなるのです。卵、バナナ、牛乳を加えて、しっかりと混ぜていきます。ついで小麦粉と塩を加えますが、材料がなじんだら、すぐに混ぜるのをやめましょう。

刻んだチョコレートの半量を混ぜこみます。このときは必ずスプーンを使ってください。決してフード・プロセッサーは使わないこと。

生地を、用意しておいた型に流しこみます。その上に、残しておいたチョコレートを散らし、軽く生地の中に埋めてください。

型をオーブンの中央に入れて、45-60分、生地の中央にさした串を抜いたときになにもついてこなくなるまで焼きます。

アドバイス
- 粉以外の材料を混ぜあわせるときは、混ぜすぎないようにしましょう。小麦粉からグルテンがでてきて、生地が固くなってしまうからです。材料がなじんだ時点で、混ぜるのはおしまいにしてください。

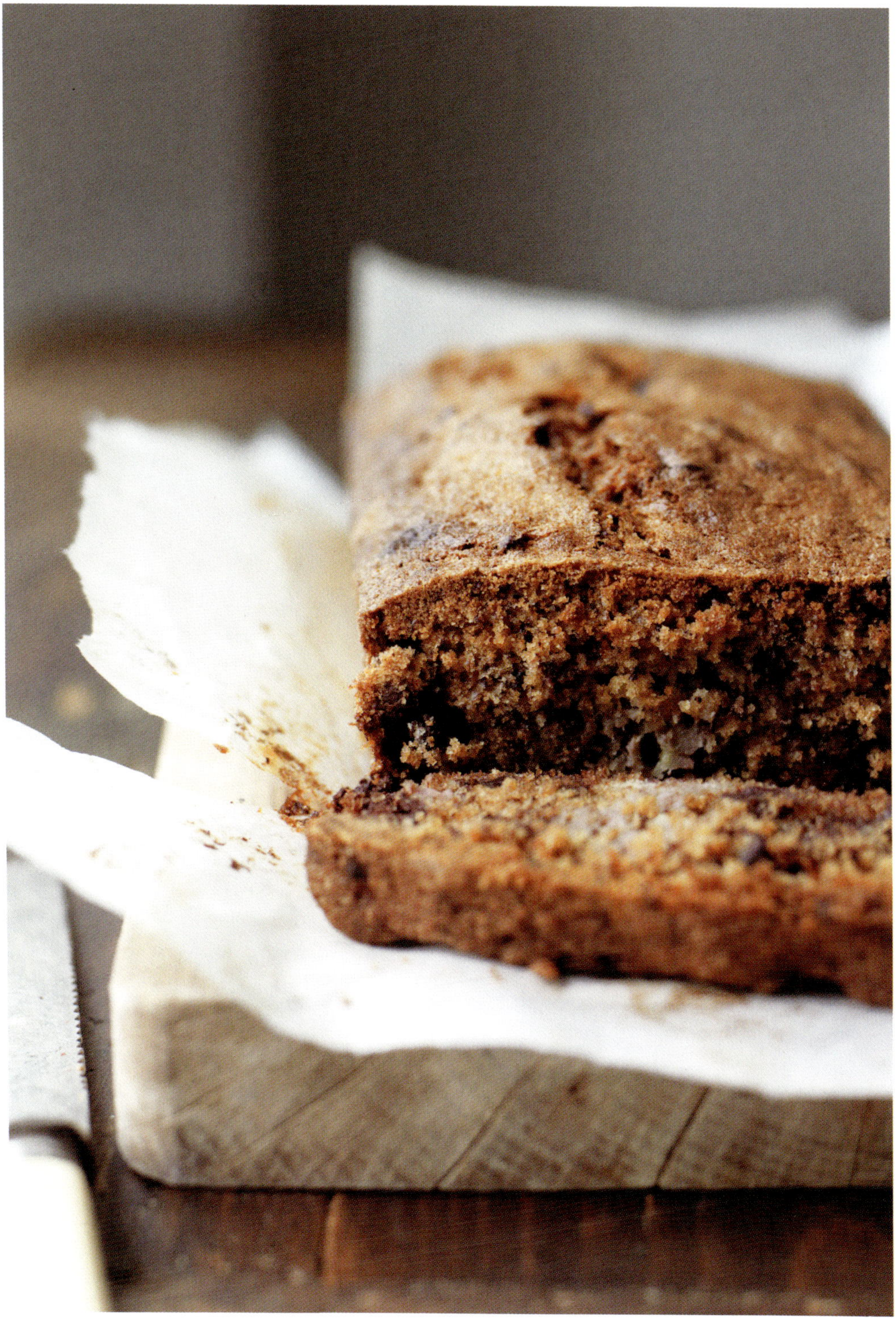

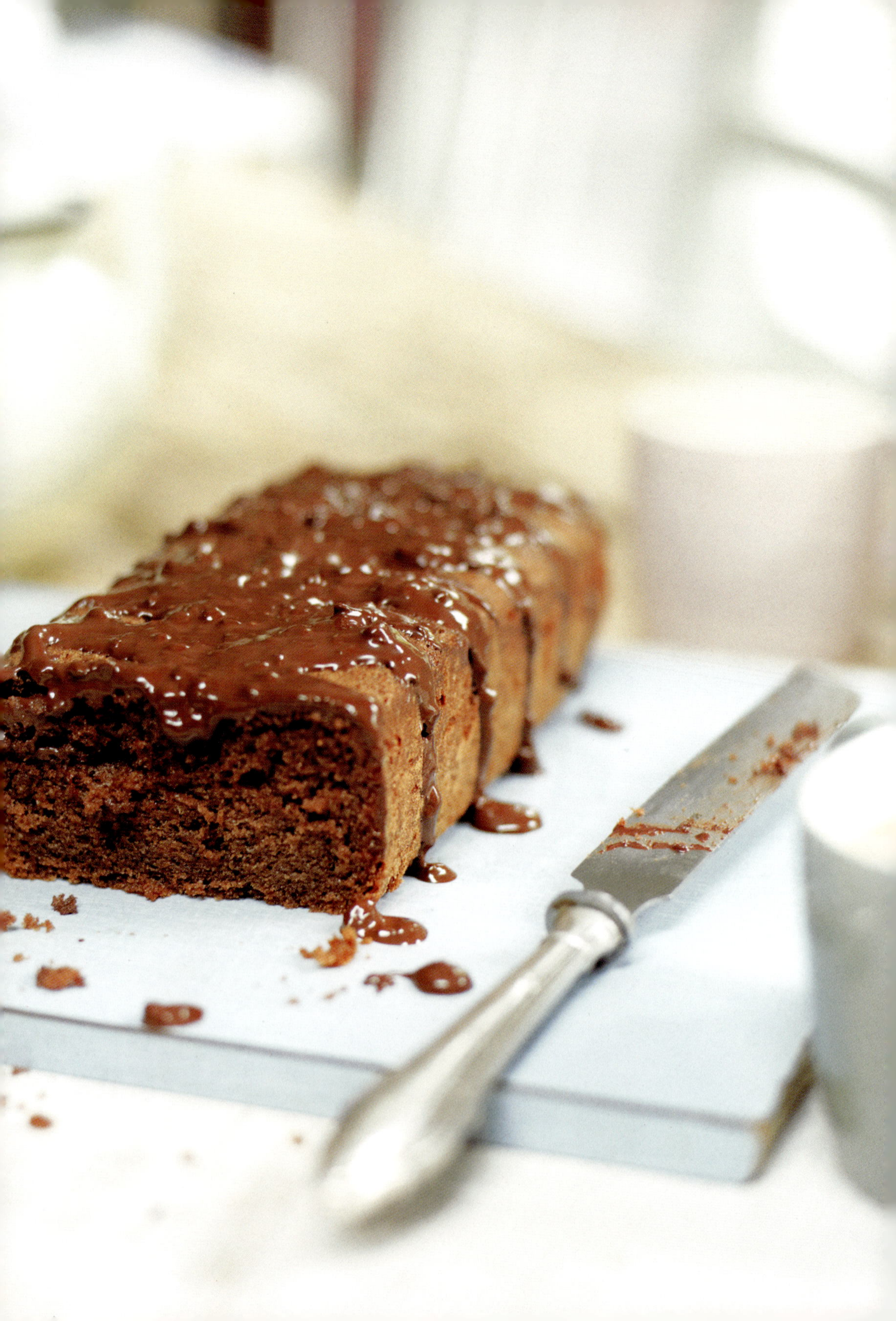

オールインワン・スパイシー・チョコレート・ローフ

1本分

（カカオ70%の）
　ダーク・チョコレート 50g
ベーキング・パウダーの
　入っていない小麦粉 100g
粉砂糖 125g
シナモン・パウダー 小さじ1
ミックス・スパイス・
　パウダー 小さじ1
ベーキング・パウダー 小さじ2
室温にもどした
　無塩バター 175g
　　　＋塗布用に少々
放し飼いのニワトリの卵
　Mサイズ 4個
ジンジャー入り
　ダーク・チョコレート 100g

昔から弊社の製品を愛してくれているデニス・ロウは、太陽のふりそそぐペバンゼイ湾の海岸に暮らしているおかげでおのずと、日々たっぷりウォーキングにいそしんでいます。太陽が顔をだしていないときでもです。そんな彼女にとって、1杯の紅茶とともにいただくこの濃厚にしてほのかにスパイシーなチョコレート・ローフは、ウォーキング後のひと休みに最適なお菓子といえるでしょう。

オーブンを180℃〈ガスマーク4〉に温め、22cmのローフ型にバターを塗っておきます。

ダーク・チョコレートをとかしましょう。電子レンジを使うか、湯煎にかけてください。湯煎の場合は、ボウルにお湯を入れないよう気をつけてください。その後、冷ましておきます。

小麦粉、砂糖、スパイス、ベーキング・パウダーを混ぜてください。フード・プロセッサーを使うのが1番簡単ですが、電動のハンド・ミキサーを使ってもいいでしょう。

バター、とかして冷ましておいたチョコレート、卵を加えて、均等になじむまで混ぜてください。

生地をローフ型に流し入れて、35分、中央にさした串を抜いたときになにもついてこなくなるまで焼きます。

焼きあがったら型からだして、ワイヤー・ラックの上で冷ましてください。

そのあいだにジンジャー入りのチョコレートを、前述した方法でとかしておき、冷ましたケーキの上からたっぷりかけていきましょう。

アドバイス
- ケーキにかけるチョコレートは、必ずしもジンジャー入りのものを使わなければいけないわけではもちろんありません。ミルク・チョコレートやホワイト・チョコレートでもいいでしょう。

アニー・ベルの罪悪感ゼロのチョコレート・ケーキ

直径20cmのケーキ型1台分

スポンジ用

放し飼いのニワトリの卵
　Mサイズ............................4個
　（卵黄と卵白はわけておきます）
天然ミネラルを含んだ
　上白糖............................150g
ふるった良質の
　ココア・パウダー............大さじ3
アーモンド・パウダー............225g
ふるったベーキング・
　パウダー............................小さじ1
バター............................塗布用

フィリング用

水切りした
　リコッタチーズ............................500g
セット・ハニー
　（花粉を多く含んだハチミツ）
　............................大さじ3
粗くすりおろした
　（カカオ70-85％の）
　ダーク・チョコレート........大さじ4

わが家にこのチョコレート・ケーキをお招きしたい！　そう思うことが何度となくあるでしょう。バターもクリームも使っていないこのケーキは、だれにとっても最高の友人なのですから。冷蔵庫に入れておけば数日はもちますし、リコッタチーズの水分がスポンジにしみこんでいますから、パサついてくることもありません。

オーブンを200℃〈ガスマーク6〉に温め、20cmのケーキ型の側面9cmの高さまでと、とりはずし可能な底板にバターを塗っておきます。

中くらいのボウルで卵白を固く泡立ててください――電動のハンド・ミキサーを使うといいでしょう。大きなボウルに卵黄と砂糖を入れ、白くクリーム状になるまで混ぜあわせます。そこに泡立てた卵白を3回にわけて混ぜこんでから、ココア・パウダー、アーモンド・パウダー、ベーキング・パウダーも混ぜあわせてください。

生地を、用意しておいた型にうつして表面を整えたら、オーブンに入れ、スポンジと型の側面のあいだにすきまができはじめ、中央にさした串を抜いてもなにもついてこなくなるまで、35分間焼きます。スポンジと型の側面のあいだにナイフを走らせてから、型に入れたまま冷ましておきましょう。

フィリングをつくります。リコッタチーズとハチミツをフード・プロセッサーに入れ、なめらかになるまで混ぜてください（手で混ぜると、きめが粗くなってしまいます）。型の側面をとりはずします。スポンジは、作業しやすいよう、型の底板にのせたままにしておくといいでしょう。スポンジを半分に切りわけます。厚みが同じになるよう気をつけてください。リコッタ・クリームを大さじ数杯分とっておき、残った分を1枚のスポンジの上に塗り広げてから、もう1枚のスポンジをかぶせてはさみます。スポンジ表面に、とりわけておいたクリームを薄く均等にのばしたら、その上からすりおろしたチョコレートをたっぷりふりかけてください。クリームの端だけ残して、あとはまんべんなくチョコレートで覆います。そのまま涼しい場所においておきましょう。

このケーキを数時間以上保存しておきたいときは、ラップをして冷蔵しておきます。食べる場合は、その30-60分前には冷蔵庫からだし、室温にもどしてから召し上がってください。

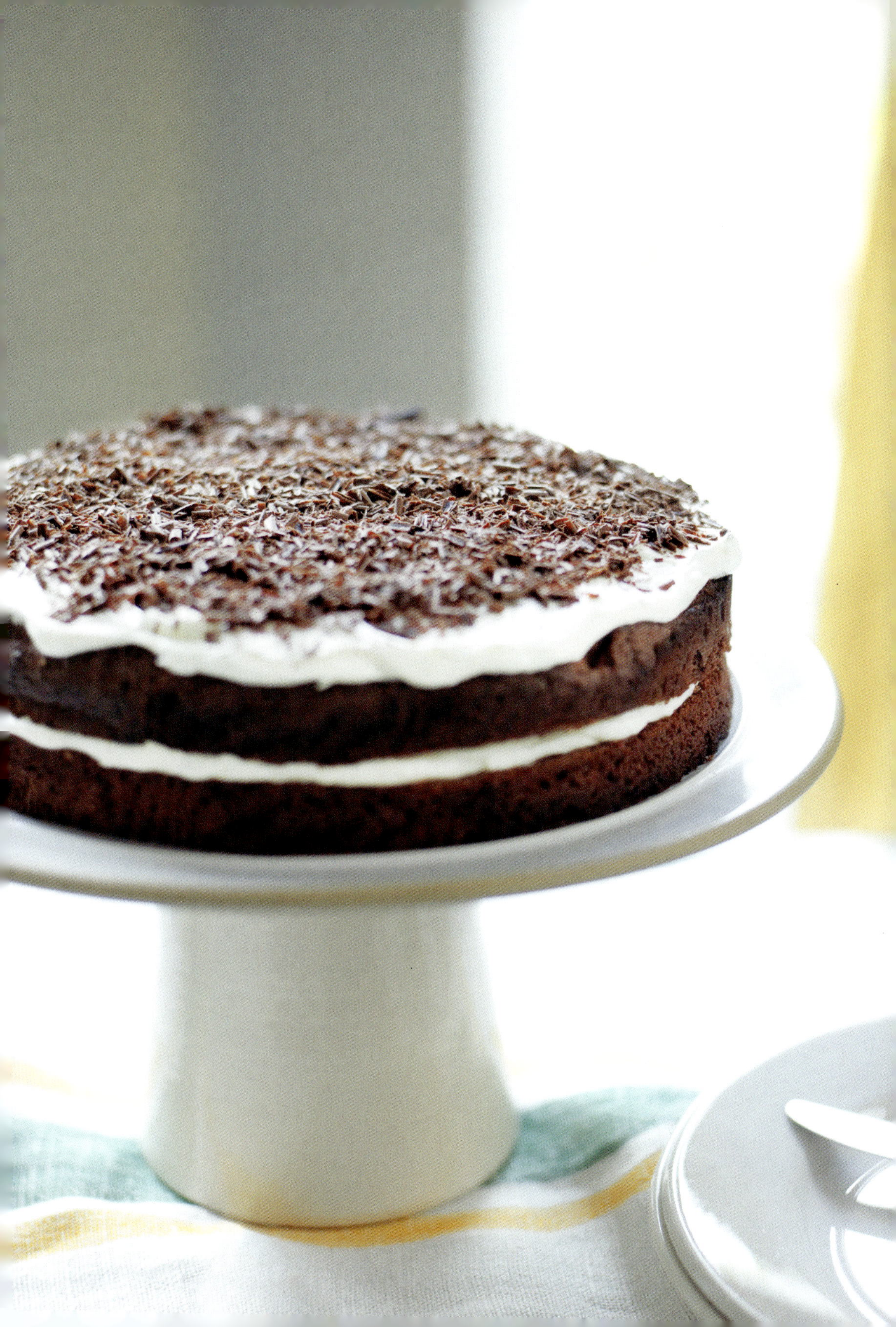

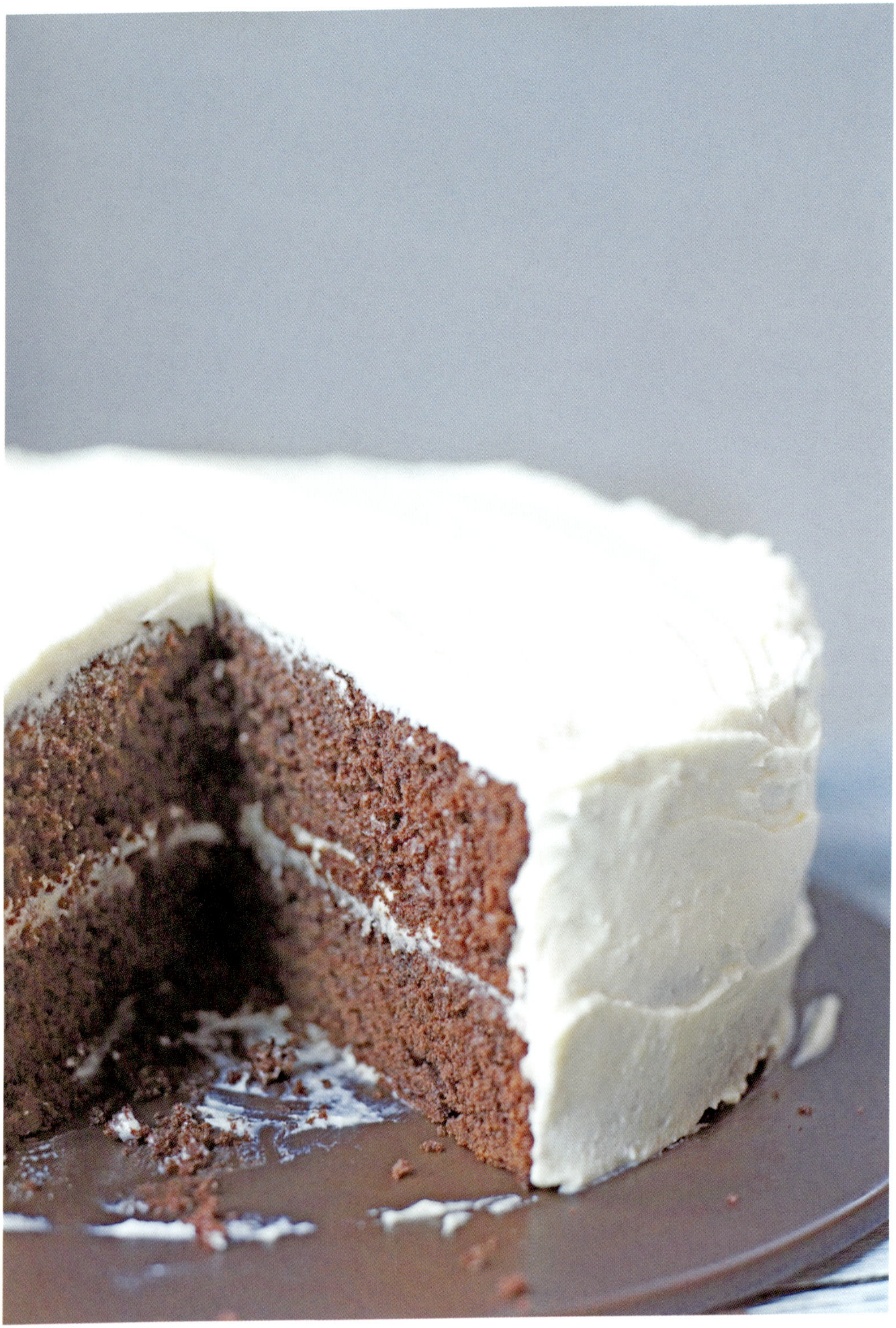

ローズ・レヴィ・ベランバウムのチョコレート・レイヤー・ケーキ

16人分

良質のココア・パウダー	80g
熱湯	235ml
砕いた（カカオ70%の）ダーク・チョコレート	100g
放し飼いのニワトリの卵 Lサイズ	4個
水	85ml
バニラ・エッセンス	大さじ1
ベーキング・パウダー入りの小麦粉	310g
上白糖	400g
ベーキング・パウダー	小さじ4
塩	小さじ1
無塩バター	225g
油	50g

うっとりするほどなめらかなホワイト・チョコレートのフロスティング用（650g分——これだけあれば、ケーキ全面にまんべんなくたっぷり塗れます）

刻んだホワイト・チョコレート	250g
クリーム・チーズ	340g
やわらかくした無塩バター	85g
生クリーム	20g

この濃厚なチョコレート・ケーキをたっぷりと覆っているのが、その濃い色とみごとなコントラストをなしている、とびきりおいしそうなバタークリーム——それも、バニラ・ビーンズの小さな斑点が散りばめられた、象牙色のバタークリームです。

直径23cm、高さ5cmのケーキ型2台に、クッキング・シートを敷いておきます。少なくとも焼きはじめる20分前には、オーブンの下段に天板をセットし、オーブンを180℃〈ガスマーク4〉に温めておいてください。

中くらいのボウルにココア・パウダーと熱湯を入れ、よく混ぜてなめらかにします。ラップをかけて分離しないようにしてから、室温において冷ましてください（約1時間）。急ぐ場合は、ボウルを冷蔵庫に入れて冷まし、その後室温にもどしてから次の行程に進みましょう。

チョコレートをとかします。電子レンジを使うか、湯煎にかけてください。湯煎の場合は、ボウルにお湯を入れないよう気をつけましょう。かき混ぜて完全にとかしたら、そのままおいて冷ましておきます。

べつのボウルに卵、水、バニラ・エッセンスを入れ、かき混ぜて全体を軽くなじませてください。

低速にした電動ミキサーを使って、小麦粉、砂糖、ベーキング・パウダー、塩を30秒混ぜます。そこにバター、油、ココア・パウダーも加えてさらに混ぜてください。粉類がしっとりとなじむまでは、低速で混ぜます。それから中速にし、1分半混ぜてください。ボウルの側面についた生地をきれいにこそげとってまとめます。前述の卵を混ぜたものを2度にわけて、少しずつ加えていきましょう。加えるたびに30秒ずつかき混ぜ、材料をきちんとなじませて、しっかりとした生地をつくっていきます。ボウル側面の生地もきれいにこそげとってから、最後にとかしたチョコレートを入れてください。

型に敷いておいたシートにバターを塗って生地を流し入れたら、表面をなめらかにしましょう。30-40分、中央付近にさした串を抜いたときになにもついてこなくなり、軽く押して弾力が感じられるようになるまで焼きます。スポンジが縮みはじめる場合がありますが、オーブンからだした直後だけであれば大丈夫です。

型に入ったスポンジを、天板にのせたまま10分間冷まし、その後ワイヤー・ラックにうつします。焼き縮みを防ぐために、スポンジを型からだしてひっくり返し、それから完全に冷ましてください。その後、アイシングをしていきましょう（次ページを参照）。

フロスティングをつくります。チョコレートを湯煎にかけてください。ボウルにお湯を入れないよう気をつけましょう。かき混ぜて、チョコレートをほぼ完全にとかします。ボウルをお湯からはずしたら、そのまま冷まします。ただし、冷ましすぎてチョコレートが固まってしまわないよう、気をつけてください。

クリーム・チーズ、バター、生クリームをフード・プロセッサーに入れて数秒間混ぜ、なめらかなクリーム状にします。ボウル側面の生地もこそげとってから、とかして冷ましておいたチョコレートを加えてください。材料が完全になじんでなめらかになるまで、何度かフード・プロセッサーをかけます。

スポンジが完全に冷めたら、バタークリームを少量、直径23cmの厚紙かサービング・プレートに広げ、その上にスポンジを1枚のせます。スポンジは、平らな面を上にしてください。サービング・プレートを使う場合には、プレートの縁が汚れないよう、ケーキの下に大きめのワックス・ペーパーかクッキング・シートを敷いておくといいでしょう。

1/3量のフロスティングをスポンジの上面に均等に塗り広げたら、もう1枚のスポンジを、平らな面を上にしてかさねます。その上面と、かさねたスポンジの側面をまんべんなく、残ったフロスティングで覆ってください。

アドバイス
- このケーキは、ダーク・チョコレート100gを使わなくてもつくれます。その場合、レシピのものより軽くしあがりますが、チョコレートの風味はさほど感じられなくなってしまうでしょう！
- 刃わたりの長いパン切り包丁を使って、スポンジの平らになっていない方の面をきれいに切りそろえてもかまいません。
- ケーキを冷蔵庫に入れておくなら、切りわける前に室温にもどしてください。

心痛む
チョコレート・
ケーキ

~

14人分

小ぶりのナス	2本（約400g）
細かく砕いた（カカオ70%の）ダーク・チョコレート	300g
良質のココア・パウダー	50g ＋装飾用に少々
アーモンド・パウダー	60g
放し飼いのニワトリの卵 Lサイズ	3個
ベーキング・パウダー	大さじ2
塩	小さじ¼
ブランデー	大さじ1
油	はけ塗り用

この一風変わったケーキは、ハリー・イーストウッドの本『Red Velvet & Chocolate Heartache』に掲載されています。小麦粉や砂糖、脂のかわりにナスやハチミツ、アーモンドを使うので、ごく普通のチョコレート・ケーキよりもはるかにヘルシーです。ハリー曰く、「これは、じつにせつないケーキです。見た目がとにかく地味。オーブンに入れるときはふくらんでいるのに、やがてむせび泣くかのようにふるえて、小さくなってしまうのですから。でも、だからこそナスは（野菜界のイーヨーは）、あなたと手をつなぐにふさわしい友人なのです」

オーブンを180℃〈ガスマーク4〉に温め、直径23cm（できれば高さは7cm）の底がとりはずせる型にクッキング・シートを敷いて、底面と側面に軽く油を塗っておきます。

ナスを調理していきましょう。表面に串をさして何カ所か穴をあけます。それからボウルに入れ、ラップをしてください。電子レンジの強で8分加熱してしんなりさせます。ボウルにたまった水を捨てたら、ナスはそのままボウルに入れて、素手でさわれるようになるまで冷ましてください。

ナイフの先端を使って、ナスの皮をむきます。それからミキサーに入れ、なめらかなピューレ状にしてください。そこにチョコレートを加えます。ナスにはまだ熱が残っていますから、混ぜただけでチョコレートはゆっくりとけていくでしょう。ナスとチョコレートに再度ラップをかけ、チョコレートがすべてとけきるまでおいておきます。

大きなボウルに残りの材料をすべて入れ、全体がよくなじんで少し泡立つまで1分間、混ぜてください。そこに、へらを使ってチョコレートとピューレ状のナスも加えたら、全体をしっかりとなじませましょう。

生地を、用意しておいた型に流し入れてから、オーブンの下段において30分間焼きます。焼きあがるころには、温めたチョコレートのうっとりするような香りがキッチンに満ちているでしょう。

オーブンからだし、型に入れたまま15分冷まします。その後、ワイヤー・ラックの上にひっくり返してのせ、シートをはがしてください。はがしたらすぐにまたひっくり返し、ラックの跡がつかないよう、今度はお皿にのせましょう。

ココア・パウダーを少量ふりかけてから切りわけます。

アドバイス
- ピューレ状のナスに入れたチョコレートが完全にとけていることを必ず確かめてください。ナスがすっかり冷めてしまっていても大丈夫です。チョコレートを加える前に、電子レンジに2分かけさえすればいいのですから。
- このケーキは非常にデリケートで、あたたかいときよりも完全に冷めてからの方が形がくずれやすいので、慎重にあつかってください。なるべくくずれにくくするなら、適度に冷ますのが1番です。

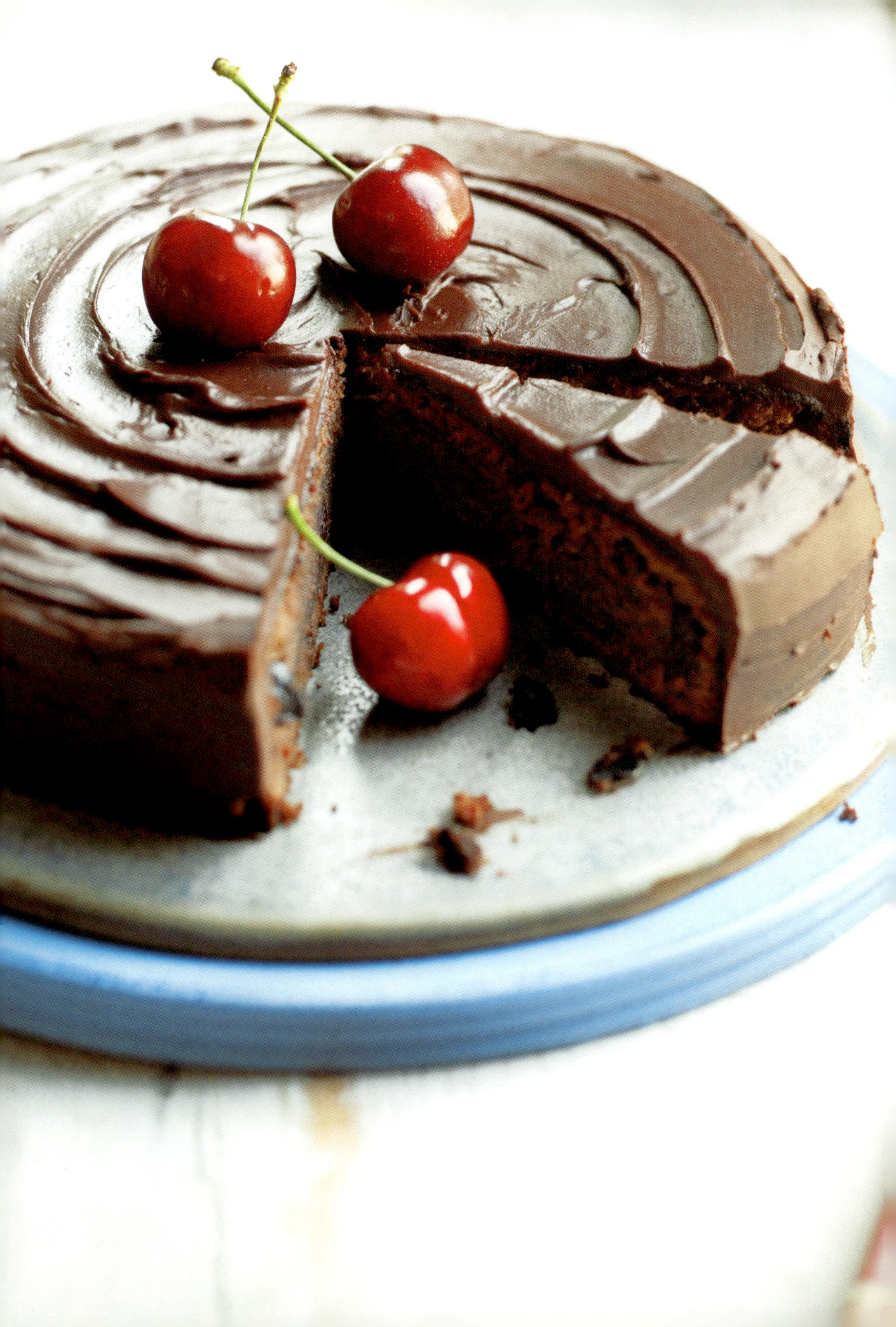

ダーク・チョコレートとブランデーとチェリーのケーキ

8人分

ドライ・チェリー	35g
ブランデー	100㎖
チェリー入り ダーク・チョコレート	200g
無塩バター	110g
	+塗布用に少々
上白糖	165g
放し飼いのニワトリの卵 Mサイズ	3個
（卵黄と卵白にわけておきます）	
ベーキング・パウダーの 入っていない小麦粉	70g
アーモンド・パウダー	75g
高脂肪牛乳	90㎖
塩	小さじ½

アイシング用ガナッシュ

ダブル・クリーム	90㎖
砕いた（カカオ70％の） ダーク・チョコレート	80g
供するときに添える生クリーム	

本書のために、チェリー／チョコレートというテーマでたくさんのケーキ・レシピを送っていただきましたが、わたしが1番気に入っているのは、ポール・ゲイラーのこのレシピです。ファッジのような甘さといい、チェリーの酸味、たっぷりきかせたブランデーといい、もうたまりません。これらすべてを巧みにまとめあげているのがアイシングのガナッシュであり、全体を引き締める一助となっているのが塩です。

ドライ・チェリーは1晩ブランデーに漬けておきます。

翌日、まずはオーブンを190℃〈ガスマーク5〉に温め、直径20㎝のケーキ型に耐油性ペーパーを敷いてから、軽くバターを塗っておきましょう。

チョコレートをとかします。電子レンジを使うか、湯煎にかけてください。湯煎の場合はときどきかき混ぜますが、その際、ボウルにお湯を入れないよう気をつけましょう。だいたいとけたら、電子レンジなりお湯からとりだして、固まりがきれいになくなるまでかき混ぜつづけてください。その後冷ましておきます。

バターと砂糖をボウルに入れ、混ぜあわせて白っぽく軽いクリーム状にしてください。卵黄を1つずつ加えていきます。1つ加えるたびにしっかりと混ぜましょう。つねに生地をなめらかでやわらかい状態にしておいてください。

とかして冷ましておいたチョコレートを入れてよくかき混ぜたら、つづいて小麦粉とアーモンド・パウダー、牛乳とブランデーに漬けておいたチェリーを加えます。さらに塩も入れてください。

きれいなボウルで卵白を固く泡立てます。それを前述したチョコレート生地の中にそっと、切るように混ぜ入れていってください。その後、用意しておいた型に流し入れて表面を均一に整えましょう。型をオーブンに入れて、45-50分焼きます。

型に入れたまま10分冷ましてから、型をひっくり返して、ワイヤー・ラックの上にスポンジをだしてください。

ガナッシュをつくります。鍋にクリームとチョコレートをあわせ入れたら、沸騰させないよう静かに温めます。その後、冷ましてください。トロッとしてきたら、スポンジにかけて、まんべんなく覆います。

ケーキがまだ温かいうちにくさび形に切りわけたら、上に生クリームをたっぷり添えましょう。

アドバイス

- ガナッシュのかわりに、お気に入りのバタークリームでアイシングしてもかまいません。そうすれば、とびきりおいしいバースデー・ケーキに大変身です。
- 戸棚にブランデーがなければ、ウィスキーで代用できます。

リンジー・ベラムのチョコレートとアーモンドとラズベリーのバースデー・ケーキ

12人分

アーモンド・チョコレート・ケーキ用

刻んだ無塩バター 200g
　　　　　　　＋塗布用に1固まり

砕いた（カカオ70%の）
　ダーク・チョコレート 200g

塩 1つまみ

放し飼いのニワトリの卵
　Mサイズ 4個

上白糖 100g

ベーキング・パウダー入りの
　小麦粉 150g

アーモンド・パウダー 100g

フィリング用

刻んだ無塩バター 50g

砕いた（カカオ70%の）
　ダーク・チョコレート 100g

ホイッピング・クリーム 100mℓ

形のいいラズベリー 300g

マジパン用

アプリコット・ジャム

粉砂糖

すでにこねてあるマジパンの生地

ライス・ペーパー

アイシング用

レモン果汁 約大さじ3

ふるった白粉砂糖 250g

装飾用にアラザン、
　アンゼリカ、砂糖漬けにした
　バラの花びら、ロウソク

クッキング・シートと30cm四方の
　ケーキ・ボードも必要です。

今ではすっかり大きくなった息子たちのために、彼らがよちよち歩きのころからずっと、わたしは数字をかたどったケーキをつくってきました。といっても、わざわざ数字の形をしたケーキを焼いているわけではありません。アイデアのおもむくままに、ごく普通のケーキやロール・ケーキを切りわけ、それをあれこれ組みあわせては、上からマジパンをかけてまとめあげるのです。切りわけたばかりのケーキがおいてあるところを見ただけでは絶望的ですが、あまたの問題点もマジパンがみごとに隠してくれ、決まって最後には、すばらしいケーキができあがります。また、ときには友人のために誕生日やいろいろなお祝いのケーキをつくることもありますが、こういったケーキに欠かせないのは、かわいらしさややさしさ、そしてチョコレートたっぷりの風味です。なおこのレシピでは、「6」と「0」をつくっていますが、もちろんほかの数字にも応用できますし、数字のケーキはちょっと、というのであれば、スポンジの上からチョコレートをたっぷりかけてまんべんなく覆い、さらにラズベリーを飾りつけるだけでも充分でしょう。

オーブンを150℃〈ガスマーク2〉に温め、テフロン加工を施した直径20㎝のスプリングフォーム型にクッキング・シートを敷き、バターの固まりを塗っておきます。

残りのバターとチョコレートを湯煎にかけてください。ボウルにお湯を入れないよう気をつけましょう。塩1つまみを加えて、ときどきかき混ぜます。よくなじんでなめらかになったら、ボウルをお湯からはずして、冷ましておいてください。

卵と砂糖を数分、全体がフワッと白っぽくなるまでかき混ぜます。そこに冷ましたチョコレートの生地を混ぜこみ──かき混ぜた生地は多少つぶれます──その後、小麦粉とアーモンド・パウダーを加えてください。なめらかなトロッとした生地を、用意しておいた型に流し入れます。45-50分、生地が固くなってふくらみ、中央にさした串を抜いてもなにもついてこなくなるまで焼いてください。型に入れたまま10分冷ましたら、型をひっくり返して、ワイヤー・ラックの上にスポンジをだしましょう。

チョコレートのフィリングをつくります。前述したようにバターとチョコレートをとかしたら、ボウルをお湯からはずしてください。クリームを軽くホイップしてから、チョコレート・バターに混ぜ入れます。すぐに生地がトロッとしてきますから、あとはそのままおいておいてください。

つぎは数字です。スポンジが冷めたらすぐ、水平に半分に切り、切った2枚をもう1度もとどおりにかさねあわせます。1枚の生地の上に直径12㎝のお皿をおき、円をくり抜いてください。これが「0」になります。くり抜いたまるいスポンジの中央部分から、さらに直径4㎝の円を切り抜きましょう。「0」をもっと大きくしたい場合には、半分におり、中央部分をけずりとって穴を広げていきます。「6」は、残ったスポンジを使ってつくっていきます。ちなみにわたしは、スポンジのカーブ部分を利用して「6」の上半分をつくり、残りで下半分をつくりました。

大さじ4のジャムに大さじ2の熱湯を加えて混ぜます。作業台の表面、ご自分の両手、めん棒に粉砂糖をふりかけてから、マジパンの生地¼を、もとの大きさの3-4倍になるまで、ごく薄くのばしてください。料理用のはけを使って、のばしたアプリコット・ジャムをマジパンに塗りましょう。マジパンの上に「0」をおき、切った面にチョコレートのペーストを塗り広げ、上面にラズベリーをたっぷりのせてから、慎重にマジパンで覆っていきます。「0」全体を、ジャムを塗ったマジパンで覆ったら、できるだけきれいに余分なところを切りとり、スポンジにマジパンを密着させてください。それから、（接着させやすいよう）軽く湿らせたライス・ペーパーの上に、慎重にのせます。「6」も同様にしてください。その後、慎重にケーキ・ボードにうつしましょう。最終的な位置が決まったら、ライス・ペーパーを湿らせて、ボードにしっかりと密着させ、ケーキがずれたりくずれたりしないようにしてください。

アイシングをつくります。ふるった粉砂糖にレモン果汁を混ぜ入れ、シンプルなシュガー・アイシングをつくりましょう。パレット・ナイフを使って、完成した数字のケーキにまんべんなく塗っていきます。ケーキの飾りつけは、アイシングが固まる前にすばやくおこなってください。わたしは、両手いっぱいのアラザンをかけ、砂糖漬けのバラの花びらと細長いアンゼリカで花をつくります。できあがったら、ケーキは冷蔵庫に入れずにどこか涼しい場所において、アイシングを完全に乾かしてください。

クローディア・ローデンのガトー・ショコラ

10-12人分

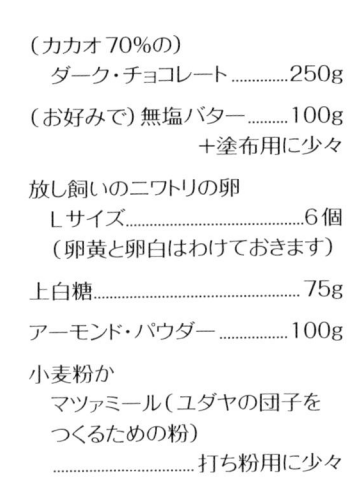

（カカオ70%の）
　ダーク・チョコレート 250g
（お好みで）無塩バター 100g
　＋塗布用に少々
放し飼いのニワトリの卵
　Lサイズ 6個
　（卵黄と卵白はわけておきます）
上白糖 75g
アーモンド・パウダー 100g
小麦粉か
　マツァミール（ユダヤの団子を
　つくるための粉）
　............................... 打ち粉用に少々

このチョコレート・ケーキは、わたしがはじめて中東で出版した本に掲載しました。以来、ほかの方のレシピ本にも掲載されてきましたから、もうすっかり有名になっていますが、わたしたち家族は今でもこのケーキが大好きですし、パスオーバー（ユダヤの3大祭りの1つ）にはいろいろなケーキをつくりますが、その際に欠かせない大事なレシピであることに変わりはありません。わたしにこのレシピを教えてくれたのは、母の友人ルシエ・エイデ＝シュワルツです。彼女は何年もたってから、材料にバターを入れるのを忘れていたと話してくれました。わたしたち家族は、バターなしのケーキが気に入っていますが、ルシエがつくっていた、よりコクのあるオリジナルのバージョンも記しておきますので、お好みでバターを加えてもいいでしょう。

オーブンを180℃〈ガスマーク4〉に温め、テフロン加工を施した直径23cmの焼き型にバターを塗ってから、小麦粉かマツァミールをふっておきます。

バターとチョコレートを湯煎にかけてください。ボウルにお湯を入れないよう気をつけましょう。とけたらお湯からはずして冷ましておきます。

卵黄と砂糖を、軽くフワッとするまで混ぜてください。そこにアーモンド・パウダー、とかしたチョコレートとバターを加えて、全体をよく混ぜあわせます。

きれいな大きいボウルで卵白を固く泡立てたら、前述した生地に加えてください。生地を、用意しておいた型に流し入れ、30-45分、中央にさした串を抜いてもなにもついてこなくなるまで焼きます。

アドバイス
● 彩りにオレンジの皮を飾りましょう。

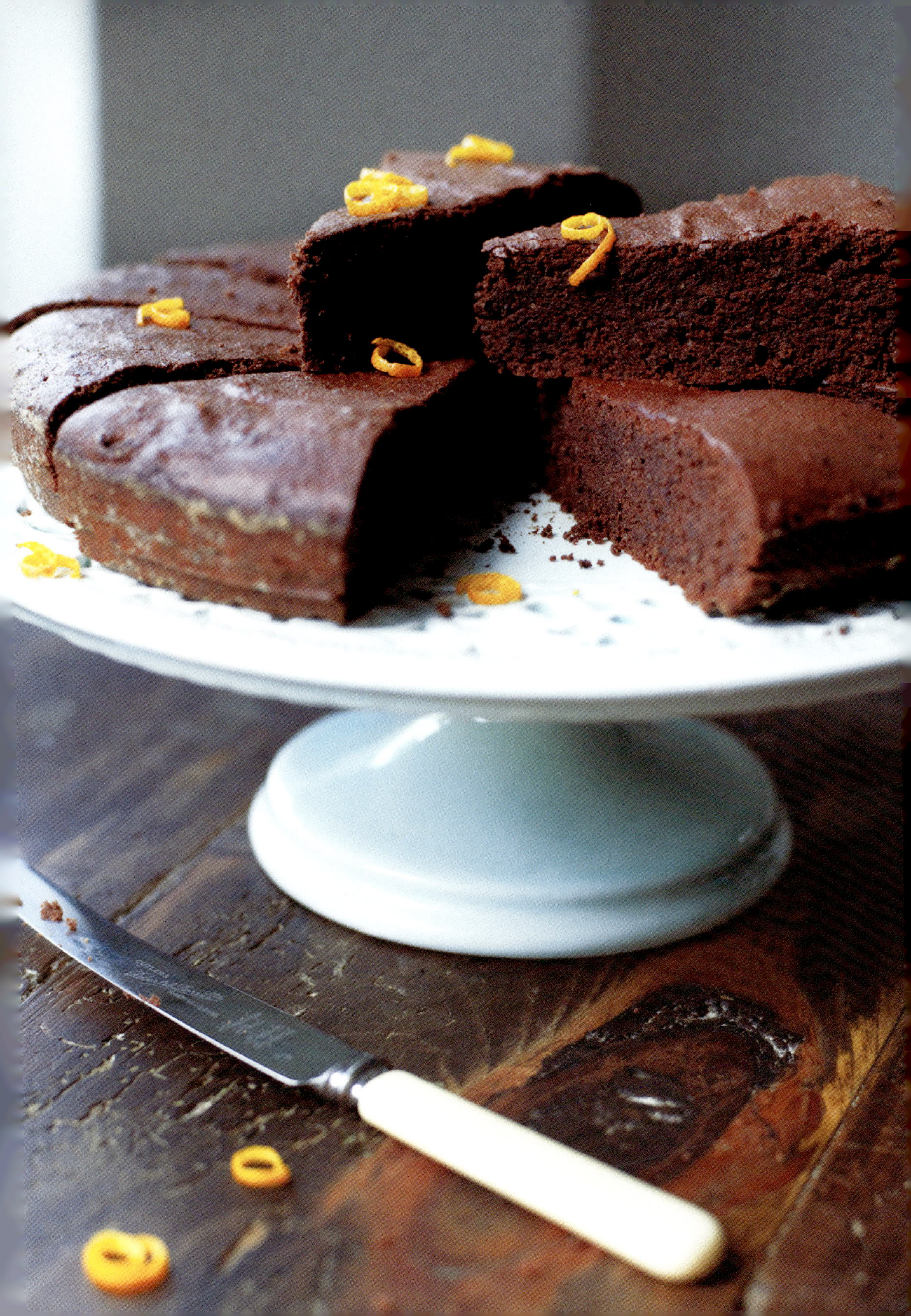

チョコレートとクリのスフレ・ケーキ

8人分

やわらかくした無塩バター	25g
刻んだ無塩バター	125g
砕いた（カカオ70%の）ダーク・チョコレート	125g
塩	1つまみ
クレマン・フォジエ社のバニラ入りマロン・クリーム	250g缶1
（無糖のクリのピューレ200gに上白糖大さじ2を混ぜたものでも可）	
半脱脂粉乳	100mℓ
放し飼いのニワトリの卵 Lサイズ	3個
上白糖	75g
良質のココア・パウダー	装飾用に少々
供するときに添える生クリーム	

ダーク・チョコレートとクリのピューレは、夢のようにすばらしい組みあわせだ、それがスフレ・ケーキともなれば最高だ、そういうのは、このケーキの考案者リンジー・ベラムです。「フワッフワの軽いスポンジ、トリュフと出会ったかのような味と食感のやわらかくて甘いムース、信じられないほどのコク。ほんの1切れ口にしただけで、どんなにチョコレートにうるさい人でも満足するにちがいありません。ココア・パウダーをふりかけた見た目もすばらしく、ムースの濃厚な味にも負けない、さわやかな生クリームをたっぷり添えて、冷やしていただけば最高です」

オーブンを160℃〈ガスマーク3〉に温め、底板をはずせる直径20cmのフラン型にやわらかくしたバターの半量を塗っておきます。大きめのクッキング・シートを、バターを塗った面にしっかりと押しつけるようにしながら、しわがよらないよう気をつけて型に敷き入れていってください。ついで、型の縁から5cmだけ残して、余分なシートを切ります。シートにも、残ったバターをできるだけきれいに塗っていきましょう。その後、型は天板においておきます。

刻んだバターとチョコレートを湯煎にかけてください。ボウルにお湯を入れないよう気をつけましょう。塩1つまみを加えて、ときどきかき混ぜます。全体がなめらかになってよくなじんだら、ボウルをお湯からはずして冷ましておきましょう。

クリのピューレと牛乳を小さな鍋に入れて火にかけ、なめらかになるまでかき混ぜます。卵を割って卵黄と卵白にわけ、卵黄に砂糖を加えて、白っぽくなめらかになるまでしっかりと混ぜてください。クリのピューレと牛乳を混ぜたものを冷ましたチョコレートとバターに混ぜ入れたら、それを卵黄と砂糖をあわせたものに加えてよく混ぜ、全体をなめらかなバター状にします。

きれいなボウルで、卵白がしっかりと固くなるまで泡立ててください。前述した生地をゆるめるために、金属製のスプーンを使って、まずは大さじ1だけ泡立てた卵白をすばやく混ぜ入れます。その後、残った卵白も静かに加えていきましょう。それを、用意しておいた型に流し入れ、約25分焼きます。（ときにひびが入りつつ）生地がふくれてきて、型をふると中央のみ少しゆれるようであれば大丈夫です。オーブンからだすと、ケーキはわずかに縮み、ひび割れが見られはじめるかもしれませんが、心配ご無用──これらはいずれも、このケーキを一段とおいしくするものです。

しばらく冷ましておいたら、さらに生地が固まる前にクッキング・シートをとりのぞきます。側面のシートを慎重にはがしたら、底面のシートは、切りとって見えないようにしてください。その後ラップをかけて、少なくとも2時間はしっかりと冷やします。

ココア・パウダーをふりかけてから、生クリームを添えて供しましょう（切りわけてだすときは、底に残ったままのシートのことを忘れずに）。

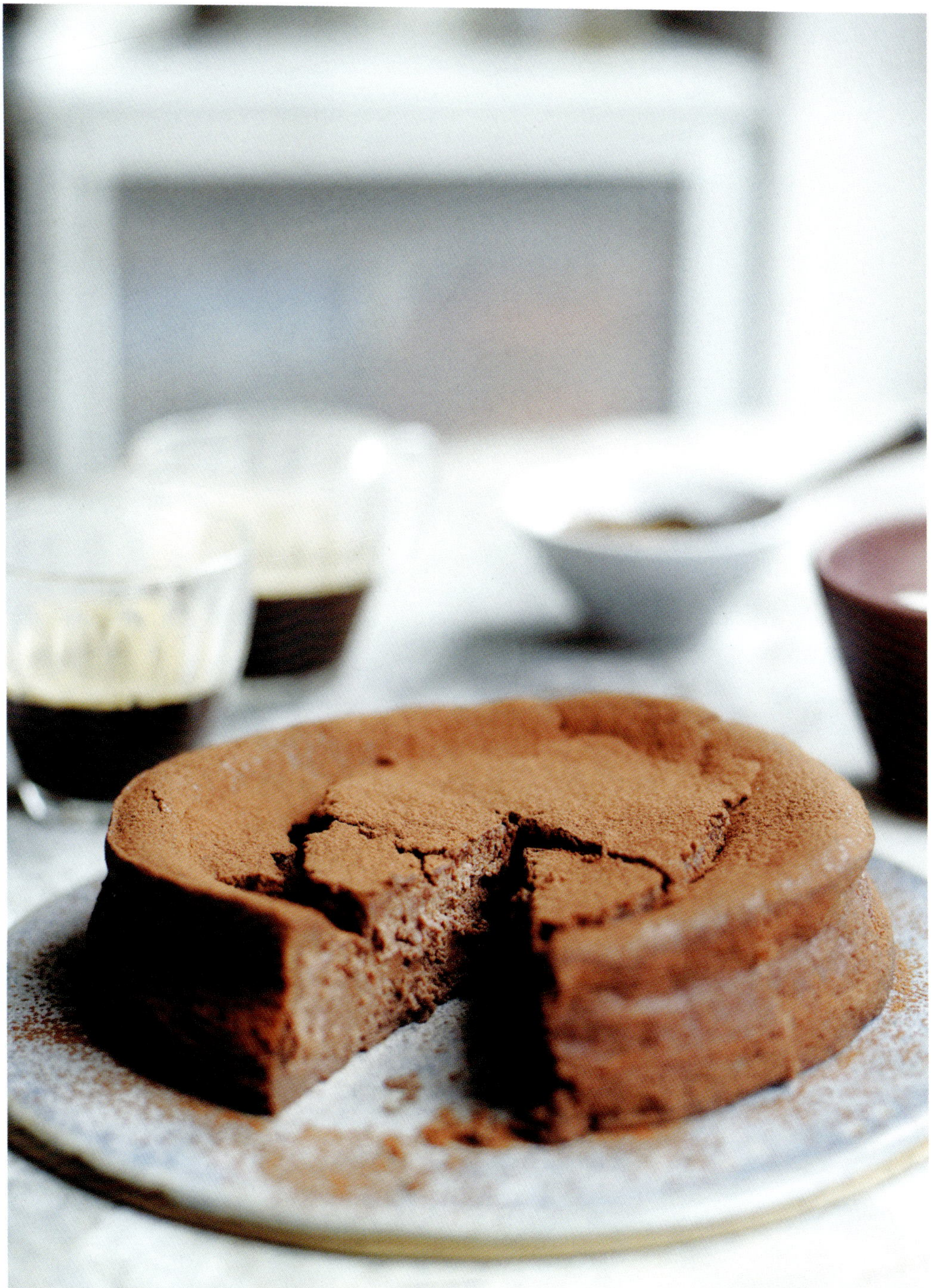

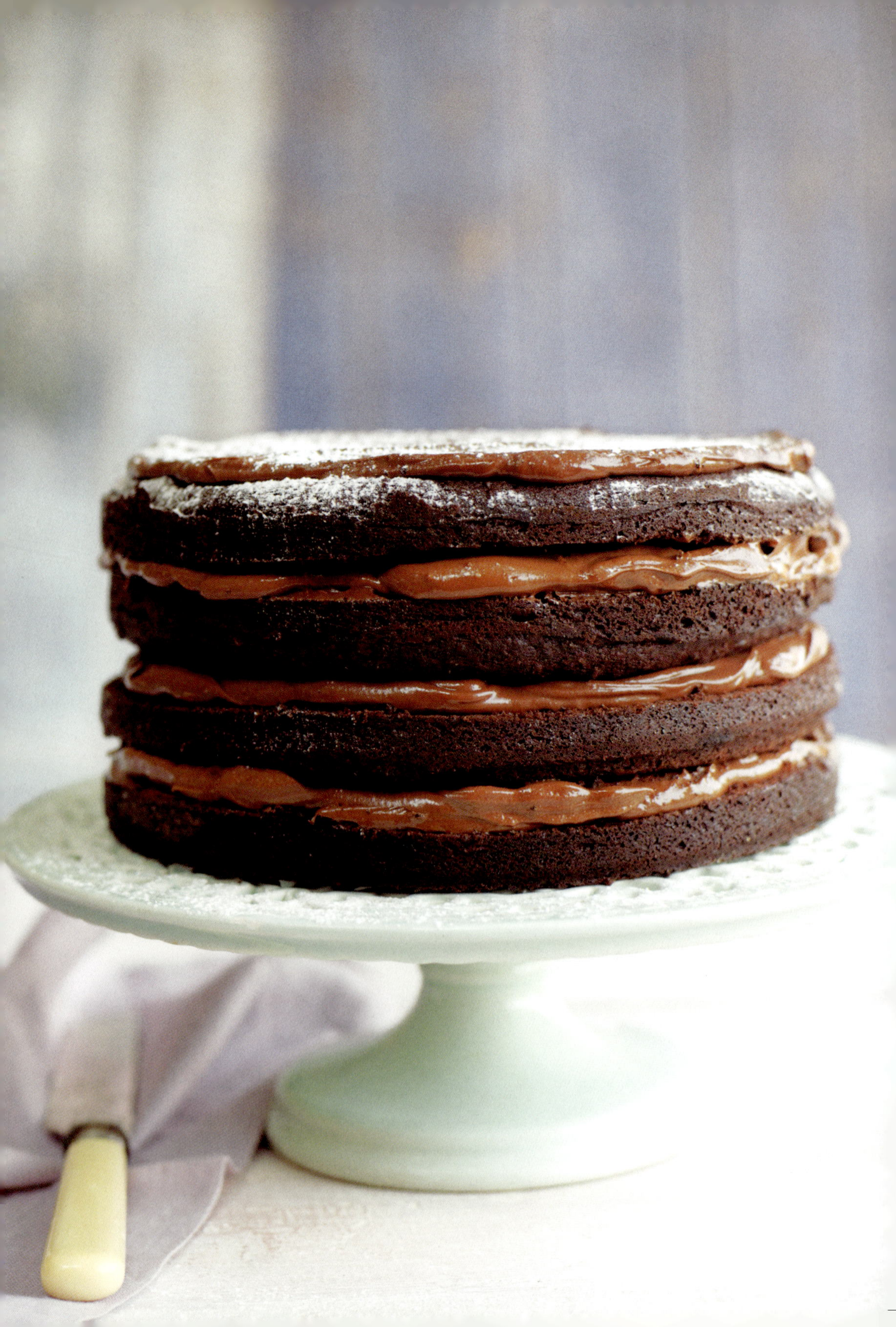

究極の
チョコレート・
ファッジ・
ケーキ

16人分

砕いた（カカオ70％の）ダーク・チョコレート	100g
ベーキング・パウダーの入っていない小麦粉	175g
良質のココア・パウダー	100g
ベーキング・パウダー	小さじ1
重曹	小さじ1
塩	1つまみ
アーモンド・パウダー	100g
やわらかくした無塩バター	200g ＋塗布用に少々
三温糖	275g
バニラ・エッセンス	小さじ1
放し飼いのニワトリの卵Lサイズ	3個（軽く割りほぐしておきます）
バターミルク	150mℓ

アイシング用

砕いた（カカオ70％の）ダーク・チョコレート	200g
砕いたミルク・チョコレート	200g
やわらかくした無塩バター	250g
粉砂糖	装飾用（お好みで）

ナタリー・セルダンは、すばらしいミニチュア・ケーキのショップ、エステラ・カップケークスを営んでいますが、ここでは、彼女独自の特別なチョコレート・レシピの1つをご紹介しています。このレシピで、「究極」としか表現しようのないチョコレート・ファッジ・ケーキをつくりましょう。とてもおいしくて、もっと食べたくてとまらなくなる、チョコレート風味たっぷりのケーキです。その口当たりは驚くほどに軽く、つややかで上品なチョコレート・アイシングをはさんだ4層からなっています――センターも本当に美しく、このケーキなら、どんな特別なシーンで供しても大丈夫です。

オーブンを180℃〈ガスマーク4〉に温め、直径20cmの焼き型を2枚用意し、それぞれ側面には4cmの高さまでバターを塗り、底面にはクッキング・シートを敷いておきます。

チョコレートを湯煎にかけてください。ボウルにお湯を入れないよう気をつけましょう。その後、冷ましておきます。

大きなボウルに、小麦粉、ココア・パウダー、ベーキング・パウダー、重曹、塩1つまみをふるい入れてから、アーモンド・パウダーを混ぜ入れてください。

電動のスタンド・ミキサーかハンド・ミキサーを使って、バターと砂糖がとびきり軽くフワッとしたクリーム状になるまで混ぜます。卵にバニラ・エッセンスを加えてください。ミキサーを動かしながら、バターと砂糖を混ぜたものの中に、卵をゆっくりと混ぜ入れていきます。途中で生地が固まらないよう、粉類を混ぜたものを大さじ1加えてください。その後、とかしたチョコレートとバターミルクも混ぜ入れます。

残った粉類も静かに、慎重に混ぜこんだら、生地を2つの型にわけ入れてください。オーブンの中段で30-35分、生地がふくらみ、さわったときに固さを感じるまで焼きます。型に入れたまま少し冷ましてから、ケーキ・クーラーの上にひっくり返してだしてください。しっかりと冷めたら、シートをはがし、それぞれの生地を水平に2等分します。

アイシングをつくりましょう。チョコレートを前述した方法でとかします。軽く冷ましてから、バターと混ぜあわせてください。パレット・ナイフを使って、スポンジ上面に均等に塗ったら、その上にスポンジをかさね、また上面に均等に塗って、という作業を繰り返します。4層目の上面にもまんべんなくたっぷりと塗りましょう。

お好みで、粉砂糖をふりかけてデコレーションするのもおすすめです。

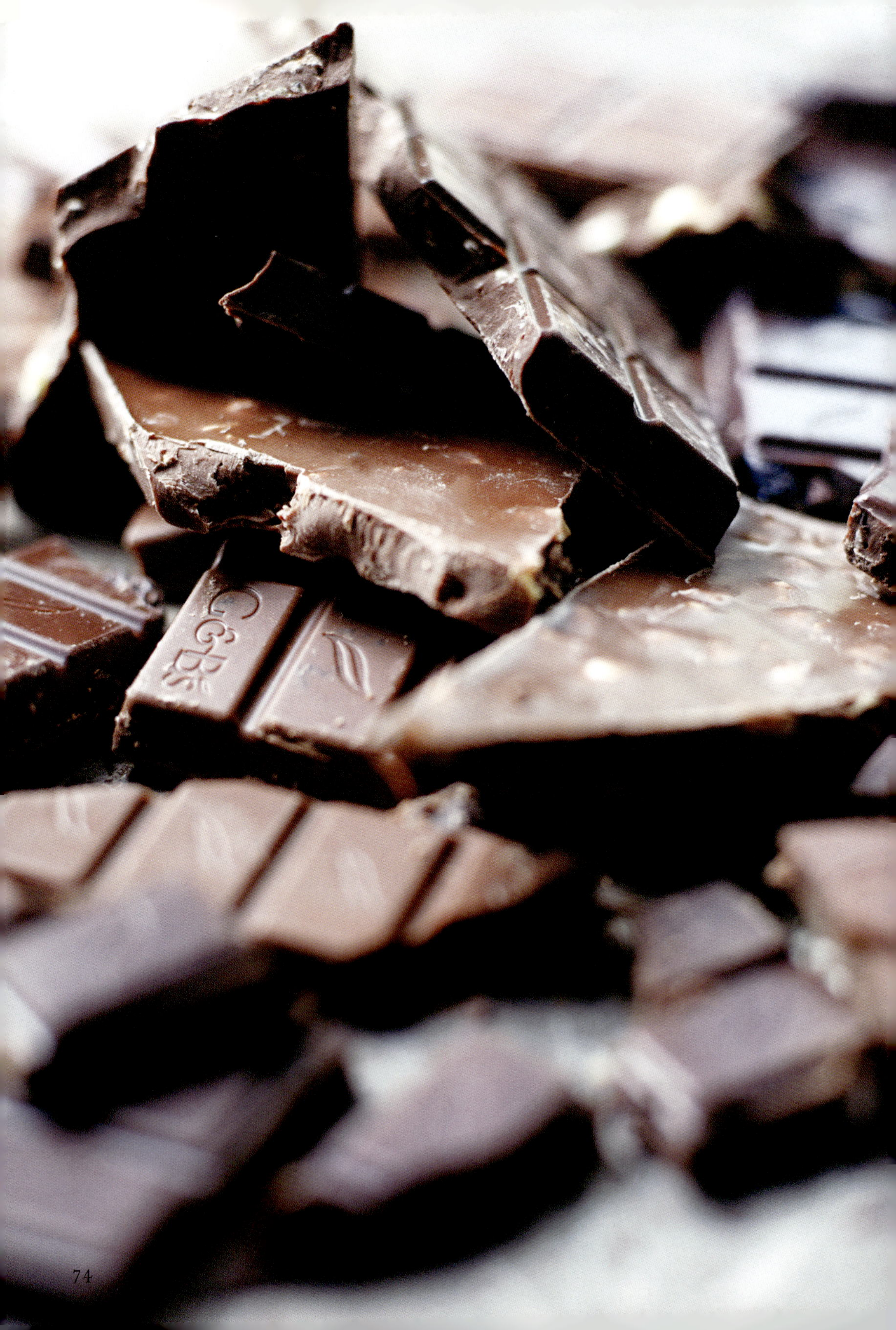

TORTES, TARTS, PUDDINGS AND PIES
トルテ、タルト、プディング、パイ

ニック・マルジーエリのチョコレート・バーボン・ケーキ	76
なめらかな塩キャラメル・チョコレート・トルテ	78
「オールド・イングリッシュ」チョコレート・フラン	80
チョコレート・タルト	81
洋ナシとチョコレートのタルト・タタン	82
ロレイン・パスカルのバノフィ・タルト	84
ピュア・ゴールド・シー・ソルト・チョコレート・ジンジャー・タルト、フェンネル・シードのブリットル添え	86
ダリーナ・アレンのチョコレートとピーナッツ・バターのパイ	88
チョコレート・プディング・パイ	90
チョコレート・メレンゲ・パイ	92
チョコレート・ペカン・パイ	94
究極のフォンダン・ショコラ	96
グルテンフリーのチョコレート・ファッジ・プディング	97
チョコレートのスチームド・プディング	98
チョコレートとラズベリーのクロワッサン・プディング	100
チョコレート・スティッキー・トフィー・プディング・ケーキ	102
チョコレート・シャルロット	104
なつかしいチェリー・チョコレートとアーモンドのロール・ケーキ	106
ジンジャーとダーク・チョコレートのルーラード、洋ナシのコンポート入り	108
プルー・リースの究極のチョコレート・ルーラード	110
オリーブ・オイル・チョコレート・トルテ	111
カッサータ	112
ジェーンのクリスマス・プディング	114
ブッシュ・ド・ノエル	116

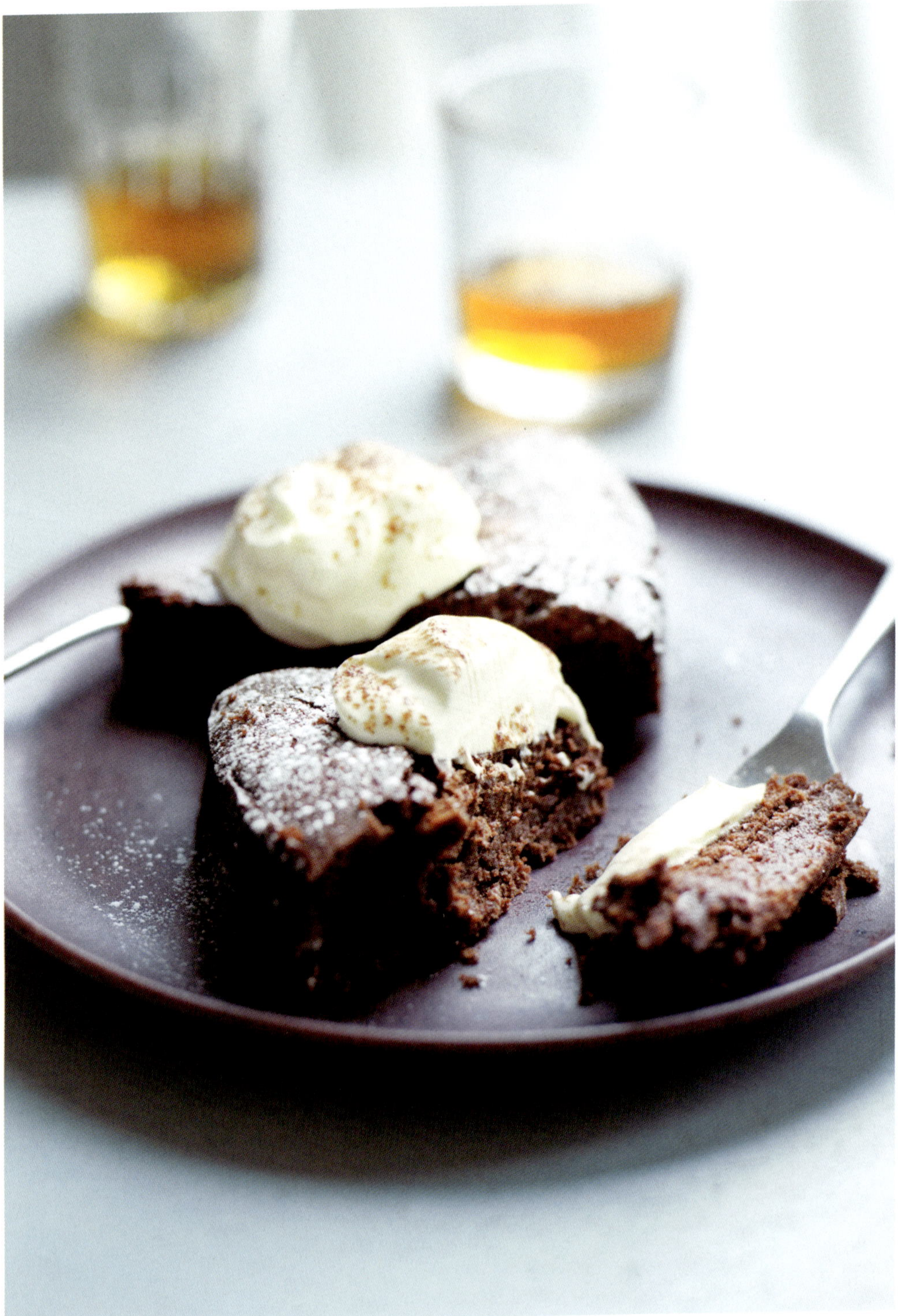

ニック・マルジーエリのチョコレート・バーボン・ケーキ

8-10人分

12等分した
　無塩バター 110g
　＋塗布用に少々
5mm幅に刻んだ（カカオ70%の）
　ダーク・チョコレート 150g
グラニュー糖 60g
ベーキング・パウダーの
　入っていない小麦粉 30g
塩 1つまみ
放し飼いのニワトリの卵
　Lサイズ 3個
最上のバーボン 大さじ1½
黒砂糖 50g
供するときに添える
　ホイップしたクリーム

バーボンの甘く芳醇な香りはチョコレートにぴったりです。シンプルなこのケーキは、ホイップした無糖のクリームを添えていただきましょう。

オーブンの上段にラックをセットしたら、オーブンを180℃〈ガスマーク4〉に温め、直径20cm、高さ5cmの焼き型にバターを塗っておきます。

バターを入れたソース鍋を中火にかけ、バターをしっかりととかしてください。火からおろしたら、チョコレートを加えてなめらかになるまでよく混ぜます。

グラニュー糖、小麦粉、塩を混ぜあわせ、さらにすべての卵とバーボンも加えてください。全体がなめらかになるまで混ぜましょう。

冷ましたバターとチョコレートに黒砂糖を入れ、トロッとするまで混ぜてください。その後、前述した生地に混ぜ入れます。それを、用意しておいた型に流し入れ、表面を整えてから、25分焼いてください。

型をワイヤー・ラックにのせ、型に入れたままケーキを冷まします。その後型からはずしてサービング・プレートにうつしたら、切りわけて、ホイップしたクリームを添えて供しましょう。

アドバイス
● 粉砂糖かココア・パウダーをふるうのもおすすめです。

なめらかな塩キャラメル・チョコレート・トルテ

12人分

塩キャラメル用

天然ミネラルを含んだ上白糖 175g
水 大さじ3
ダブル・クリーム 120ml
フレーク状の海塩 .... 小さじ½
無塩バターの固まり 120g

トルテ用

砕いた（カカオ70-85%の）
　ダーク・チョコレート 250g
無塩バターの固まり 160g
きめの細かい上白糖 175g
バニラ・エッセンス 小さじ1
アーモンド・パウダー 120g
放し飼いのニワトリの卵
　Mサイズの卵黄 5個分
放し飼いのニワトリの卵
　Lサイズの卵白 6個分
供するときに添えるクリームか、
　おいしいバニラ・アイスクリーム

このレシピを提供してくれたアリス・ハートは言います。「塩と濃厚なキャラメルと1番ダークなチョコレートには、なにか不思議な魔法の力があるにちがいありません。1度とりつかれたら、決して離れられないような力で、だからこそわたしはいつも、この3つを組みあわせた新しいレシピを考えだすのに夢中なのです。このどっしりとしたスフレ・ケーキは、ベルベットのようになめらかな味わいで、中には琥珀色をしたキャラメルをたっぷりと流しこみ、その流れにそってほんの少しだけ塩をきかせてあります。本当にすてきなプディングですが、とても濃厚なため、小さめに切りわけて、よく冷やしたクリームかアイスクリームといっしょに供すれば、甘みもおさえられるでしょう。それに、このレシピでは小麦粉をいっさい使っていませんから、小麦粉アレルギーの方も安心して召し上がれます」

このケーキを食べたい時間を考え、それよりも数時間前には作業を開始しましょう。まずは塩キャラメルをつくります。厚底鍋に砂糖を入れ、水を加えてください。弱火にかけ、かき混ぜますが、あくまでも砂糖がとけるまでです。砂糖がとけたら中火にし、シロップを静かに煮つめていきます。決して沸騰させないでください。タカのように見つめ、キャラメルがこっくりとした琥珀色になるところを見逃さないようにしましょう。キャラメルが「こげない」よう、鍋を回します。ただし、かき混ぜないこと（かき混ぜると、せっかくのキャラメルがガチガチに固まってしまいます）。鍋を火からおろしたら、静かにクリームと塩を混ぜ入れてください。シューッという音がして、多少キャラメルが飛び散りますから、気をつけましょう。ついでバターの固まりを入れ、キャラメルがなめらかになるまでかき混ぜたら、あとはそのまま冷ましておきます。

オーブンを180℃〈ガスマーク4〉に温め、23cmのスプリングフォームのケーキ型にクッキング・シートを敷いておきましょう。

チョコレート、バター、砂糖をいっしょに湯煎にかけます。ボウルにお湯を入れないよう気をつけましょう（すべてを深鍋に入れ、ごくごく弱火にかけてとかしてもかまいませんが、決してこがさないようにしてください）。お湯（あるいは火）からはずしたら、なめらかになるまでかき混ぜます。それから、バニラ・エッセンスとアーモンド・パウダーを混ぜ入れ、ついで卵黄を1つずつ加えていきましょう。

きれいなボウルに卵白を入れ、しっかりと角が立つまで泡立てます。それを、金属製のスプーンかへらを使って、とかしたチョコレートに大さじ1だけ加えて生地をゆるめます。それから残りも混ぜ入れていきますが、できるだけメレンゲをつぶさないよう、慎重におこなってください。混ぜあわせた生地の約⅔を型に入れます。中央に少しくぼみをつくり、スプーンで塩キャラメルをくぼみにたっぷり入れてから、表面全体にものばしていきましょう。その上に残りのチョコレート生地をのせ、生地を端まできちんとのばして、表面をなめらかにします。約40分、生地がふくらんで、少し固くなってくるまで焼いてください。端からキャラメルがあふれてくるかもしれませんが、まったく問題ありません——なめたくても、ここはじっと我慢です、熱くてやけどしてしまいますから。

型に入れたまま、完全に冷ましてください。冷めるにつれて、中央が少しくぼんできます。室温において切りわけたら、ベルベットのようになめらかなケーキに、よく冷やしてホイップしたクリームか、とびきりおいしいバニラ・アイスクリームを添えて供しましょう。

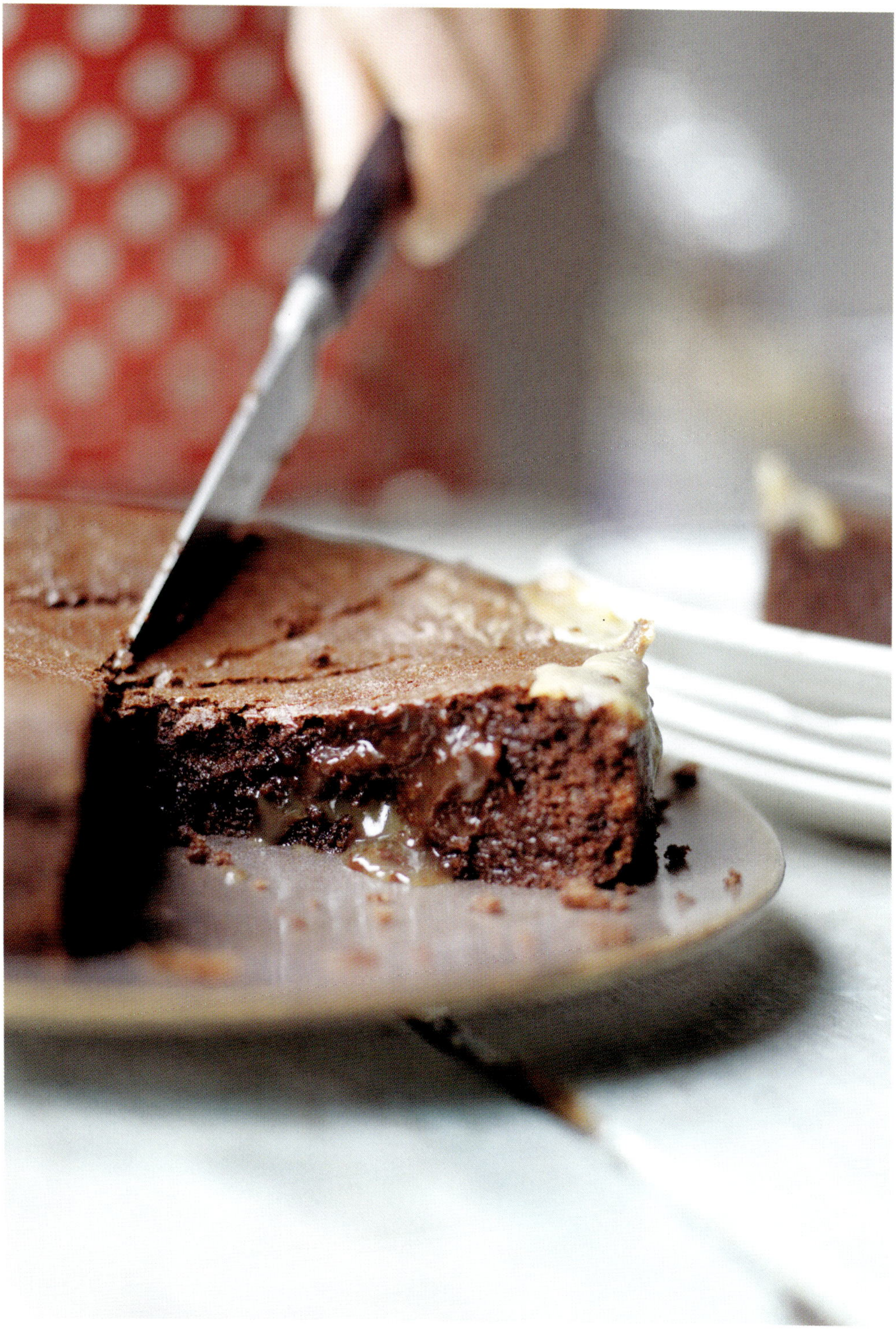

「オールド・イングリッシュ」チョコレート・フラン

フラン生地用

アーモンド・パウダー 175g
上白糖...50g
放し飼いのニワトリの卵
　Lサイズの卵白.....................1個分
小麦粉........................打ち粉用に少々

フィリング用

砕いた（カカオ70か85％の）
　ダーク・チョコレート..............225g
シングル・クリーム...................300㎖

供するときに添える
　ホイッピング・クリーム

8人分

このレシピは何冊かの本で目にしてきましたが、わたしは大好きです。とにかくシンプルで、材料もさして使わず、それでいて、ときとともに味わいが変わっていくのですから。できたては、サクサクの生地にやわらかなフィリング。それが1晩おくと、生地はやわらかくなり、フィリングはトロッとしてきて、できたてよりもねっとりとしたフランになるのです。

フラン生地をつくります。アーモンド・パウダーと砂糖を混ぜあわせ、そこに卵白を加えて、なめらかなペースト状の生地になるまで混ぜてください。

それをぴっちりとラップで包み、少なくとも1時間は冷蔵庫で寝かせます。

オーブンを180℃〈ガスマーク4〉に温め、23㎝のフラン型かスプリングフォーム型にクッキング・シートを敷いておきましょう。

軽く打ち粉をした作業台の上で、生地をのばしていきます。とてもくずれやすい生地ですが、頑張ってできるだけ薄くのばしましょう。また、めん棒につきやすい生地でもありますから、それをふせぐため、あらかじめめん棒にも打ち粉をしておくことをおすすめします。

生地を型に敷きこんでいきましょう。側面の高さは4㎝にしてください。ここで少々、パッチワーク作業が必要になるかもしれません。型をオーブンの中央におき、30分、生地が軽くキツネ色になるまで焼きます。途中で、生地が均等に焼けているか確認しましょう。かたよりがある場合は、型の向きを変えます。焼けたらオーブンからだして、そのまま冷ましておいてください。

そのあいだにチョコレートをとかします。電子レンジを使うか、湯煎にかけてください。湯煎の場合は、ボウルにお湯を入れないよう気をつけましょう。とけたら冷ましておきます。

チョコレートにクリームを加えて、しっかりと混ぜてください。これを、冷ましたフラン生地に流し入れて、そのまま室温で1時間おいておけば完成です。

軽くホイップしたクリームを添えて供しましょう。

チョコレート・タルト

6人分

ショートクラスト・ペイストリー用

- ベーキング・パウダーの
  入っていない小麦粉 140g
- 粉砂糖 30g
- 小さな固まりに切りわけた、
  冷やした無塩バター 75g
- 放し飼いのニワトリの卵
  Lサイズの卵黄 1個分

チョコレート・ミックス用

- ダブル・クリーム 165ml
- 半脱脂粉乳 75ml
- 砕いた（カカオ70%の）
  ダーク・チョコレート 165g
- 放し飼いのニワトリの卵
  Lサイズ 1個
  ＋割りほぐした卵黄1個分

これは、トム・エイケンスの完璧なチョコレート・タルト・ミックスです。わたしたちはタルトを焼くとき、自分好みの甘いタルト生地をつくりますが、時間がないときは、市販の良質なタルト・ケースを使えばいいとトムは言います。また、このチョコレート・ミックスは非常に用途が広く、チョコレート・ポットをつくるときや、プディングにチョコレートの層をつくるときにも使えます。スポンジやクリームとあわせて、なんちゃってトライフルをつくったり、クリームや、細かくしたメレンゲ、好みのフルーツと混ぜあわせて、イートン・メスをつくってみてください。

ペイストリーをつくります。小麦粉と粉砂糖を混ぜましょう。それをフード・プロセッサーに入れ、さらにバターを加えて、パン粉状になるまで混ぜてください。その後卵黄を加えたら、全体がほぼなじむまで混ぜあわせます。ここで大事なのは、混ぜすぎないことです。生地が少しパサパサしたり、ボロボロになってきたと思ったら、牛乳か水をほんの少量ふりかけてください。生地を円盤状にまとめたら、ラップで包んで、最低でも1時間は冷蔵庫で寝かせます。

オーブンを180℃〈ガスマーク4〉に温めておきましょう。生地をおろし金ですりおろしたら、タルト型の底面と側面に、厚さ3-5mmくらいになるよう均等に押し広げていきます。底面にフォークなどで空気穴をあけたら、冷蔵庫で30分寝かせてください。

生地が縮みすぎたり、ふくらんでしまったりしないよう、焼く前に、生地の内側に円盤状のクッキング・シートを敷き、そこに米粒やレンズ豆などを重石としてのせておきます。重石が生地にくっつかないよう、クッキング・シートは生地よりもサイズの大きいものを使ってください。オーブンの上段で焼いていきましょう。10分たったらいったん生地をとりだします。全体的に「パサパサ」した感じになっていれば、クッキング・シートと重石をとりのぞきます。その後さらに5-10分、生地がキツネ色になるまで焼きます。焼きあがったらとりだして、ラックの上で冷ましておいてください。

オーブンの設定を110℃〈ガスマーク½〉にさげます。

クリーム、牛乳、チョコレートを深鍋に入れて弱火にかけ、ときどきかき混ぜながらチョコレートをとかしてください。鍋を火からおろしたら、卵と卵黄を混ぜ入れます。

それをタルト・ケース（ペイストリー）に流し入れ、45分焼いてください。焼きあがったら、冷ましておきます。

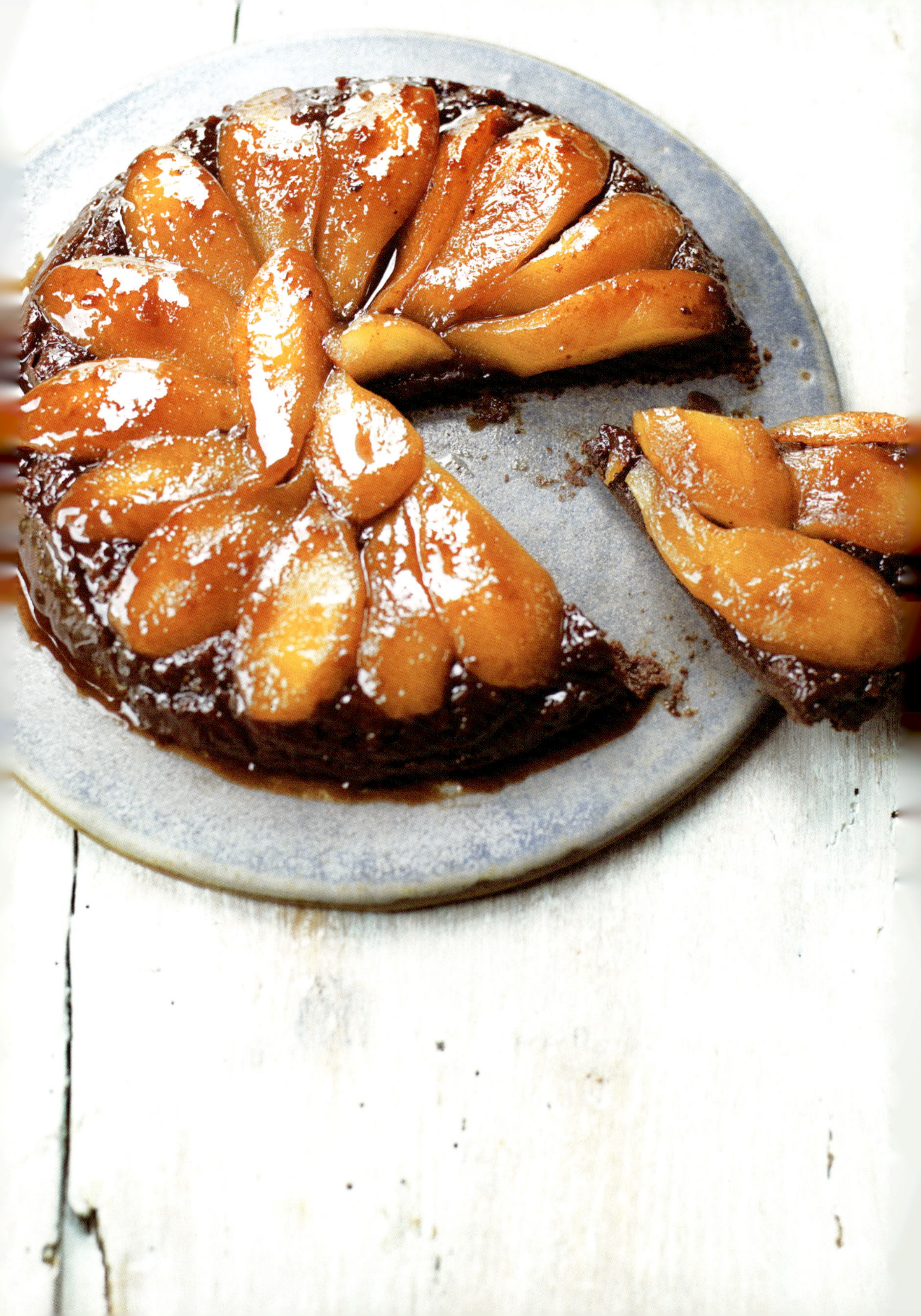

洋ナシと
チョコレートの
タルト・
タタン

8-10人分

ペイストリー用

（市販のバター100%の
　パイ生地1枚を使っても可）

ベーキング・パウダーの
　入っていない小麦粉 130g

ココア・パウダー 20g

塩 .... 小さじ¼

冷やした無塩
　バターの固まり 100g

上白糖 20g

放し飼いのニワトリの卵
　Lサイズの卵黄 2個分

フィリング用

洋ナシ 4-5個

無塩バター 50g

天然ミネラルを含んだ
　グラニュー糖 50g

すりおろした（カカオ70%の）
　ダーク・チョコレート 50g

供するときに添える
　バニラ・アイスクリーム

洋ナシとチョコレートの相性は抜群です。ここでは、弊社を愛してくださるハリエット・ヒューイットソンがそれらを巧みに組みあわせてつくった、昔ながらのタルト・タタンをご紹介しましょう。洋ナシをキャラメリゼしたあと、普通はそのままパイ生地に並べて焼きますが、彼女のレシピではその前に1つ、賢明にしてシンプルな行程が入ります。洋ナシの上から、チョコレートをすりおろすのです。こうすることでチョコレートが、洋ナシはもとより、生地にもとけてかかるでしょう。板チョコレートたった半分で、重くなりすぎず、かといってチョコレートの味だけがきわだつこともない、絶妙のタルトができあがるのです。

オーブンを190℃〈ガスマーク5〉に温めておきます。

生地をつくります。小麦粉、ココア・パウダー、塩、バターを、パン粉状になるまでしっかり混ぜてください。上白糖を加え、ついで卵黄2個を静かに混ぜあわせます。台の上で生地をこねたら、冷蔵庫で30分寝かせてください。

フィリングをつくります。洋ナシの皮をむいて芯をとり、4等分しましょう。24cmのオーブン用フライパンかタルト・タタン鍋でバターをとかしたら、グラニュー糖を加えて混ぜ、トロッとしたキャラメルにします。フライパン（または鍋）のふちにそって静かに洋ナシを並べ、ころがしながら5-10分、キャラメリゼしています。その際、すりおろしたチョコレートをふりかけましょう。その後、フライパン（または鍋）に入れたまま冷まします。

パイ生地をのばし、型にあわせて切ったら、洋ナシの上からそっと生地をかぶせてください。フォークなどを使って慎重に、生地に空気穴をあけます。オーブンに入れ、20-25分、生地が茶色くパリッとしてくるまで焼いてください。

タルトは、細心の注意を払ってお皿にひっくり返し、アイスクリームを添えて供しましょう。

ロレイン・パスカルのバノフィ・タルト

8-10人分

トフィーの層用

コンデンス・ミルク......397g缶1つ

チョコレート・ペイストリー用

放し飼いのニワトリの卵
　Lサイズの卵黄......2個分

バニラのさや1本分から
　しごいてとりだした種か、
　バニラ・エッセンス......2滴

砂糖......100g

やわらかくした無塩バター......100g

ベーキング・パウダーの
　入っていない小麦粉......165g

ココア・パウダー......40g

塩　......1つまみ

バナナの層用

無塩バター......25g

スライスしたバナナ......3本分

ラム酒......大さじ3

バニラのさや½本分から
　しごいてとりだした種か、
　バニラ・エッセンス......2滴

表面のクリーム用

ホイッピング・クリーム......150mℓ

粉砂糖......15g

バニラのさや½本分から
　しごいてとりだした種か、
　バニラ・エッセンス......2滴

デコレーション用

すりおろした（カカオ70％の）
　ダーク・チョコレート......40g

すりおろした
　ホワイト・チョコレート......40g

バノフィ・パイをアレンジした、都会で新たに人気のプディングがあります。ラム酒風味のバナナに、トフィーとクリームの層からなる、濃厚なチョコレート・タルト。とびきりおいしいタルトです。

まず最初に、未開封のコンデンス・ミルク缶とたっぷりの水を中くらいの鍋に入れ、2時間加熱します。必要に応じて、水をたしてください。

生地をつくります。卵黄、バニラ、砂糖を混ぜあわせましょう。バターを加え、軽く混ぜて全体をよくなじませてください。さらに小麦粉、ココア・パウダー、塩を加えます。小麦粉を加えたら、あとはできるだけ手ばやく混ぜましょう。こうすることで、軽くサクッとした生地が焼きあがります。

手で生地をまとめ、ボール状にします。ラップで包んで、冷蔵庫で30分寝かせてください。オーブンを200℃〈ガスマーク6〉に温めておきます。

生地を冷蔵庫からだし、のばして硬貨と同じくらいの厚みにしてください。直径23cmのフラン型を天板にのせ、生地を敷きこんでいきましょう。型の「端」に敷きこむ際には、生地を小さなボール状にして（ヘーゼルナッツくらいの大きさです）、全体に小麦粉をまぶしたものを使えば、簡単にできます。型のふちからのぞいているあまった生地は、よくといだナイフで切り落とします。つぎに、同じくよくといだ小ぶりのナイフを、生地と型のあいだに走らせ、少しすきまをつくってください。こうしておけば、焼きあがったとき、型から生地を簡単にとりだせます。生地を敷きこんだ型を冷蔵庫に入れ、10分寝かせましょう。

型よりも少し大きめにクッキング・シートを丸く切ります。シートはいったんクシャクシャにしてから広げなおして、型にのせてください。その上から重石をのせ、オーブンに入れて20分、さわったときに生地にしっかりとした

固さが感じられるようになるまで焼きます。その後、シートと重石をとりのぞいてから生地をオーブンにもどし、さらに10分焼きましょう。ただし、チョコレートを混ぜこんであるため、生地はこげやすくなっていますから、端が黒っぽくなってきたら、アルミ箔でおおって、それ以上黒くならないようにしてください。生地は、砂のようなサラッとした触感があり、充分に固くなれば焼きあがりです。

焼きあがったらオーブンからだし、そのまま5分冷まします。その後型からとりだしましょう。いつまでも型に入れたままにしておくと、とりだせなくなってしまうことがありますから、気をつけてください！

バナナの層をつくります。中くらいの鍋にバターを入れてとかしたら、バナナとラム酒、バニラを加えます。バナナが少しやわらかくなったら、火からおろしておいてください。

クリームと粉砂糖、バニラを角が立つまでホイップしておきます。

しあげです。コンデンス・ミルクの缶をあけ、スプーンを使ってタルト生地に入れます。その上から、バナナを敷きつめていってください。表面を、ホイップしたクリームでまんべんなく覆ったら、すりおろしたチョコレートをふりかけてからいただきましょう。

ピュア・ゴールド・シー・ソルト・チョコレート・ジンジャー・タルト、フェンネル・シードのブリットル添え

大きく切りわけても8人分
もっとよくばって食べたい場合は
4人分

クラスト用

無塩バター 90g
三温糖 35g
放し飼いのニワトリの卵
　Lサイズの卵黄 1個分
ベーキング・パウダーの
　入っていない小麦粉 125g
海塩──マルドンの
　お好みの種類 .... 小さじ½
　好みのブランドの海塩を
　選んでも可

フィリング用

マヤゴールド・チョコレート 100g
ジンジャー入り
　ダーク・チョコレート 100g
ダブル・クリーム .... 200㎖
三温糖 100g
海塩 小さじ1
麦芽エキス 小さじ1
　──薬局や大きなスーパーで
　入手可

ブリットル用

天然ミネラルを含んだ
　グラニュー糖 100g
フェンネル・シード 15g

ショコラティエのポール・A・ヤングは、チョコレートに一風変わった意外な材料をあわせることで有名ですが、伝統もとても重んじており、単に新たな角度からアプローチしているにすぎないのです。「フレーバーの組みあわせや味、スタイルを新たにつくりだすのが楽しくてたまりません。だから、このレシピをみなさんにご紹介できると思うとワクワクします。これは、ぼくの大好きなグリーン・アンド・ブラックスのチョコレート2種類と、ぼくが愛してやまない材料、海塩とフェンネル・シードを使ったレシピです。

ぼくは、"毎日なにか1つ新しい食材、それも普段は選ばないだろう食材を試してみること"を信条として、その結果を楽しみにしています。新たな発見ができるのはすばらしいですし、この新しいレシピも、まだ何種類か試してみたことのないフレーバーがあったグリーン・アンド・ブラックスのおいしいチョコレートを、かたっぱしから食べているときに思いついたものです。ぼくが選んだチョコレートは、適度なスパイスがきいたマヤゴールドと、カカオ分60％というジンジャー入りの高カカオ・チョコレートで、それを混ぜあわせてこのすばらしいタルトに使っています。ちなみにこのタルト、ディナー・パーティのデザートや午後のお茶うけ、週のなかばに開く、気のおけないパーティのときなどにぴったりです。つくり方も、びっくりするほど簡単です」

追伸　フェンネル・シードとチョコレートの組みあわせは、カリッとした歯ごたえや、えもいわれぬ香りとあいまって、あごが落ちそうになりますが、フェンネル・シードのかわりに、ケシの実やカボチャの種、ヒマワリの種、ゴマといったお好みのものをご自由に使っていただいても、もちろんかまいません。

クラストをつくります。バターと砂糖を混ぜあわせましょう。木製のスプーンを使い、白っぽく、なめらかになるまでよく混ぜてください。卵黄と冷水15mlを加えて混ぜ、全体をしっかりとなじませます。塩と小麦粉を混ぜあわせたら、それも少しずつ加えていきましょう。生地が固くなるまで混ぜてください。大変なら、ミキサーかフード・プロセッサーを使うといいでしょう。ラップかアルミ箔で生地を包み、冷蔵庫で1時間寝かせます。

手に小麦粉をはたいてから、生地をこねてやわらかくし、成形しやすくしていきます。ついで、タルト型よりも5cm大きくなるまで生地をのばしてください（20cmの、底板がはずせる溝つきあるいは溝なしのタルト型を使います）。生地のあつかいは慎重に。ただし、生地が破れてしまっても大丈夫です、つなぎあわせれば、簡単にもとにもどせるのですから。

のばした生地を慎重にタルト型にのせ、端までしっかりと敷きこんできます。天板にのせたら、生地を休ませると同時に焼き縮みをふせぐため、冷蔵庫で15分寝かせてください。

オーブンを180℃〈ガスマーク4〉に温めておきます。いったん手でクシャクシャにしてやわらかくしたクッキング・シートをタルト生地の上に敷き、その上から重石をのせてください。

オーブンで20分焼いたら、シートと重石をとりのぞき、再度5分、生地が黄金色になるまで焼きます。ここは少々慎重に作業してください。

フィリングをつくります。すべての材料を入れたミキシング・ボウルを、沸騰直前のお湯につけてください。ただし、フィリングに熱が入りすぎないよう、お湯は絶対に沸騰させないこと！　そのまましっかりと混ぜあわせます。

フィリングに光沢がでてなめらかになってきたら、タルト・ケースに流し入れて、冷蔵庫で2時間寝かせます。

冷蔵庫からだしたら、よくといだナイフを使って、タルト・ケースの端についた余分な生地をとりのぞいてください。その後タルトを、供するときに使うプレゼンテーション・プレートにのせます。

しあげにブリットルをつくりましょう。砂糖を入れた大きな深鍋を中火にかけ、砂糖がとけて黄金色になるまでゆっくりと熱していきます。木製のスプーンを使って、固まりがなくなるまでていねいにかき混ぜたら、シードを加え、さらによく混ぜてください。その後すぐに、クッキング・シートを敷いた天板に流し入れて、そのまま完全に冷まします。

冷めたら、今どきのおしゃれなガラス片よろしくしっかりと砕いて、タルトの上に散らしてください。

バニラ・ビーンズを使った本格的なアイスクリームをたっぷり添えて、胸を張って供しましょう。

アドバイス
- クラストだけ事前に焼いておき、必要になるまで冷凍しておくことをおすすめします。冷蔵の場合、賞味期限は3日です。あるいは、タルト型に生地を敷きこみ、ラップとアルミ箔でしっかり包んで冷蔵しておき、必要なときに焼いてもいいでしょう。
- 弊社のチョコレートのなかから好みのものを2種類選んで、あなたならではの組みあわせでつくっていただいてももちろんかまいません。

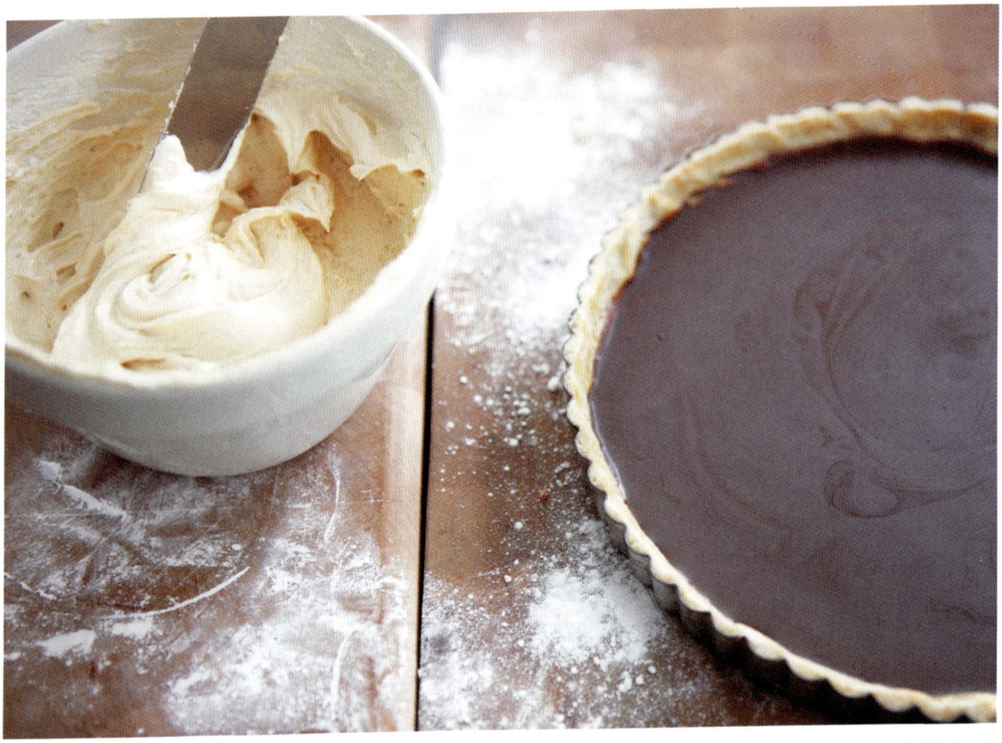

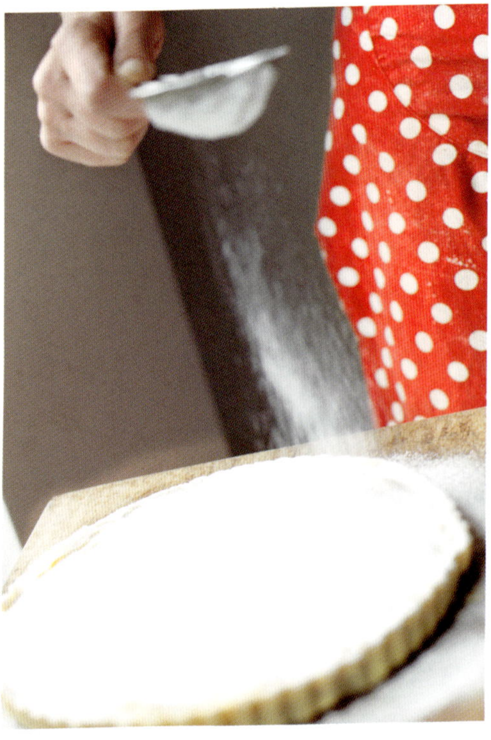

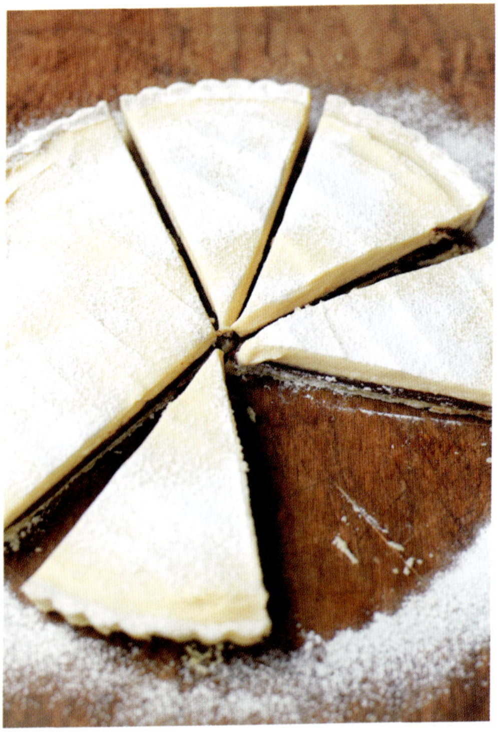

ダリーナ・アレンのチョコレートとピーナッツ・バターのパイ

8人分

無塩バター	100g
刻んだ（カカオ70％の）ダーク・チョコレート	100g
濃いコーヒー（できればエスプレッソ）	大さじ2
25cmの市販のスイート・ショートクラスト・ペイストリー・ケース	1個
高脂肪クリーム・チーズ	50g
粉砂糖	40g
なめらかなピーナッツ・バター	100g
半脱脂粉乳	30ml
ダブル・クリーム	175ml
装飾用の粉砂糖	

このパイには、アメリカ人の好物がすべて入っていますし、ディナー・パーティのデザートで供すれば、歓声があがることまちがいなしです。

バターとチョコレートをとかします。電子レンジを使うか、湯煎にかけてください。湯煎の場合は、ボウルにお湯を入れないよう気をつけましょう。コーヒーを入れてかき混ぜたら、しばらくおいてから、ペイストリー・ケースに流し入れて冷蔵庫で寝かせます。そのあいだに、残りのフィリングをつくりましょう。

クリーム・チーズ、粉砂糖、ピーナッツ・バター、牛乳をフード・プロセッサーに入れ、数秒混ぜて全体をなめらかにします。

フワッとした角が立つまで、クリームを泡立ててください。前述したピーナッツ・バターを混ぜたものをミキシング・ボウルに入れ、そこにこの泡立てたクリームも混ぜ加えます。これをペイストリー・ケースに流し入れて、表面を整えたら、フィリングが完全に落ちつくまで4-5時間（だいたいです）、涼しい場所においておきます。

粉砂糖をふりかけてから供しましょう。

チョコレート・プディング・パイ

10-12人分

ベース用

無塩バター..................................80g
　　　　　　　　＋塗布用に少々
(カカオ70-85%の)
　ダーク・チョコレート..............60g
ダイジェスティブ・
　ビスケット..............................225g

フィリング用

無塩バター..................................180g
砕いた(カカオ70%の)
　ダーク・チョコレート..............180g
放し飼いのニワトリの卵
　Mサイズ....................................4個
黒砂糖...180g
ダブル・クリーム.....................180ml
供するときに添える生クリーム

友人たちのあいだで、焼き菓子づくりが上手だと評判なのがミリー・チャーターズです。しかも彼女、最近産休をとっていたおかげで、また新たにいろいろなレシピを考案していました。わたしたちに送ってきてくれたこのおいしいチョコレート・プディング・パイのレシピもそうやって誕生したのです。次ページのお気に入り写真をご覧ください。夏のベリーをたっぷりのせ、粉砂糖を軽くふったこのパイのなんとおいしそうなことでしょう！

オーブンを180℃〈ガスマーク4〉に温めておきます。

ベースをつくりましょう。バターとチョコレートを湯煎にかけます。ボウルにお湯を入れないよう気をつけてください。バターとチョコレートが完全にとけてよくなじむまで、しっかりと混ぜましょう。ビスケットを、細かいパン粉状になるまで砕いたら(わたしはミキサーを使います)、とかしたバターとチョコレートに加えます。

直径23cmの、底がとりはずせる型の底面と側面にバターを塗ってください。上記のベース生地を型に入れ、押しながら敷きつめていきます。その後冷蔵庫で30分、冷やし固めてください。

そのあいだにフィリングをつくります。前述した方法でバターとチョコレートをとかします。ミキサーに卵、砂糖、クリームを入れて混ぜあわせます。とかしたバターとチョコレートは冷ましておいてください（さもないとクリームがいたんでしまいかねません）。冷めたらミキサーに入れ、再度全体をよく混ぜます。砂糖が完全に混ざっているか、きちんと確かめておいてください。

冷蔵庫からベースをだし、フィリングを流し入れます。オーブンに入れ、固くなるまで45分間焼いてください。焼いているあいだにふくらみますが、オーブンからだせば少し縮みます。

冷ましてから、生クリームをたっぷり添えて供しましょう。

アドバイス

● このパイは、供する前日につくっておくとおいしくいただけますし、そうしておけば、ギリギリになってからあわてることもありません。

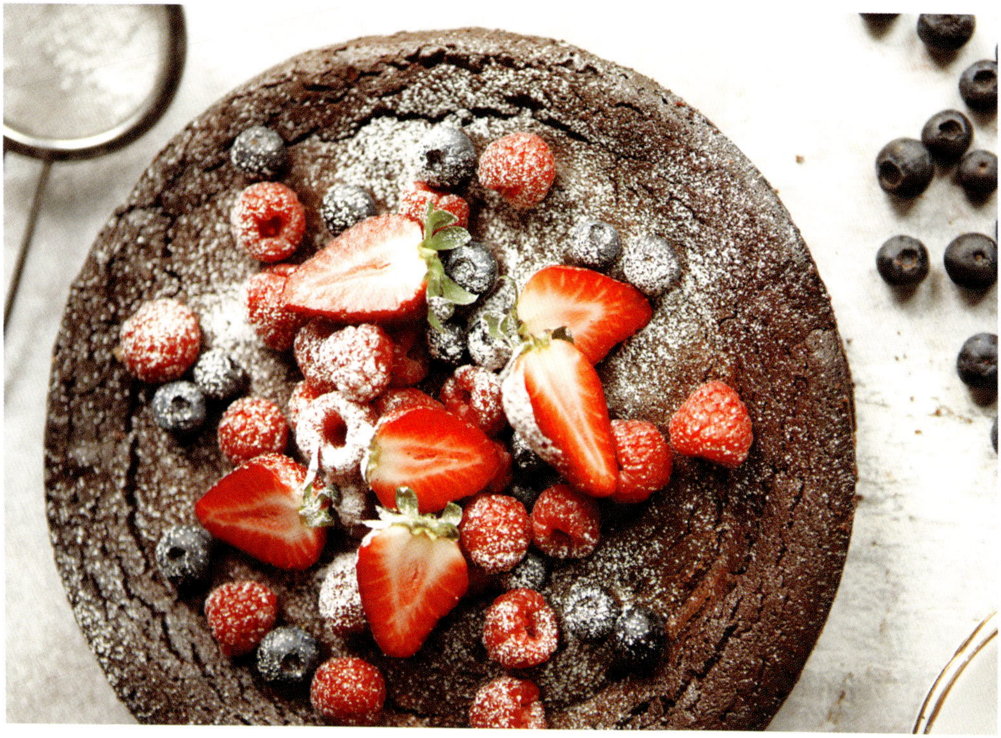

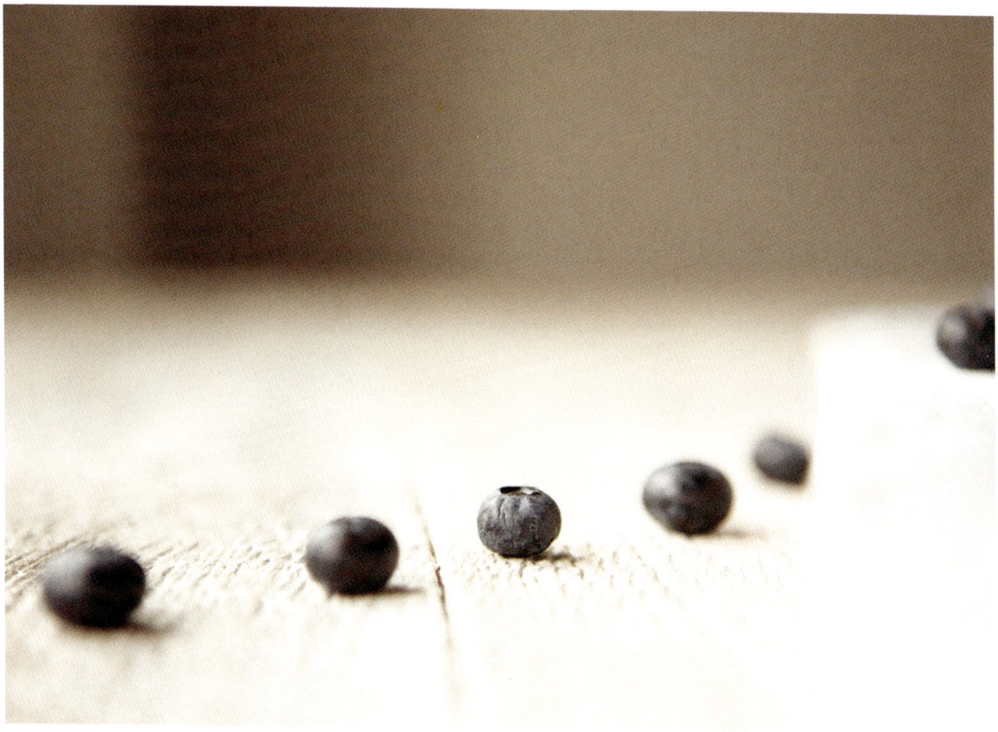

チョコレート・メレンゲ・パイ

6-8人分

ペイストリー用

ベーキング・パウダーの
　入っていない小麦粉 140g

粉砂糖 30g

小さな固まりに切りわけた、
　冷やした無塩バター 75g

放し飼いのニワトリの卵
　Lサイズの卵黄 1個分

カスタード用

放し飼いのニワトリの卵
　Lサイズの卵黄 4個分

上白糖 45g

ベーキング・パウダーの
　入っていない小麦粉 20g

高脂肪牛乳 .... 350㎖

細かく刻んだ（カカオ70％の）
　ダーク・チョコレート 70g

メレンゲ用

上白糖 300g

放し飼いのニワトリの卵
　Lサイズの卵白 5個分

このメレンゲをつくるのに、電動ミキサーは欠かせません。これはいわゆるイタリアン・メレンゲです。卵白と熱した砂糖でつくるため、あとから焼く必要はありません。また、バーナーも使います（バーナーはがいしてさほど高価でもなく、それでいて驚くほど役に立ち、その作業がとても面白いのはいうまでもないので、本格的にお菓子をつくるなら、そろえておくべき道具です）。

ペイストリーをつくります。まずは小麦粉と粉砂糖をふるいあわせてください。バターといっしょにこすりあわせて、パン粉のような状態にしましょう。卵黄を加えたら、全体がなじむまでよく混ぜます。必要なら、冷水を少量加えてください。生地を丸めて少し平らにしたら、ラップで包み、少なくとも1時間は冷蔵庫で寝かせます。

オーブンを220℃〈ガスマーク7〉に温めておきます。24㎝の、底がとりはずせるタルト型に、粗くすりおろした生地を入れ、底面にも側面にも均等に押し広げていきましょう（このやり方なら、絶対にきれいなパイ生地がつくれます）。底面に空気穴をあけてから、型ごと冷蔵庫に入れて30分寝かせてください。

その後、10-15分焼きます。焼けたらオーブンからだし、ワイヤー・ラックの上で冷ましておきましょう。

そのあいだにカスタードをつくります。卵黄と砂糖を混ぜあわせたら、小麦粉をふるい入れ、さらによく混ぜてください。そこに、煮立てた牛乳をそそいでいきます。かき混ぜる手は休めないでください。それを深鍋にうつし入れて弱火にかけ、ひたすらかき混ぜながら沸騰させます。全体がトロッとなめらかになるでしょう。その後火からおろしてチョコレートを加え、チョコレートが完全にとけて全体がよくなじむまでかき混ぜます。ボウルにうつし、膜がはらないようラップをしてから冷ましておきましょう。

メレンゲをつくります。オーブンの設定を200℃〈ガスマーク6〉にさげてください。天板に砂糖を広げ、オーブンで7分加熱します。そのあいだに、電動ミキサーで卵白を固く泡立てておきましょう。砂糖をオーブンからだしたら、すぐに耐熱ピッチャーにそそぎます。電動ミキサーを最低速にし、とかした砂糖を（数分かけて）ゆっくりと卵白に混ぜ入れていきましょう。

盛りつけていきます。チョコレートのカスタードを、冷ましたペイストリー・ケースに入れ、平らに広げていきましょう。その上にメレンゲをのせます。一気にあけてもいいですし、スプーンで入れていってもかまいません。ただしのせるのは中央からで、周囲は、それが流れていくにまかせつつ、少しずつのせていきます。わたしは、表面があえてふぞろいなままの自然な感じが好きですが、もちろんパレット・ナイフできれいに整えてもかまいません。その後バーナーで、メレンゲ全体にきれいな焼き色をつけましょう。

歓声がひびくなか、供してください。

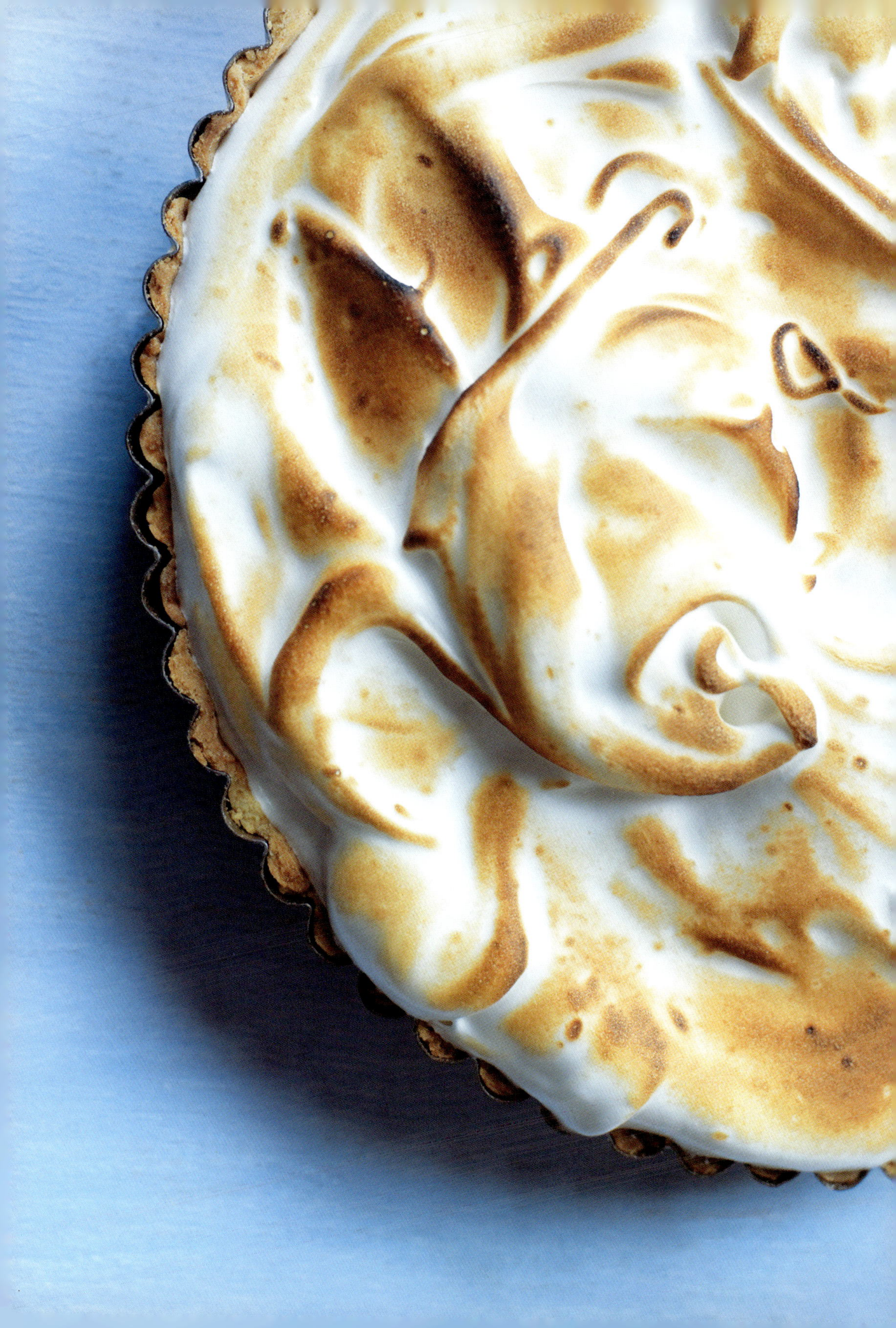

チョコレート・ペカン・パイ

8人分

ベーキング・パウダーの入っていない小麦粉 ......打ち粉用に少々
25㎝の市販のスイート・ショートクラスト・ペイストリー 1枚
細かく刻んだ（カカオ70％の）ダーク・チョコレート 75g
無塩バター.......................................75g

放し飼いのニワトリの卵 Mサイズ.........................2個
上白糖...75g
糖蜜...200g
バニラ・エッセンス................小さじ1
細かく刻んだペカン 100g
＋装飾用に半分に割ったペカン100g

雑誌『グッドハウスキーピング』の読者は弊社を愛してくださっています。なぜわかるのか、ですか？　弊社のチョコレートは、年に1度決定される「グッドハウスキーピング・フード・アワード」において、じつに数多くの賞を受賞しているからです。しかもその中には、弊社の面々がことのほか喜ばしく思っている賞も含まれています。それが「お気に入りの幸せになれる食べ物」という、読者投票で決まる賞です。しかも、よく知られているように、『グッドハウスキーピング』に掲載されるレシピはどれも、グッドハウスキーピング・インスティテュートによる3回もの試作をへなければ、決して誌面にはたどりつけません。そんな食通のみなさんから究極のレシピとしてお墨つきをいただいたのがこの、弊社のカカオ70％のダーク・チョコレートを使ったパイなのです。

オーブンを180℃〈ガスマーク4〉に温めておきます。クッキング・シートをオーブン内に敷いて、温めておきましょう。

作業台に軽く打ち粉をしたら、ショートクラスト・ペイストリーを硬貨くらいの厚みまでのばしていきます。のばしたものをキッシュ型──底をとりはずせる、直径20㎝、高さ3㎝の、側面に溝のないタイプ──に敷きこんでください。ただし、型からはみだした生地はとりのぞかず、そのままにしておきます。出番がくるまで冷蔵庫で寝かせておきましょう。

チョコレートとバターを湯煎にかけます。ボウルにお湯を入れないよう気をつけてください。その後、少し冷まします。

大きなボウルに卵、砂糖、糖蜜、バニラ・エッセンス、冷ましたチョコレートとバターを入れ、なめらかになるまで混ぜあわせてください。さらに、刻んだペカンを混ぜ入れてから、ペイストリー・ケースに流し入れます。フィリングの表面から1㎝のところで、ペイストリーを切りそろえてください。その後、フィリング表面に、半分に割ったペカンを飾りつけていきます。

パイを、オーブンに敷いて温めておいたクッキング・シートにのせ、40-45分、ケースとフィリングがしっかりとなじむまで焼いてください。

温かいままでも、室温程度に冷ましてからでもかまいません、クリームかバニラ・アイスクリームを添えて供しましょう。

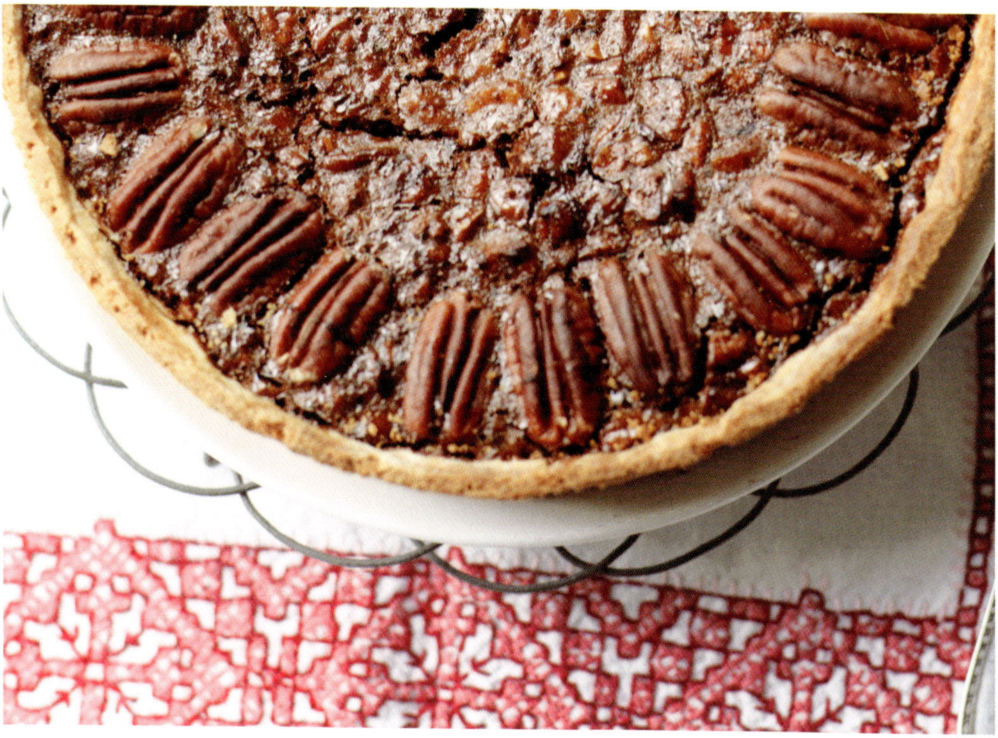
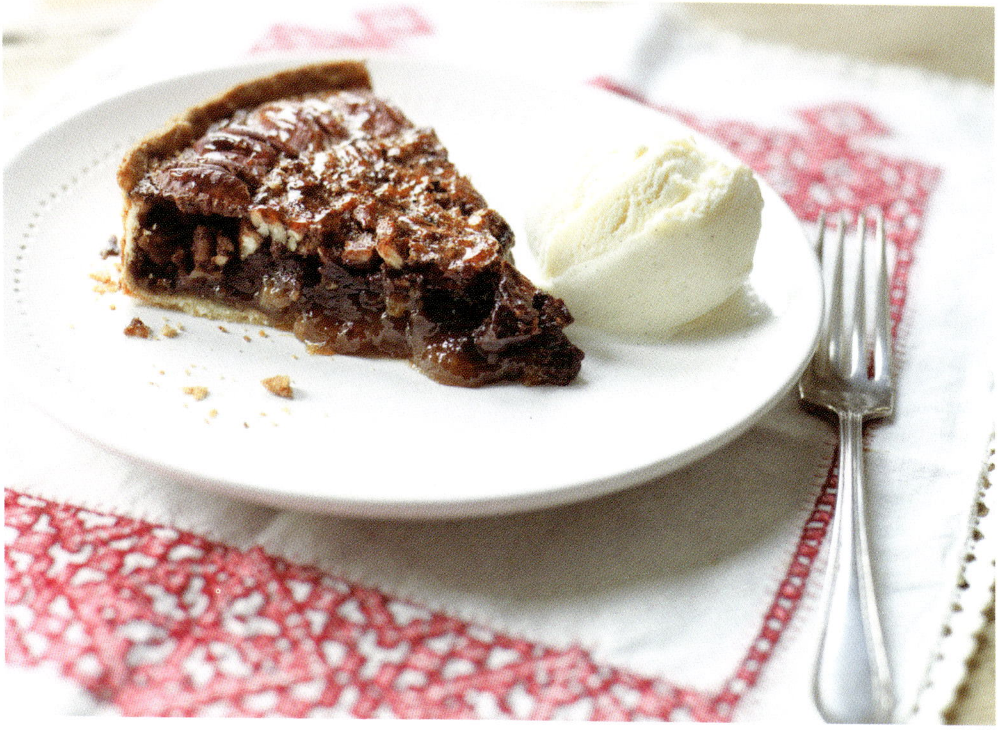

究極の
フォンダン・
ショコラ

6人分

（カカオ70％の）
　ダーク・チョコレート............125g
細かく刻んだ無塩バター........125g
　＋塗布用に少々
放し飼いのニワトリの卵
　Lサイズ............................4個
上白糖..................................75g
ベーキング・パウダー入りの
　小麦粉..............................50g
　　＋打ち粉用に少々

このフォンダン・ショコラのレシピを提供してくれたのはジェイムス・タナー。彼は、手ばやく簡単につくれるデザートを考案するのが得意で、しかも、それがどれもおいしいのです。なつかしのブラック・フォレスト・ケーキ風にしたければ、バニラ・アイスクリームとキルシュ漬けチェリーを添えて召し上がれ。

チョコレートとバターを湯煎にかけます。ボウルにお湯を入れないよう気をつけてください。しっかりとなじむまで混ぜあわせたら、冷ましておきましょう。

オーブンを180℃〈ガスマーク４〉に温め、容量200mlのプディング型かダリオール型6個に、軽くバターを塗ってから小麦粉をふっておきます。

卵と砂糖を、フワッと白っぽくなって、量が2倍になるまでかき混ぜてください。

それを冷ましたチョコレートとバターに加えます。小麦粉をふるい入れたら、大きな金属製のスプーンを使って、全体がよくなじむまでかき混ぜましょう。

用意しておいた型に生地をスプーンで入れたら、生地がふくれてくるまで8-9分焼きます。このお菓子のポイントは、切りわけたときに中から流れでてくるチョコレートです。型とケーキのあいだにぐるっとナイフを入れたら、中身が流れださないように気をつけて、サービング・プレートの上にそっとひっくり返してください。

グルテンフリーのチョコレート・ファッジ・プディング

6-8人分

無塩バター	150g
＋塗布用に少々	
砕いた（カカオ70%の）ダーク・チョコレート	150g
バニラ・エッセンス	小さじ1
湯	150㎖
上白糖	110g
放し飼いのニワトリの卵 Mサイズ	4個
（卵黄と卵白にわけておきます）	
米粉	25g
グルテンフリーのベーキング・パウダー	小さじ1
装飾用の粉砂糖	
供するときに添える、軽くホイップしたクリーム	

あなたがこのおいしいプディングをデザートとして供すると知ったら、しかもそれがグルテンフリーだとわかったら、友人のみなさんは、夕食に招待してもらおうと列をなすでしょう。このレシピは、ダリーナ・アレンが、グルテンフリーを愛する自身のファンのために考案しました。そのダリーナいわく、ホイップ・クリームにローストしてのヘーゼルナッツとフランジェリコを少量添えれば、一段とおしゃれになるそうです。

オーブンを200℃〈ガスマーク6〉に温め、容量1.2ℓのパイ皿1枚かラムカン6-8個にバターを塗っておきます。

チョコレートとバターを湯煎にかけましょう。ボウルのなかにお湯を入れないよう気をつけてください。とけたらすぐにお湯からはずし、バニラ・エッセンスを加えて、湯と砂糖を混ぜ入れます。全体がなめらかになるまで混ぜてください。

卵黄を軽く混ぜて、上記のチョコレートの生地に混ぜ入れます。ついで、ふるった米粉とグルテンフリーのベーキング・パウダーを加えてください。だまが残っていないか気をつけましょう。

きれいな大きいボウルに卵白を入れ、しっかりと角が立つまで泡立てます。それを静かにチョコレートの生地に混ぜ入れたら、バターを塗っておいた容器に流し入れてください。

お湯をはった天板に容器をおき、10分間湯煎焼きします（容器が1つの場合）。その後、オーブンの設定温度を160℃にさげ、さらに20-30分焼いてください。複数の容器を使う場合は、200℃〈ガスマーク6〉に設定したオーブンで15分ほど焼くといいでしょう。表面が固くなれば焼きあがりです。ただし、固いのは表面だけで、中はふんわり、トロッとしています。

粉砂糖をふりかけ、軽くホイップしたクリームを添えて供しましょう。熱々でも、ほんのり温かくても、もちろん冷めてもおいしくいただけます。

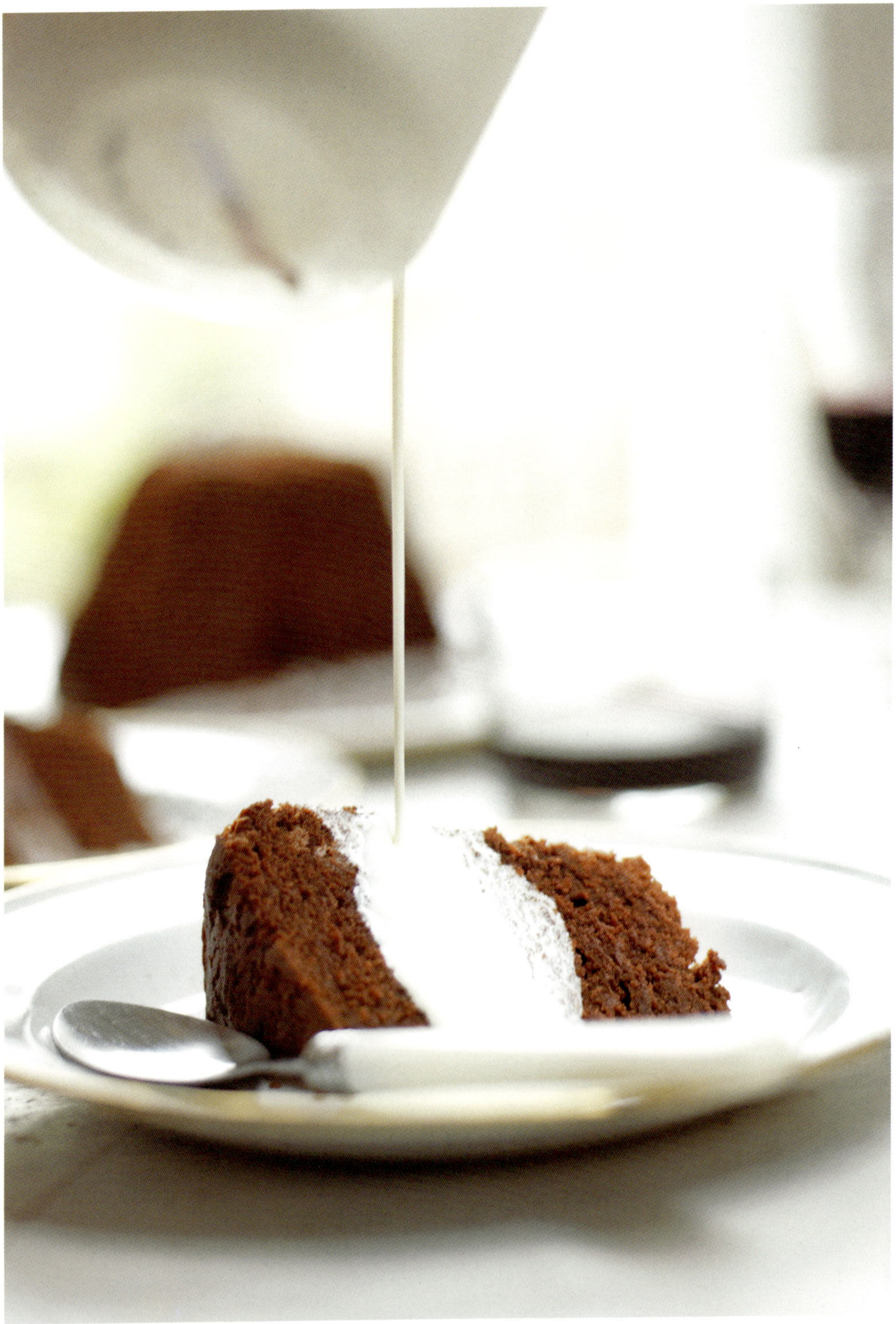

チョコレートの スチームド・ プディング

6-8人分

（カカオ70%の）
　ダーク・チョコレート 150g
無塩バター 125g
　　　　　　　＋塗布用に少々
上白糖 125g
ベーキング・パウダーの
　入っていない小麦粉 175g
良質のココア・パウダー...........25g
ベーキング・パウダー 小さじ1
塩 2つまみ
放し飼いのニワトリの卵
　Lサイズ...2個
高脂肪牛乳..............................大さじ2
供するときに添える
　シングル・クリーム

いつも驚いているのですが、「チョコレート」のケーキやプディング、アイスクリームとうたっていながら、その材料にはココア・パウダーとあるだけで、チョコレートがまったく使われていないレシピがとてもたくさんあります。けれどここでご紹介する伝統的なスチームド・プディングのレシピなら、ダーク・チョコレートがたっぷりしたたってきます。

チョコレートをとかしましょう。電子レンジを使うか、湯煎にかけてください。湯煎の場合は、ボウルにお湯を入れないよう気をつけ、とけたら冷ましておきます。

バターと砂糖を、軽くフワッとしたクリーム状になるまで混ぜあわせてください。

小麦粉、ココア・パウダー、ベーキング・パウダー、塩をふるいあわせます。

卵と牛乳を混ぜあわせたら、とかして冷ましたチョコレートに混ぜ入れてください。

粉類と、チョコレートの生地を、クリーム状にしたバターの中に交互に混ぜ入れていきます。全体がしっかりとなじむまで、よく混ぜましょう。

容量1ℓのプディング型を型抜きがわりに使って、クッキング・シートを丸く切り抜き、バターを塗っておきます。

型に、混ぜあわせた生地を流し入れたら、切り抜いたクッキング・シートをかぶせ、その上から、型の直径よりも大きなアルミ箔で覆います（プディングがふくらんでも大丈夫なよう、フワッと覆ってください）。アルミ箔の上から、型の縁をぐるっとひもで結び、アルミ箔を固定しましょう。その後、型を楽にとりだせるよう、アルミ箔の上部に簡単な取っ手をつけておきます。

蒸し器に5㎝だけ水を入れ（深鍋の底にひっくり返したお皿をおいて、蒸し器のかわりに利用してもかまいません）、型を慎重に入れてください。ふたをしたら、そのまま2時間蒸します。お湯の量にたえず気を配り、必要な場合には、やかんを使ってお湯をつぎたしていきましょう。

蒸し器からそっと型をとりだしたら、アルミ箔とクッキング・シートをとりのぞき、型をひっくり返してお皿に盛りつけます。

冷たいシングル・クリームを添えて供しましょう。

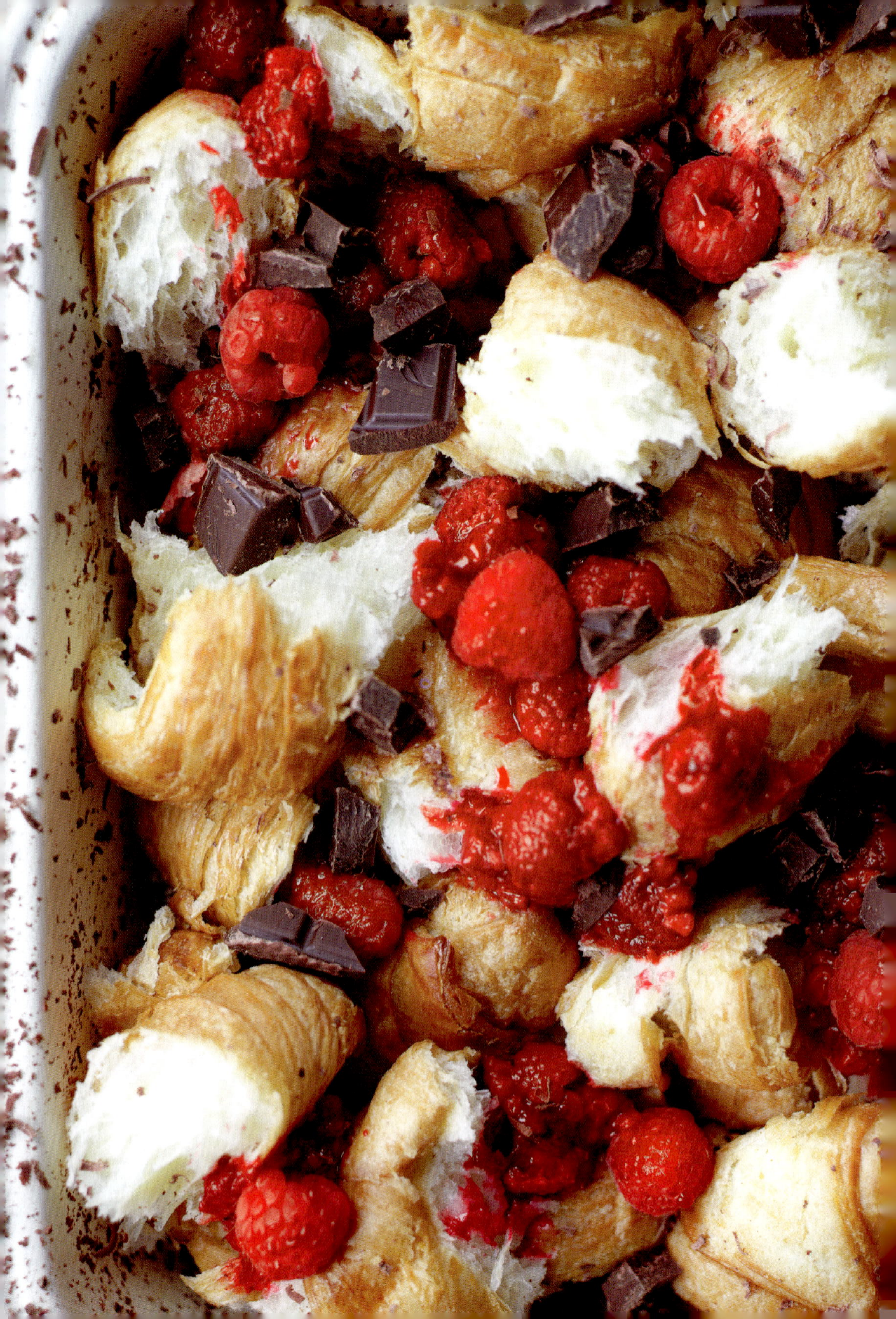

チョコレートとラズベリーのクロワッサン・プディング

6-8人分

無塩バター......................大さじ1
(カカオ70%の)
　ダーク・チョコレート
　粗く刻んだもの......................100g
細かくすりおろしたもの......大さじ1
クロワッサン......................4個
冷凍のラズベリー......................100g
　(時期であれば生のもの)
ホイッピング・クリーム..........600㎖
刻んだ
　ミルク・チョコレート..............100g
放し飼いのニワトリの卵
　Mサイズ......................3個
　(割りほぐしておきます)

シンプルなプディングですが、朝のミーティングが終わっても決まってお皿に手つかずのまま残っているクロワッサンを使い切るにはうってつけのレシピです(ベーコン・ロールやソーセージ・ロールといったパンは、いずれそれなりに味つけされて、だれかの胃袋におさまるでしょう)。このレシピは、シドニーのフード・スタイリスト、アントニー・ペリングが提供してくれました。レシピでは砂糖を使用していませんが、もっと甘くしたい場合は、焼く前にプディング表面に砂糖をまぶしてもかまいません。

オーブンを180℃〈ガスマーク4〉に温めておきます。

容量2ℓの耐熱性のお皿に無塩バターを塗り、すりおろしたダーク・チョコレートをふりかけてください。

クロワッサンを大きめにちぎり、お皿に入れます。ラズベリーと、粗く刻んだダーク・チョコレートをまんべんなく散らしましょう。そのままおいておき、つぎはカスタードをつくります。

小さな深鍋にクリームを入れて煮立たせてください。火からおろしたらミルク・チョコレートを静かに加えて混ぜ、とかしましょう。

卵を加え、すばやくかき混ぜて全体をよくなじませます。それを、クロワッサンやラズベリー、チョコレートの上から流し入れてください。クロワッサンは、上から押して軽くカスタードに浸します。

温めておいたオーブンで20分、カスタードが固まるまで焼いてください。

オーブンからだした熱々に、アイスクリームを添えて供しましょう。

チョコレート・スティッキー・トフィー・プディング・ケーキ

6-8人分

スポンジ用

熱湯	300㎖
刻んだデーツ（ナツメヤシ）	150g
（カカオ70%の）ダーク・チョコレート	150g
やわらかくした無塩バター	100g
三温糖	150g
放し飼いのニワトリの卵 Lサイズ	3個
ベーキング・パウダーの入っていない小麦粉	225g
重曹	小さじ1
ベーキング・パウダー	小さじ1

トフィー・ソース用

糖蜜	275g
三温糖	275g
無塩バター	100g
クリーム	225㎖
バニラ・エッセンス	小さじ½

スティッキー・トフィー・プディングは、おいしいケーキです。チョコレート・スティッキー・トフィー・プディングは、さらにおいしいケーキです。このケーキを、デーツの中でも特にまろやかなマジュール・デーツでつくれば、それはそれはおいしいものができあがりますから、そうなればもう、このレシピの作者を好きにならずにはいられないでしょう。ちなみに愛すべき作者は、弊社のアニタ・キニバーグです（p. 32の「アニタのすてきなウーピー・パイ」を参照してください）。

オーブンを180℃〈ガスマーク4〉に温め、20㎝のスプリングフォーム型の側面には油を塗り、底面には丸いクッキング・ペーパーを敷いておきます。

深鍋に湯をわかし、沸騰したらデーツを10分間煮てください。

そのあいだにチョコレートをとかします。電子レンジを使うか、湯煎にかけてください。湯煎の場合は、ボウルにお湯を入れないよう気をつけ、とけたら冷ましておきます。

やわらかくしたバターと砂糖を大きなボウルに入れ、軽くフワッとしたクリーム状になるまでよく混ぜてください。卵を1つずつ混ぜ入れてから、とかしたチョコレートを混ぜ入れます。

小麦粉、重曹、ベーキング・パウダーをふるいあわせて加え、その後デーツと煮汁も入れて、しっかりと混ぜあわせます。それを、用意しておいた型に流し入れ、オーブンで50分焼きましょう。ふれたときに弾力が感じられるか、中央にさしたよくといだナイフを抜いたときになにもついてこなければ大丈夫です。

トフィー・ソースをつくります。材料をすべて深鍋に入れて強火にかけ、4-5分間煮立たせます。そのあいだは、手を休めずにかき混ぜてください。

温かいケーキを大皿に盛りつけたら、熱々のトフィー・ソースを上からたっぷりかけます。残ったソースはピッチャーに入れ、みなさんに回してお好みでかけてもらいましょう。

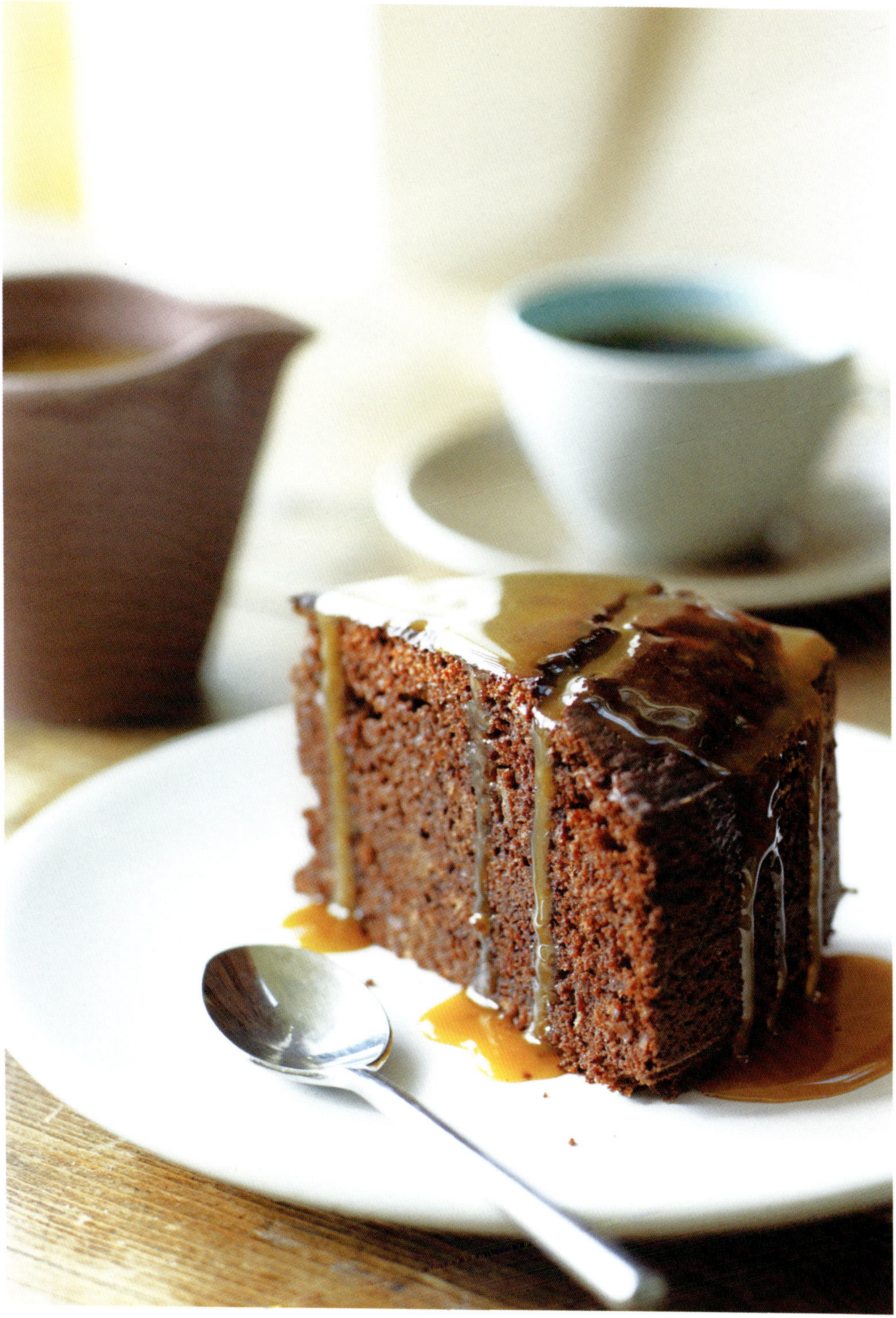

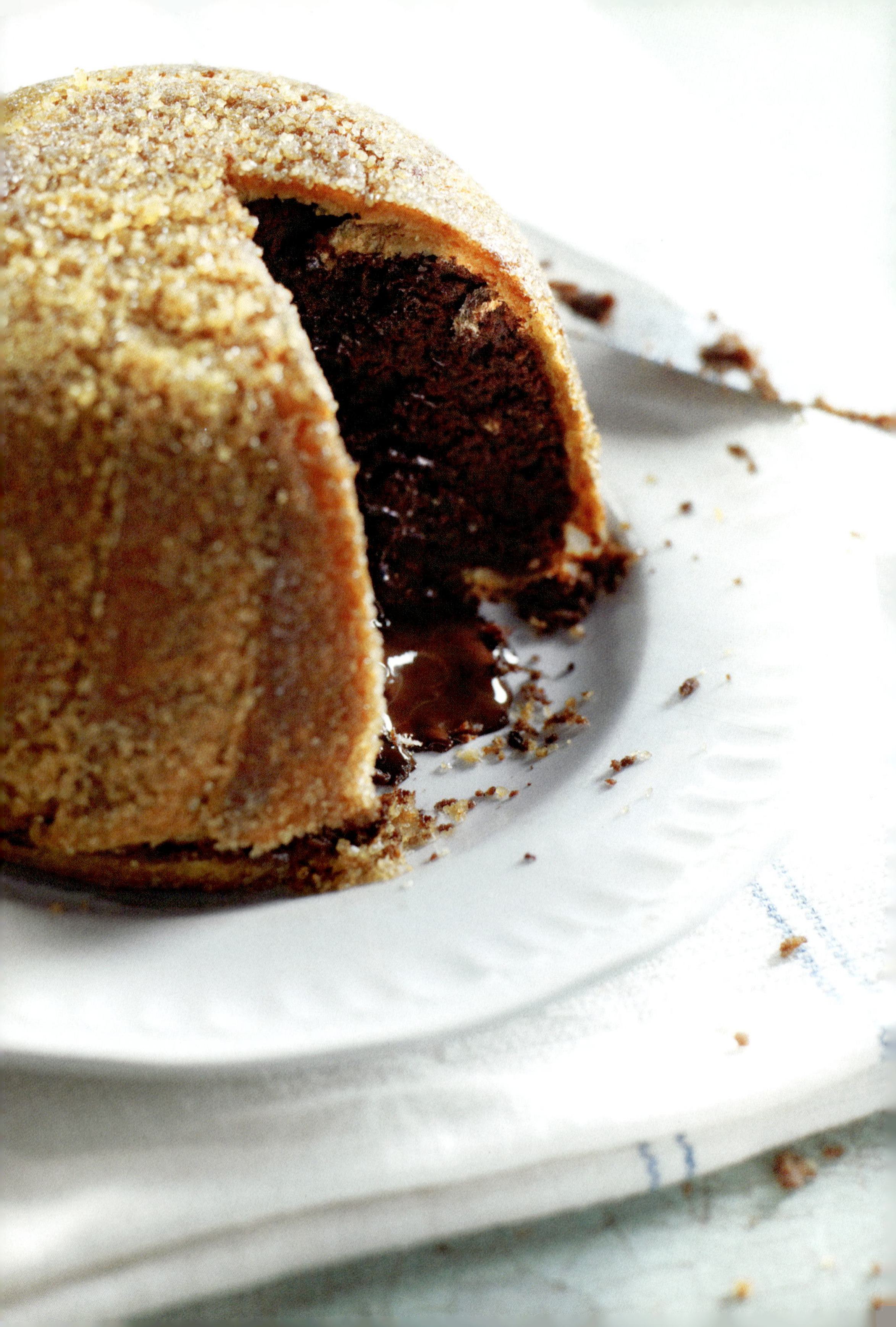

チョコレート・シャルロット

6-8人分

無塩バター	200g	上白糖	180g
薄切りの食パン（だいたい）10枚 （耳はとりのぞいておきます）		バニラ・エッセンス	小さじ½
赤ザラメ	大さじ2	ベーキング・パウダーの 入っていない小麦粉	80g
砕いた（カカオ70%の） ダーク・チョコレート	120g	塩	1-2つまみ
放し飼いのニワトリの卵 Lサイズ	2個	供するときに添える ダブル・クリーム	

大好きなプディング、アップル・シャルロットのチョコレート版をつくれないだろうか。そう考えて生まれたのがこのレシピです。そして、お気に入りのブラウニーのレシピをパン層で覆うことにしたのです。温度設定はブラウニーより少し低めにし、パンをこがすことなく、しっかりとキャラメリゼしていきます。パンの層の下にはあのブラウニーの層があり、しかもセンターにはとろけるチョコレートがたっぷり。これで、サクッ、フワッ、トロッというすばらしい食感の組みあわせの誕生です。チョコレートの風味もしっかりあります。もちろん、熱々のプディングに冷たいクリームという、お決まりのおいしいコントラストも忘れてはいません。おっと、みなさんはきっとお考えでしょう、「あんなやわらかい食パンでいったいどうするんだ？」と。おまかせください！　ちゃんとうまくできますから。

容量1.2ℓのプディング型と、焼いているあいだ型の上にのせて重石がわりに使う、ちょうどいい大きさのお皿が1枚必要です。調理時間は、陶器の型を使った場合を基本にしています。オーブンを180℃〈ガスマーク4〉に温めておいてください。

バターを入れた小さな鍋を弱火にかけ、バターをとかします。そのあいだに、食パン5枚を縦半分に切っておきましょう。

バターがとけたら、型と、（ふたとして使う）お皿にバターを塗ります。その後、型とお皿両方に赤ザラメをまんべんなくふりかけたら、軽くふるって余分なザラメを落としておきましょう。

残った食パンを4枚、きれいに並べて、大きな四角を1つつくります。そのまん中に、型をさかさまにしてのせ、型の縁にあわせて食パンを丸く切り抜いてください。¼円それぞれの片面にバターを塗っておきましょう。食パン最後の1枚は、型の底面にあわせて切ります。片面にバターを塗ったら、その面を下にして型に敷いてください。縦半分に切っておいた食パンそれぞれの片面にもバターを塗り、こちらも塗った面を下にして、型の側面にぐるっと並べていきます。その際、パンが少しずつかさなるようにしてください。必要な場合には、多少切ってもかまいませんので、型にぴったりとあわせましょう。これがプディングの表面になります。この時点では、まだくたっとしたままで大丈夫です。このまましばらくおいておきます。

鍋に残ったバターにチョコレートを加え、弱火にかけてかき混ぜ、チョコレートをとかしてください。チョコレートをこがさないよう気をつけましょう。とけたら火からおろします。

ボウルに卵、砂糖、バニラ・エッセンスを入れ、トロッとしたクリーム状になるまで混ぜてください。チョコレートとバターを混ぜとかしたものの⅓量を加え、よくかき混ぜます。その後残りのチョコレートも混ぜあわせ、全体をしっかりとなじませてください。そこに、小麦粉と塩をふるいあわせたものを加えます。よく混ぜあわせたら、型に流し入れましょう。へらをつかって、きれいにさらってください。その上に、とっておいた¼円の食パン4枚を、バターを塗った面を上にしてのせます。さらにその上から、バターを塗り、ザラメをふりかけておいたお皿をのせたら、お皿の縁が型のふちにつくまで、力を入れて、けれどゆっくりと押していきましょう。その後、クッキング・シートを敷いたオーブンで1時間焼きます。

焼きあがったら、のせておいたお皿を1回り大きなお皿にかえてから、お皿ごと型をひっくり返してください。やけどをしないよう、くれぐれも気をつけましょう。さかさまになった型をはずせば、たっぷりとキャラメリゼされた、カリッとした食パンの登場です。

数分冷ましてから、よくといだナイフで食パン生地を切りわけていきましょう。見るからに濃厚なスポンジが顔をだし、まん中からはチョコレートがとろけだしてきます。冷やしたクリームを添えて召し上がれ。

なつかしいチェリー・チョコレートとアーモンドのロール・ケーキ

〜

8人分

サクサクのアーモンド用

糖蜜 15g

上白糖 50g

水 .... 30㎖

塩 .... 1つまみ（お好みで）

スライス・アーモンド 160g

ルーラード（ロール・ケーキ）用

砕いた（カカオ70％の）
ダーク・チョコレート 200g

上白糖 175g

放し飼いのニワトリの卵
Lサイズ 6個
（卵黄と卵白はわけておきます）

ふるった良質の
ココア・パウダー 大さじ2

チェリー・チョコレート・ムース用

砕いたチェリー入り
ダーク・チョコレート 200g

無塩バター 小さじ1

放し飼いのニワトリの卵
Lサイズ 4個
（卵黄と卵白はわけておきます）

キルシュ／チェリー・ブランデー
 .... 大さじ2（お好みで）

供するとき

粉砂糖 .... 装飾用

生あるいは缶詰のチェリー
（時期に応じて）

生クリームか
ホイップしたクリーム

弊社に寄せられたロール・ケーキのレシピの数から察するに、最も長い歴史を誇るこのケーキが、再び脚光を浴びてきているのではないでしょうか。わたし個人は、前々からロール・ケーキが大好きです。というのも、ケーキに目がない人間にとってはとても嬉しいことに、このケーキは、材料に小麦粉をまったく使っていないか、使っていたとしても、ごく少しだけだからです（小麦粉は、かさ増しや成形には大いに貢献するものの、それ自体にはなんの味もないのですから）。マリア・エリアが考案したこのおいしそうなロール・ケーキには、アーモンドとチェリー──2つの、とても相性のいい材料がたっぷり使われています。なお、チェリー・チョコレート・ムースと、たっぷりキャラメリゼしたアーモンドは、軽めのデザートとしてそれぞれを単体でいただいてもいいでしょう。もちろんどちらもとびきりおいしいことうけあいです。

オーブンを180℃〈ガスマーク4〉に温め、33×23cmのロール・ケーキ型に軽く油を塗って、クッキング・シートを敷いておきます。

まずはサクサクのアーモンドをつくりましょう。糖蜜、砂糖、水を小さな鍋に入れて煮立たせます。キャラメルに塩味をきかせたい場合は、塩1つまみを加えてください。アーモンドを入れてかき混ぜ、アーモンドをしっかりとコーティングします。余分についたキャラメルは、穴あきスプーンを使ってとりのぞいておきます。

アーモンドを、かさならないよう天板に並べてください。約8分、キツネ色になるまで焼き、その後、室温で冷ましておきます。

ロール・ケーキをつくりましょう。チョコレートを湯煎にかけます。ボウルにお湯を入れないよう気をつけてください。かき混ぜて完全にとかしたら、お湯からはずして軽く冷ましておきます。

砂糖と卵黄をボウルに入れ、フワッとしたクリーム状になるまでかき混ぜてください。冷ましたチョコレートを加え、かき混ぜて均等になじませます。

乾いたきれいなボウルに卵白を入れ、しっかりと角が立つまで泡立ててください。金属製のスプーンを使って、メレンゲをスプーンにたっぷり1杯分すくいとり、前述したチョコレートの生地に加え、そっとかき混ぜます。つづいて残りのメレンゲ、さらにココア・パウダーも混ぜ入れてください。その生地を、用意しておいた型に流し入れ、そっと表面をならします。

18-20分、ふれたときに弾力を感じるまで焼いたら、オーブンからとりだし、型に入れたままひっくり返して、ケーキ・クーラーの上で冷ましておきます。

大判のクッキング・シートに、粉砂糖をふりかけます。その上に、上面を下にしてロール・ケーキ生地をだしたら、底面に敷いておいたクッキング・シートをはがしてください。

生地の上にチェリー・チョコレート・ムースを広げ（下記参照）、アーモンドを散らします。生地の短辺を手前にもってきて、生地を巻きこんでいきます――クッキング・シートを使って巻きこんでいけば、うまくできるでしょう。生地に多少ひびが入っても大丈夫。ひびが一段とおいしさを増してくれますから！

チェリーとたっぷりの生クリームを添えて供します。

チェリー・チョコレート・ムースのつくり方

チョコレートとバターを湯煎にかけます。ボウルにお湯を入れないよう気をつけてください。チョコレートとバターが完全にとけてなじむまでかき混ぜます。その後、ボウルをお湯からはずして、軽く冷ましてください。

乾いたきれいなボウルに卵白を入れ、しっかりと角が立つまで泡立てます。

卵黄と、お好みでキルシュを、冷ましたチョコレートに混ぜ入れてください。

ついで、大きな金属製のスプーンを使ってメレンゲを混ぜ入れ、しっかりとなじませます。

少なくとも2時間は冷蔵庫で冷やしましょう。

アドバイス

- チョコレートのフレーバーは、チェリーにこだわらず、ジンジャー、ホワイト・チョコレート、エスプレッソ、バタースコッチなど、いろいろとかえてつくってみてください。

ジンジャーとダーク・チョコレートのルーラード、洋ナシのコンポート入り

10-12人分

洋ナシ用

大きめの洋ナシ	2個

（皮をむき、芯をとり、それぞれを、縦16枚にスライスしておきます）

バニラのさや	1本

（半分に割っておきます）

上白糖	大さじ山盛り2
水	500㎖

ルーラード（ロール・ケーキ）用

砕いた（カカオ70％の）ダーク・チョコレート	200g
上白糖	175g

＋装飾用に少々

放し飼いのニワトリの卵 Mサイズ	6個

（卵黄と卵白はわけておきます）

ジンジャー・パウダー	小さじ1

フィリング用

ダブル・クリーム	300㎖
ふるった粉砂糖	大さじ1

＋装飾用に少々

ロール・ケーキはだれもが好きですが、われらのすばらしき試作人ジョージーに勝る人はいないでしょう。ここでご紹介する彼女のレシピは、ジンジャーがピリッときいた生地に、やわらかい洋ナシのコンポートをあわせ、ほのかに甘いクリームを巻きこんだものです。少々あつかいにくいものの、趣味は最高です（ケーキが、ですよ）。

オーブンを180℃〈ガスマーク4〉に温め、23×33㎝のロール・ケーキ型にクッキング・シートを敷いておきます。

まずは洋ナシのコンポートをつくります。下準備をしておいた洋ナシを、バニラのさや、上白糖、水とともに鍋に入れてください。軽く沸騰させながら、15分煮ます。洋ナシが、多少の歯ごたえを残しつつやわらかく煮えるよう、たえず煮え具合をチェックしてください。煮えたらとりだし、冷ましておきます。

同時進行でロール・ケーキの生地をつくっていきます。チョコレートをとかしましょう。電子レンジを使うか、湯煎にかけます。湯煎の場合は、ボウルにお湯を入れないよう気をつけてください。とけたら、軽く冷ましておきます。

大きなミキシング・ボウルに砂糖（大さじ1杯分だけ残しておきます）と卵黄を入れ、色が白っぽく、量が2倍になるまでかき混ぜてください――数分ほどかかるでしょう。そこに、とかして冷ましたチョコレートとジンジャー・パウダーを加えます。

きれいなボウルに卵白を入れ、しっかりと角が立つまで泡立てたら、残しておいた砂糖を加えます。メレンゲをつぶさないように気をつけつつ、チョコレートの生地に混ぜ入れてから、用意しておいた型にうつし、15分焼いてください。

焼けたらオーブンからとりだし、型に入れたまま冷まします。濡れタオルで覆い、ひびが入らないようにしてください。

用意ができたらしあげに入ります。クリームを泡立てて軽く角が立ったら、粉砂糖を加えます。

クッキング・シートに上白糖をふり、その上に生地をひっくり返してのせたら、底面のクッキング・シートをはがしてください（自分だけでやるのは不安だ、という場合、2人でやれば簡単にできます）。クリームをスプーンで塗り、洋ナシを均等に散らしていきましょう。生地の短辺を手前にもってきて、耐油性ペーパーを使いながら生地を巻いていきます。

サービング・プレートにうつし、粉砂糖を振りかけて供しましょう。

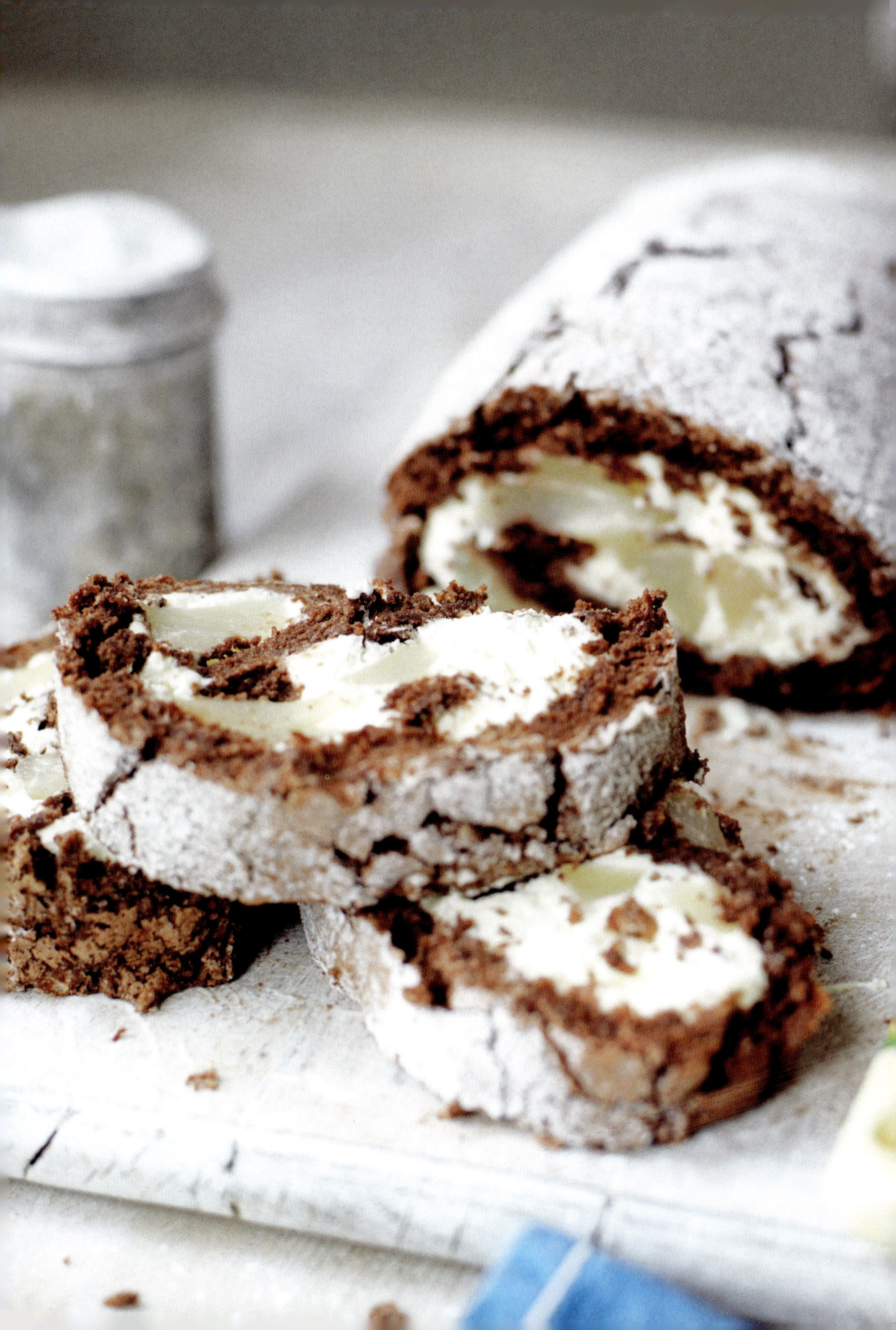

プルー・リースの究極のチョコレート・ルーラード

8人分

水	85㎖
砕いた（カカオ70％の）ダーク・チョコレート	125g
砕いた（カカオ85％の）ダーク・チョコレート	100g
濃いインスタント・コーヒーの粉末	小さじ1
放し飼いのニワトリの卵 Lサイズ（卵黄と卵白はわけておきます）	5個
上白糖	140g
粉砂糖	装飾用
ダブル・クリーム	200㎖

このレシピは昔、80年代にわたしが考案したものの1つですが、今また注目を集めるようになってきています。これなら、小麦粉を使わずに、濃厚でおいしいケーキがつくれます。

オーブンを200℃〈ガスマーク6〉に温め、40×30㎝の天板にクッキング・シートを敷いておきます（シートが天板より多少大きくても大丈夫です）。

水、チョコレート、インスタント・コーヒーを深鍋に入れて弱火にかけます。とけたら、軽く冷ましておきましょう。

砂糖を大さじ1杯分だけ残して卵黄とあわせ、軽くフワッとした状態になるまで混ぜます。そこにとかしたチョコレートを加えます。

きれいなボウルに卵白を入れ、フワッとした角が立つまで泡立ててください。残しておいた砂糖を加えてさらに泡立てます。大きな金属製のスプーンを使い、メレンゲを少量チョコレートの生地に入れてしっかりと混ぜ、生地をゆるめます。残りのメレンゲも静かに混ぜ入れたら、シートを敷いておいた天板に均等に広げてください。表面が充分にふくらんで生地が固まるまで、15分焼きます。

シートを敷いたまま、スポンジをワイヤー・ラックにのせます。ひびができないよう、すぐに塗れタオルで覆って冷ましておきましょう。

作業台にクッキング・シートを広げ、全体に粉砂糖をたっぷりふりかけます。スポンジを手早くシートの上にひっくり返してだし、底面のシートをはがします。縁を切りそろえてください。

クリームをホイップし、スポンジに均等に広げます。クッキング・シートを使いながら、スポンジを巻きこんでいきます。

できあがったロール・ケーキはサービング・プレートにのせ、供する直前に粉砂糖を軽くふりかけましょう。

オリーブ・オイル・チョコレート・トルテ

4人分

砕いた（カカオ70％の）
　ダーク・チョコレート............125g
オリーブ・オイル......................125g
放し飼いのニワトリの卵
　Lサイズ..................................4個
（卵黄と卵白はわけておきます）
砂糖..50g

このシンプルながら非常にユニークなチョコレート・トルテを考案したのは、スペイン人シェフのホセ・ピサロ。スペインの良質なオリーブ・オイルを使った料理をつくることに情熱をそそいでいる人物です。簡単につくれておいしいこのケーキは、新鮮なフルーツとバニラ・アイスクリームを添えて供しましょう。

オーブンを180℃〈ガスマーク4〉に温め、28cmのスプリングフォーム型全体にオイルを塗って、クッキング・シートを敷いておきます。

チョコレートとオイルを湯煎にかけます。ボウルにお湯を入れないよう気をつけてください。とけたら、軽く冷ましておきます。

同時進行で、卵黄と砂糖をあわせ、全体が白っぽく、軽くフワッとするまで混ぜていきます。その後、冷ましたチョコレートを加えてください。

電動のハンド・ミキサーを使い、きれいなボウルに入れた卵白を、角がしっかりと立つまで泡立てます。そこに静かにチョコレートの生地を混ぜ入れていきます。

生地を、用意しておいた型に流し入れ、15分焼きましょう。

オーブンからだし、そのまま冷ましたのち、型からはずします。小麦粉を使っていませんから、冷めたトルテはペシャッとなります。

アイスクリームと新鮮なフルーツを添えて供しましょう。

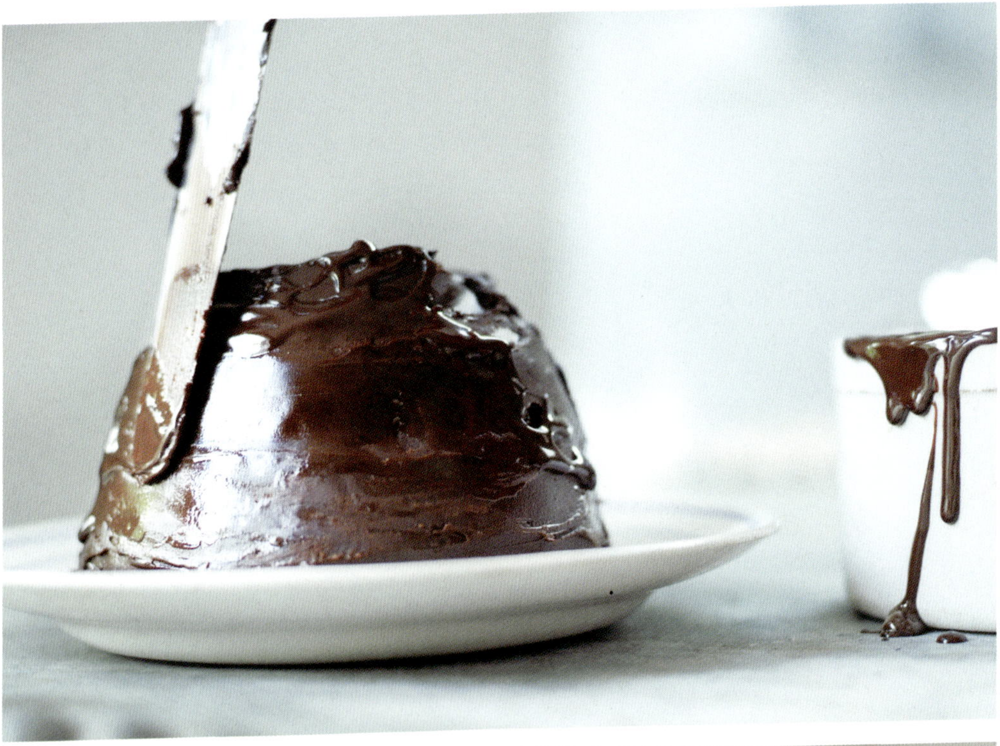

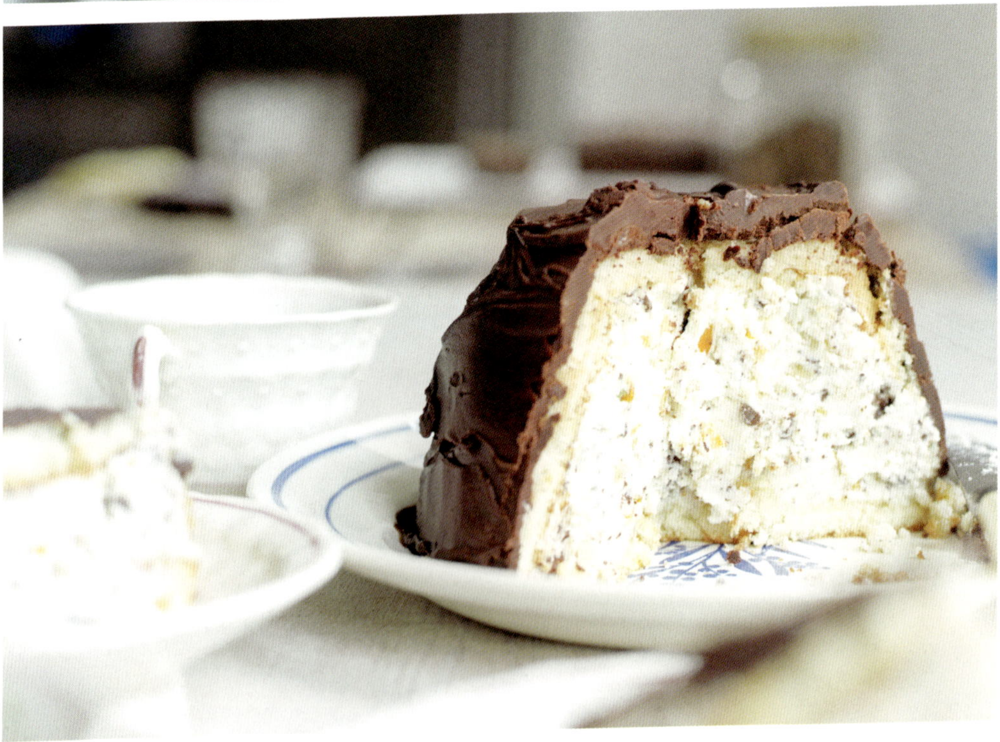

カッサータ

8人分

（カカオ70％の）ダーク・チョコレート	200g
リコッタ・チーズ	500g
粉砂糖	50g
グラン・マルニエ	大さじ4
いろいろなフルーツの皮の砂糖漬け	100g
（細かい「さいのめ」に切っておきます）	
トライフル用の四角いスポンジ	8個（1パック分）
エスプレッソ	大さじ3
無塩バター	75g

このシチリアのデザートは、チーズケーキとトライフルをたして2で割ったようなもので、プディング型でつくります。供する前の晩につくりはじめるのもおすすめです。夕食後に「おしゃれなティー・タイム」を楽しみたいなら、朝のうちにとりかかりましょう。

チョコレート50gを粗くすりおろし、残りは砕きます。

リコッタ・チーズ、粉砂糖にグラン・マルニエの半量を合わせ、ついで砂糖漬けとすりおろしたチョコレートを混ぜ入れます。

スポンジを切って半分の厚さにし、それぞれの断面に残りのグラン・マルニエをふりかけてください。

容量1ℓのプディング型にアルミ箔を敷きます。このアルミ箔は、型に生地を満たした際、生地の表面をすっぽりと覆えるだけの大きさにしてください。型の底面と側面に、スポンジをたっぷりと敷きこんでいきます。スポンジは、グラン・マルニエをふりかけた面を内側にします。リコッタ・チーズの生地を詰めたら、残ったスポンジを上にのせましょう。断面は下にしてください。それをアルミ箔ですっぽり覆い、数時間冷蔵庫で寝かせます。

しっかりと固めたい場合は、供する前に最低でも1時間冷凍庫に入れた方がいいかもしれません。

残ったチョコレートとエスプレッソを湯煎にかけます。ボウルにお湯を入れないよう気をつけつつ、ときどきかき混ぜてください。小さく切ったバターを1塊ずつ、とかしたチョコレートに混ぜ入れていきます。生地が分離した場合は（油膜がはって、表面がボコボコッとした感じになります）、ミキサーにかけるかスティック・ブレンダーを使えば、もう1度きれいに混ぜあわせることができます。そのさい、必要に応じて水を大さじ1、2杯たすといいでしょう。

生地を覆っていたアルミ箔を広げ、お皿の上に逆さまにして中身をだします。アルミ箔をきれいにとったら、チョコレートをたっぷりかけていきましょう。側面は、パレット・ナイフを使ってきれいに整えてください。

もう1度冷蔵庫にもどし、少なくとも1時間は寝かせてから供します。

ジェーンの
クリスマス・
プディング

容量2ptのプディング型
約4個分ですが、
お好みのサイズの型を
使っていただいて
かまいません。
ただしその場合、
蒸し時間は調節してください。

ドライ・フルーツ	1kg（それぞれの分量はだいたい以下のようになります。色を濃くするため、カラントを多めに使っていますが、お好みで全体の量を決めていただいてかまいません）
カラント	300g
レーズン	200g
サルタナ	200g
プルーン	100g（種をとって刻んでおきます）
グラッセ・チェリー（チェリーの砂糖漬け）	100g（無着色のもの）
ブルーベリー	100g
ラム酒	300mℓくらい（ドライ・フルーツすべてを1晩漬けておけるだけの量）
（カカオ70%の）ダーク・チョコレート	400g
アーモンド・パウダー	100g
細かくした牛脂	225g
黒砂糖	500g
ベーキング・パウダーの入っていない小麦粉	225g
スパイス・ミックス	小さじ1
ベーキング・パウダー	小さじ1
シナモン	小さじ½
ナツメグ	小さじ½
白い生パン粉	385g
塩	1つまみ
オレンジの果汁と皮	1個分
割りほぐした放し飼いのニワトリの卵Lサイズ	5個
黒蜜	大さじ4
糖蜜	大さじ4
ギネス	300mℓ
すりおろしたニンジン	150g
リンゴ	2個（皮をむき、芯をとって、粗く刻んでおきます）
バター	塗布用

友人のジェーン・フォンドは、アリスとエミリーという娘さんといっしょに、毎年、クリスマス5週間前の日曜日にプディングをつくるという伝統を守りつづけています。3人がつくるプディングは、わたしがこれまで口にしてきた中でも最高のものだと思います。そのジェーンが今回はじめて、本書のためにレシピを書いてくれたのです（寄せ集めにすぎないのよ、と彼女は謙遜しますが）。そこにわたしは、とかしたチョコレートと、それをたっぷりすわせるためのパン粉をたしました。そしてできあがったのが、チョコレートの風味も適度に楽しめる、ちょっと大きめの濃厚なクリスマス・プディングです。オリジナルの改良版というよりもむしろ、まったくの別物といえるでしょう。

プディングをつくるに際して、ジェーンは言います、「わたしはこれをまとめてつくります。たくさんつくるのは、少しも手間ではありませんから。多少時間がかかるのは蒸すときだけですもの。時間があるときはいつも、2、3日かけてつくっては、つくるそばから冷蔵庫に入れて熟成させていくんです。実際、レシピに書いた量の倍はつくるわ。それに、型のサイズもいろいろよ、だって、どんな大きさがいいって言われるかわからないんですもの！」

ドライ・フルーツをすべて、ラム酒に1晩漬けておきます。

チョコレートをとかします。電子レンジを使うか、湯煎にかけてください。湯煎の場合は、ボウルにお湯を入れないよう気をつけましょう。とけたら冷ましておきます。

型にバターを塗ります。プディングを蒸すためのダブル・ボイラー（湯煎鍋）をもっていない場合は、1番大きなふたつき鍋を用意してください。その中に、蒸し網かひっくり返したお皿をおいて、型を並べていきますが、その際、型の側面5cmほどのところまでつねに沸騰した湯が届いているよう、気をつけておいてください。

（キッチンの床にたくさんこぼさないよう）大きなボウルを用意し、すべての材料を入れてしっかりと混ぜます。だまが残らず、全体がよくなじむようにしてください。

生地を、バターを塗っておいた型にわけ入れていきます。ただし、生地がふくらむことを考慮して、型のふちギリギリまでは入れず、少し少なめにしておきましょう。

型の円周にあわせて、クッキング・シートを丸く切り抜き、生地を入れた型の上にのせます。ついでアルミ箔を、それよりも大きく切り抜きます。蒸気が循環するよう、中央にひだを寄せておいてください。アルミ箔をシートの上からのせて、型を包みます。アルミ箔がずれないよう、型のふちの上からひもなどで結んでおくといいでしょう。アルミ箔上部に取っ手のようなものをつけておけば、沸騰するお湯の中でも型を簡単にだし入れできます。

大きな型であれば、4-5時間蒸します。この段階では、蒸しすぎ、ということはありませんので安心してください。蒸せば蒸すほどおいしくなります。ただし、ときどきお湯をつぎたすのを忘れないようにしましょう。小さめの型なら2-3時間で大丈夫です。

蒸しあがったら型をとりだして冷まします。冷めたら、アルミ箔とクッキング・シートをとりのぞき、蒸したために脂でベトベトになっているであろう型をきれいにしましょう。その後、新しいクッキング・シートをのせ、新しいアルミ箔で覆ってから、食べるときまで、冷蔵庫か涼しい場所に保存しておきます。いったん蒸したプディングは、数ヶ月は保存がききます。いざ食べるときには、再度1-2時間蒸してください。

その際、欠かせないのが炎の演出です……。昔ながらのやり方で、ブランデーをかけて火をつけて供すれば、歓声があがることまちがいなしです。

ソースでもブランデーでもバターやクリームでも、お好みのものを添えて召し上がれ——これは、本当に親しい方をお招きしていただくプディングです！

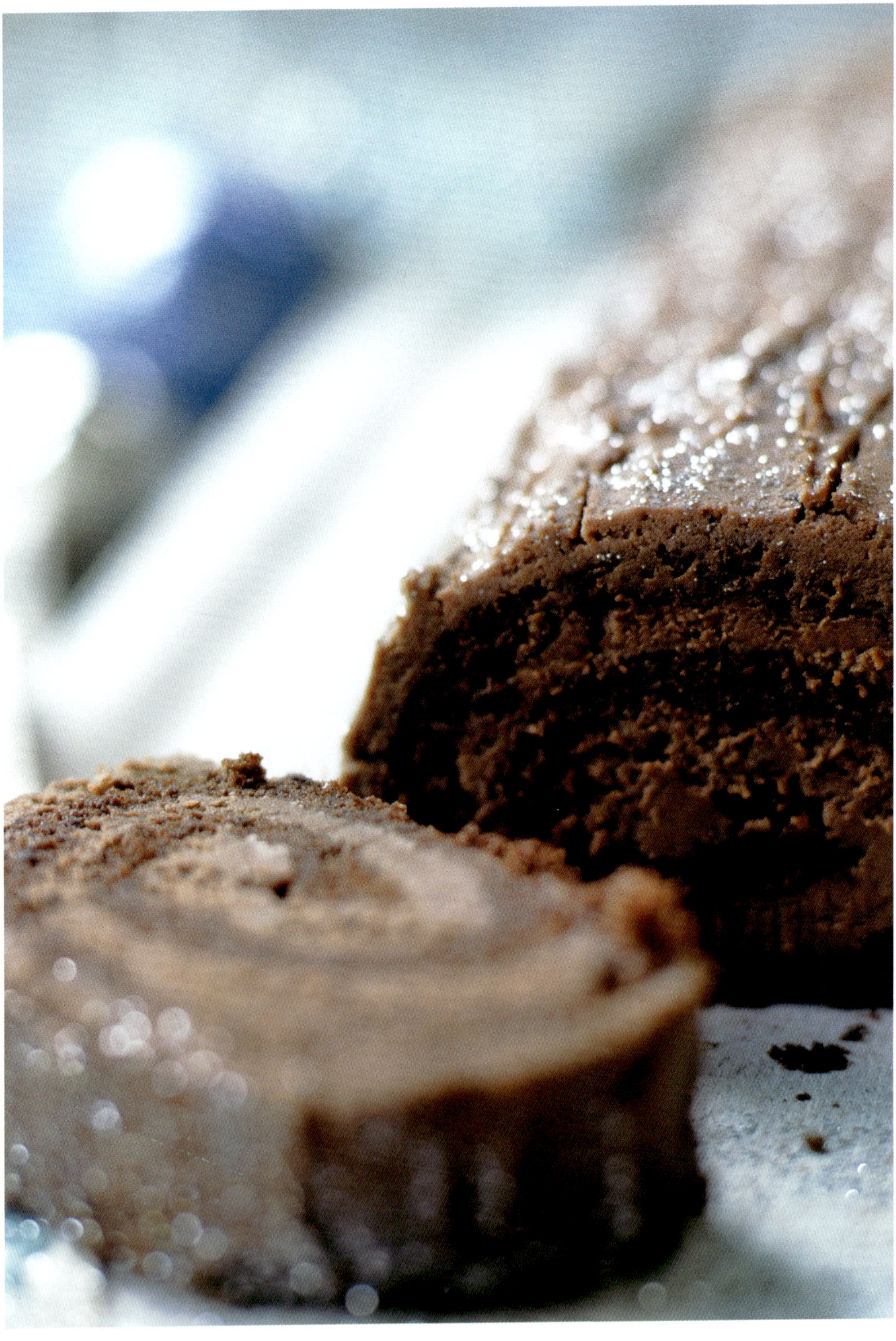

ブッシュ・ド・ノエル

6-8人分

スポンジ用

ココア	50g
塩	1つまみ
放し飼いのニワトリの卵 Lサイズ	3個
三温糖	75g
粉砂糖	装飾用
バター	塗布用

フィリング用

砕いた（カカオ70％の）ダーク・チョコレート	100g
無糖のクリのピューレ	375g
三温糖	60g
バニラ・エッセンス	小さじ1½
ホイッピング・クリーム	180㎖

ブッシュ・ド・ノエルは、フランスのクリスマスの定番デザートです。もちろん、ほかの多くのフランス菓子同様、1年をとおしてさまざまなお祝いの場に供される可能性もあります。この、チョコレートをふんだんに使った、いかにもお祝いにふさわしい、薪の形をしたケーキのレシピを提供してくれたのは、アニー・ベルです。

スポンジをつくります。オーブンを200℃〈ガスマーク6〉に温めておきます。23×32㎝のロール・ケーキ型にバターを塗り、クッキング・シートを敷いたら、シートにもバターを塗っておきましょう。

ボウルにココアをふるい入れ、塩を加えます。べつのボウルに卵と三温糖を入れ、電動ミキサーで8-10分、全体が白っぽく、ムース状になるまで混ぜます。それを2度にわけてココアのボウルに入れ、さっくりと混ぜあわせてください。

その生地を、用意しておいた型に流し入れ、パレット・ナイフで表面を整えます。型を2、3度作業台の上に落として、生地に残った大きな気泡を消してから、8-10分、生地が固くなり、さわったときに弾力が感じられるまで焼きます。

きれいなふきんを広げ、その上に粉砂糖をたっぷりふりかけてください。そこに、型をひっくり返してスポンジをだしたら、短辺を手前にして、ふきんを使いながら、底面についたシートもそのままいっしょに巻きこんでいきます。太く短く巻きあげたら、そのまま40-60分冷ましておきます。

フィリングをつくりましょう。チョコレートを湯煎にかけてじっくりとかしていき、その後、室温で冷ましておきます。クリのピューレ、砂糖、バニラ・エッセンスをフード・プロセッサーにかけてクリーム状にしたら、そこにチョコレートも加えます。クリームを泡立てましょう。軽く角が立つようになったら、チョコレートとクリをあわせたものに、2度にわけて混ぜ入れます。

巻いておいたスポンジを慎重にもとにもどし、シートをはがしてください。チョコレートとクリのムースを半量塗ったら、もう1度巻き、巻き終わりを下にして、長めのサービング・プレートにのせます。長めのお皿がなければ、小ぶりのお皿にアルミ箔を敷いて、縁をきれいに形づくってのせてもいいでしょう。残ったムースを全体に均等に塗ったら、フォークで線を引いたり渦巻きを描いたりして木の模様をつけていきます。丸太なので、いくつか節もつけるといいでしょう。

その後、1時間冷やします。もっとあとで食べる場合には、フワッとラップをかけて冷蔵庫に入れておき、食べる30分前に室温にもどします。

丸太は、食べる直前に粉砂糖か食用ラメをたっぷりふりかけましょう。

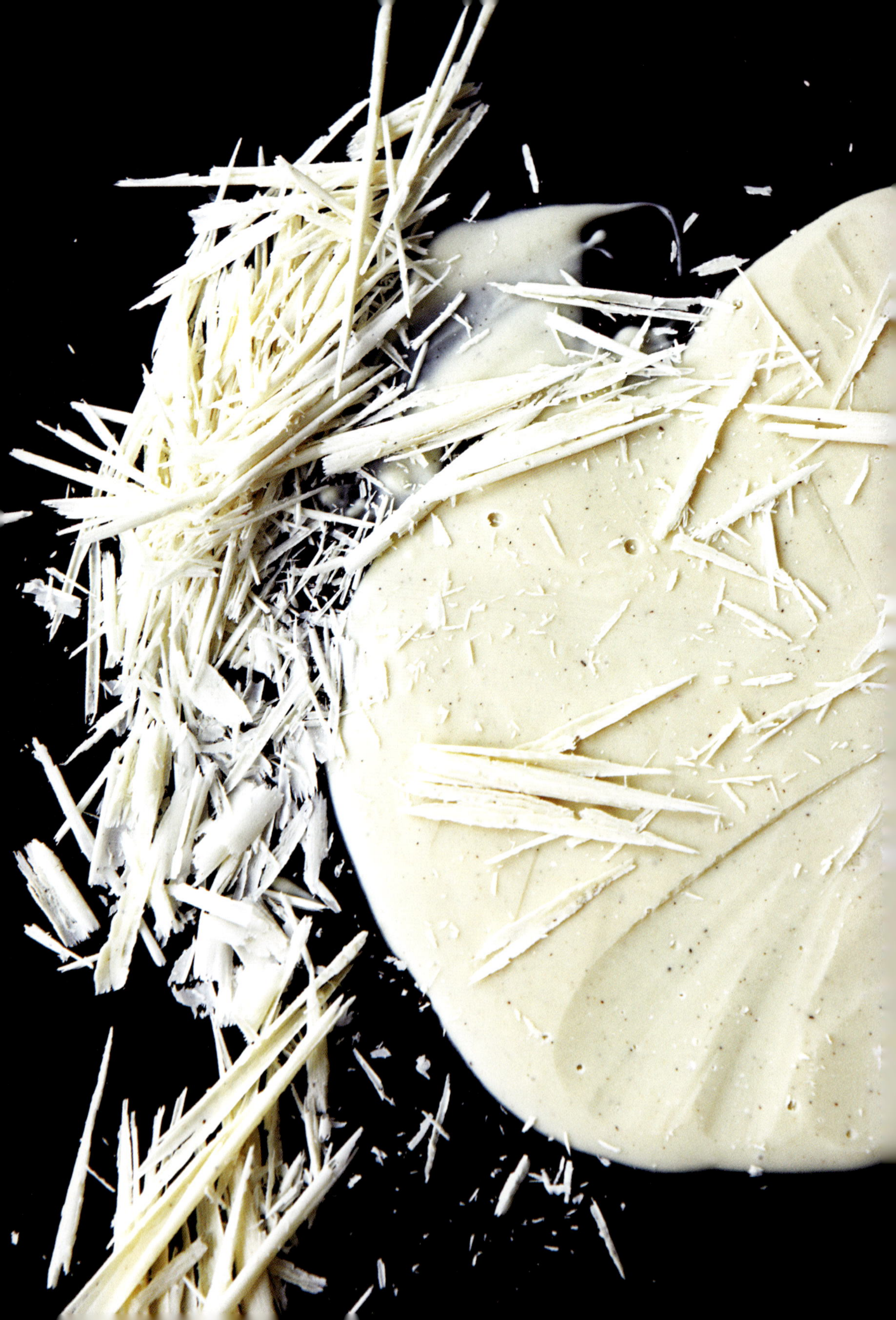

DESSERTS
デザート

ミルク・チョコレート・ムースとダーク・チョコレート・ムース	120
マーブル・ムース	122
5分でできるチョコレート・ポット	124
ティラミス	126
ホワイト・チョコレートとパッション・フルーツのデリス	128
チョコレート・リコリス・デリス、ピリッとするココア・ウエハースを添えて	129
チョコレートとクランベリーとピスタチオのレイヤー・ポット	130
チョコレートとココナッツのライス・プディング	132
ホワイト・チョコレートとカルダモンのライス・プディング、マーマレードとコアントローのソース添え	134
スパイシーなチョコレート・クリーム	136
チョコレートとチェリーのトライフル	138
ラム・レーズンとチョコレートのディプロマット	139
ミルフィーユ	142
デリアのチョコレート・リコッタ・チーズケーキ	144
イチゴとホワイト・チョコレートのチーズケーキ	146
チョクタスティック・チーズケーキ	148
チョコレート・パンナ・コッタ、洋ナシのバニラ風味のコンポート添え	149
グリーン・アンド・ブラックスの究極のチョコレート・フォンデュ	150
究極のチョコレート・スフレ	154
ミント・チョコレート・ボム	156

ミルク・チョコレート・ムースとダーク・チョコレート・ムース

4人分

ミルク・チョコレート用

（カカオ34％の）
　ミルク・チョコレート 100g
放し飼いのニワトリの卵
　Lサイズの卵白 4個分
ふるった粉砂糖 40g
供するときに添える
　シングル・クリーム

ダーク・チョコレート用

（カカオ70％の）
　ダーク・チョコレートか、
　良質な（カカオ72％の）
　調理用のチョコレート 100g
ホイッピング・クリーム .... 300㎖
ふるった粉砂糖 10g
三温糖 15g
上白糖 15g

ムースやポットにすりおろしたチョコレートを使うと、意外な食感や風味が楽しめます。またこのムースの魅力は、調理らしい調理をする必要もなく、ボウルとおろし金、大さじと泡立て器さえあればつくれるところです。もっともわたしの場合は、手で混ぜるのも面倒くさいというタイプなので、いつも電動ミキサーに助けてもらっていますが。

ミルク・チョコレート・ムース

このレシピだと、信じられないほどフワッとしたムースがつくれますが、つくったら1時間以内に食べてください。食事の前に卵白を用意し、チョコレートをすりおろしておけば、あとは食事が終わってから、数分泡立てるだけで、すぐに食べられます。

まずはチョコレートを細かくすりおろします（指まですりおろしたくなかったら、分量全部をすりおろすのは無理でしょう。すりおろせるところまでで充分です。それだとおそらくムースに使うのは90gくらい。残りはシェフへのごほうびです）。

卵白を、フワッと角が立つまで泡立てたら、砂糖を加え、固く、つやがでてくるまでさらに泡立てます。

メレンゲをつぶさないようチョコレートを混ぜ入れたら、個々の器に均等に入れていきます。

シングル・クリームを添えてめしあがれ。

ダーク・チョコレート・ムース

前のページのレシピでは、ミルク・チョコレートと卵白が最高の仕事をしていますが、ここではダーク・チョコレートとクリームがなかなかの組みあわせです。この組みあわせだと、あっというまにつくって供することもできれば、数時間冷蔵庫に入れてとっておくこともできます。もっともその場合、砂糖のトッピングは多少とけ、ムースそのものも少し固くはなりますが。

まずはチョコレートを細かくすりおろします(注意事項は前のページを参照してください)。

クリームに粉砂糖を加えて、全体が軽く、フワッと、ボリュームたっぷりになるまで泡立てます。

三温糖と上白糖を混ぜあわせます。三温糖の塊は、指でつぶしてください。

泡をつぶさないように気をつけながら、チョコレートをクリームに混ぜ入れ、それを4つの器にわけ入れます。

それぞれの器の上から、砂糖を混ぜあわせたものをふりかけます。
すぐに食べても、2、3時間冷蔵庫で冷やしてからでもかまいません。

マーブル・ムース

6人分

細かく刻んだ（カカオ70％の）
　ダーク・チョコレート............125g
　＋装飾用に細かく削ったもの

細かく刻んだ
　ホワイト・チョコレート............125g

放し飼いのニワトリの卵
　Ｌサイズ............................4個
　（卵黄と卵白はわけておきます）

上白糖................................75g

ダブル・クリーム.................400㎖

容量250㎖のワイン・グラスか
　小さい器も6個必要です。

弊社オフィスにはいくつか、「グッドハウスキーピング・アワード」でいただいたガラスのトロフィーが誇らしげに飾られています。いずれも同誌読者のみなさんの投票によるものです（ちなみに1番最近いただいたのは「お気に入りのオーガニック・ブランド賞」になります）。同誌のみなさんは、本書のためにすばらしいレシピを3点も提供してくれました。もちろんわれわれが、その中からどれか1つを選ぶなどとてもできるわけがありません――みなさんだってきっと、このマーブル・ムースはもとより、p.94のチョコレート・ペカン・パイも、p.170のチョコレート・アイス・ミルフィーユもつくりたいでしょうから（まあ、そのあとはスポーツ・ジムにでかけることになるかもしれませんが……）。

ダーク・チョコレート100gを湯煎にかけます。ボウルにお湯を入れないよう気をつけてください。お湯からはずしたら、そのまま15分冷まします。そのあいだに同様の方法で、ホワイト・チョコレートも100gとかします。

卵黄と卵白をそれぞれ大きなボウルに入れてください。電動ミキサーを使い、卵黄に砂糖を加えたものを5分、全体が白っぽく、ムース状になるまで混ぜます。その電動ミキサーを使い、べつのボウルに入れたクリームを、角が立つまで泡立てます。ここで電動ミキサーを洗って乾かし、今度は卵白を、固くなるまで、それでいてつややかさは失わない程度にまで泡立ててください。

大きな金属製のスプーンを使い、卵黄と砂糖を混ぜたものの中にクリームを混ぜ入れ、ついでメレンゲも加えます。混ぜあわせたら、あいたボウルに半量をうつします。一方のボウルに、とかして冷ましたダーク・チョコレートと、刻んでおいたホワイト・チョコレートの残りを混ぜ入れ、もう一方のボウルには、とかして冷ましたホワイト・チョコレートと、刻んでおいたダーク・チョコレートの残りを入れてかき混ぜてください。

一方のボウルのムースをもう一方のボウルに入れ、マーブル模様を描くように軽く混ぜあわせます。それを容器に6等分します。ラップなどで覆い、4時間から1晩、冷やしてください。

削ったチョコレートを飾ってから供しましょう。

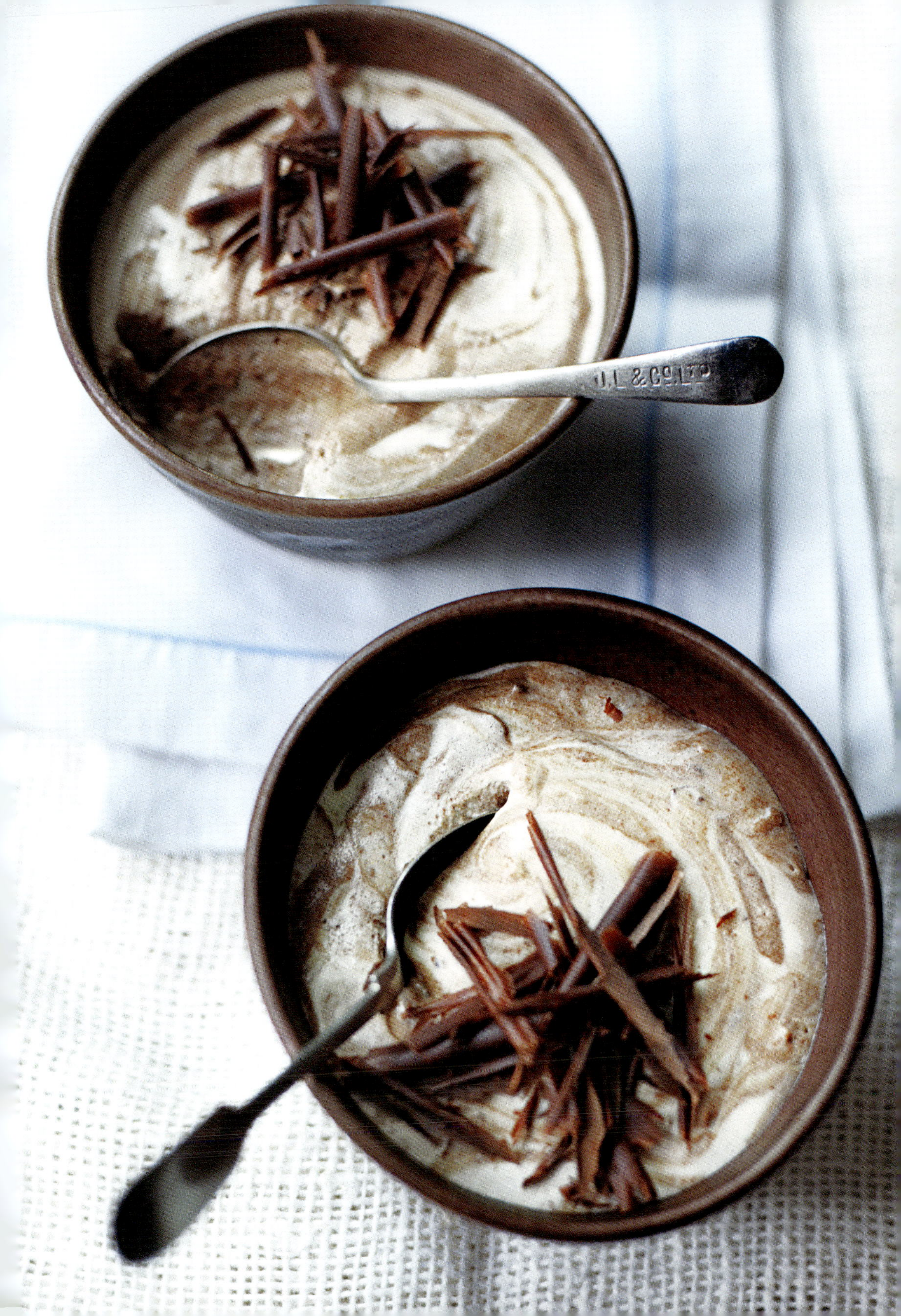

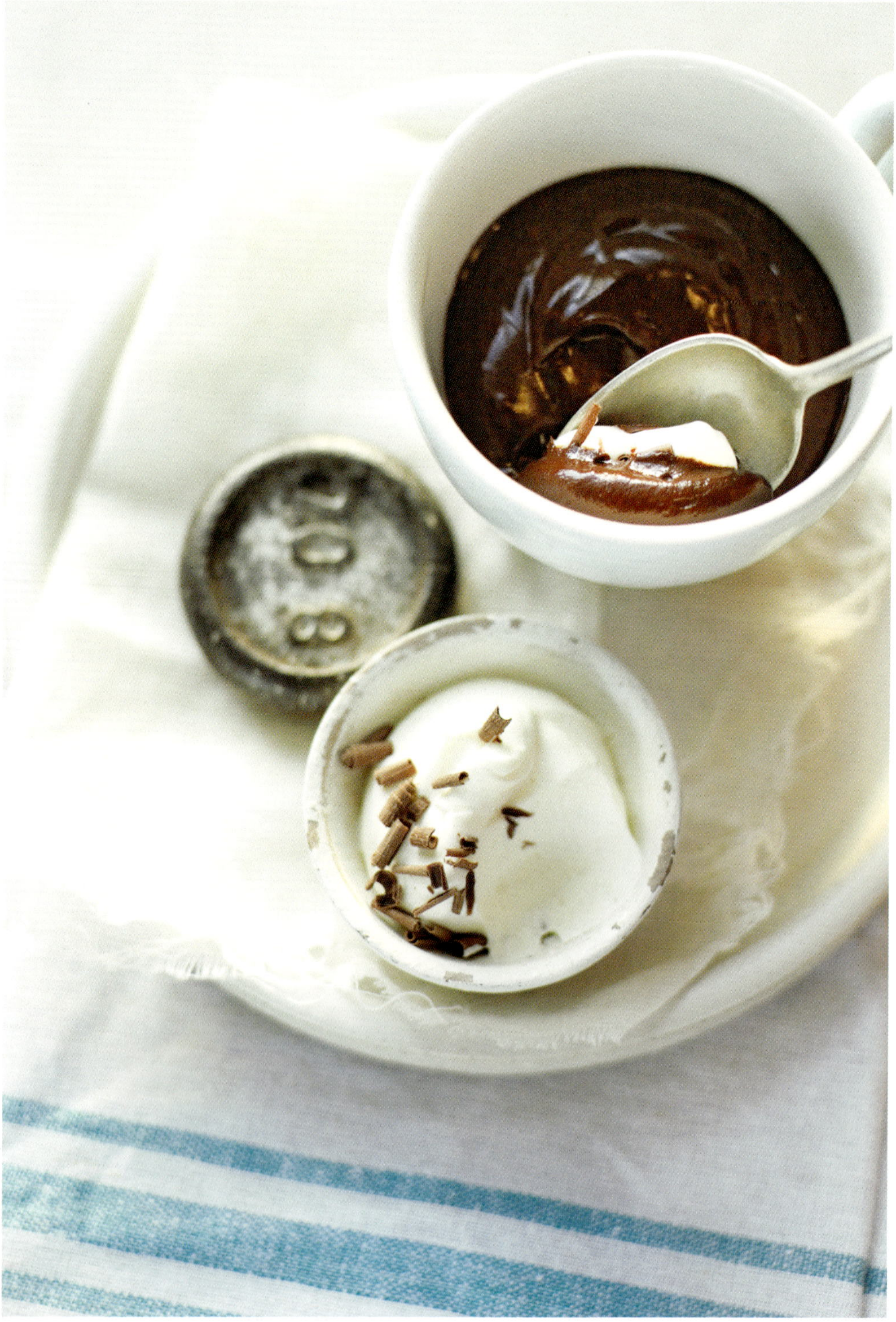

5分でできる
チョコレート・ポット

細かく砕いた（カカオ70％の）
　ダーク・チョコレート............200g
熱湯..................................100ml
バニラ・エッセンス............小さじ1
ホイッピング・クリーム..........125ml

6人分

シルヴァン・ジエモアは、ロンドンのレストラン、モロに勤めていたときを含めて、シェフをしていたころ、たくさんのレシピを習得しました。その彼が、1番簡単で、1番はやくできて、1番おいしいチョコレート・ポットだと断言しているのがこのレシピです。ただしこれは、客人が到着する前につくっておくこと、さもないと客人は、おそろしく手間ひまかけずにつくったものを供された、とがっかりするでしょうから。それがシルヴァンからのただ1つの警告です。

チョコレートをとかします。電子レンジを使うか、湯煎にかけてください。湯煎の場合は、ボウルにお湯を入れないよう気をつけましょう。とけたらレンジなり、お湯からとりだします。

チョコレートに熱湯を加え（ダブル・ボイラー〈湯煎鍋〉のお湯を使ってもかまいません）、ついでバニラ・エッセンスを加えます。チョコレートが飛び散らないよう、熱湯はゆっくりと、少しずつ加えてください。

ホイッピング・クリームを加えます。目指すはクレーム・アングレーズのようななめらかさです。それから直接エスプレッソ・カップにそそぎ入れ、キッチンの涼しい場所に少なくとも45分はおいておいてから、供しましょう。

アドバイス
- （カカオ70％の）ダーク・チョコレートの半量をほかのフレーバー──ミルクなりエスプレッソなりマヤゴールドなりにかえて、いろいろな味を試してみるのもおすすめです。
- このチョコレート・ポットをつくるのに、クリームを300ml買わざるをえなかった場合、残ったクリームはホイップして、それぞれのチョコレート・ポットの上にフワッとのせるといいでしょう。

ティラミス

2人分

放し飼いのニワトリの卵
　Lサイズの卵黄.....................1個分
上白糖.............................大さじ1
マスカルポーネ・チーズ............60g
ホイッピング・クリーム...............60g
フィンガー・ビスケット...............6本
エスプレッソ・コーヒー............60㎖
マルサラ酒（ワイン）............大さじ1
すりおろした（カカオ85%の）
　ダーク・チョコレート................20g

昔からあるデザートに手を加えて、さらにいいものにするのは難しいことです（もっとも、カカオ85%のダーク・チョコレートをすりおろしたものをトッピングしたことで、驚くほどチョコレートの風味を引き立たせることはできましたが）。けれどわたしは、ロマンチックな夜にぴったりのレシピをどうしてものせたいと思いました。したがって、ここでご紹介するのはあくまでも2人分のレシピです。もちろん分量を増やせば、大人数にも対応できます。

泡立て器で、卵黄と砂糖を、軽くフワッとするまで混ぜあわせます。そこにマスカルポーネ・チーズも加えてください。

べつのボウルにクリームを入れ、角がフワッと立つまで泡立てたら、前述したマスカルポーネ・チーズの生地に混ぜ入れます。

そうやってつくったクリームを、小ぶりのグラスかデザート・グラス2個それぞれに、スプーン1杯分ずつ入れます。フィンガー・ビスケットをコーヒーに浸してから、クリームの上にのせ、その上からマルサラ酒をふりかけてください。

残ったクリームをそれぞれの器にわけ入れ、すりおろしたチョコレートをたっぷり散らせば完成です。

冷蔵庫で20分冷やしてから供しましょう。

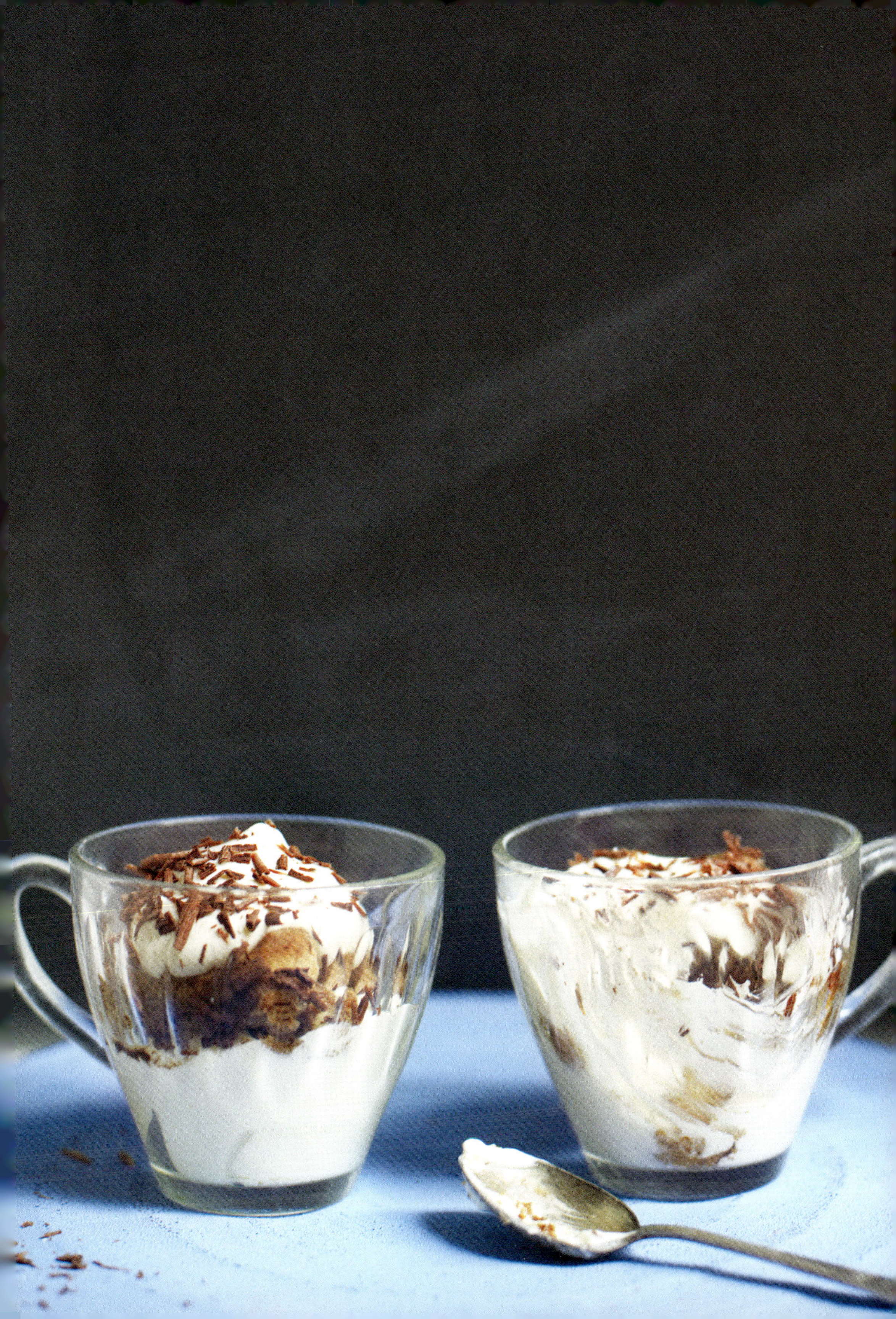

ホワイト・チョコレートとパッション・フルーツのデリス

6-10人分

ムース用

放し飼いのニワトリの卵
　Lサイズの卵黄.....................2個分
上白糖...50g
牛乳..250㎖
ホワイト・チョコレート................200g
ダブル・クリーム......................250㎖

ババロア用

新鮮なパッション・
　フルーツ.....................................24個
　（果汁が210㎖必要です）
牛乳..35㎖
細長く切った板ゼラチン........4枚分
放し飼いのニワトリの卵
　Lサイズの卵黄.....................3個分
上白糖...75g
ホイッピング・クリーム...........150㎖

弊社のホワイト・チョコレートはバニラの風味たっぷりで大好きなのですが、（すべてのホワイト・チョコレート同様）カカオの要素といえばカカオ・バターしかなく、そのため、カカオマスならではの苦みや酸味には欠けます。なので個人的に、甘すぎると思うのです。そういう理由から、ティエリ・ラボルドが提供してくれたこのレシピは、わたしが本書の中でも特に気に入っているレシピの1つです。パッション・フルーツの酸味が、ホワイト・チョコレートの甘さを巧みにおさえてくれていますし、フワッとしたムースと弾力のあるババロアという2層がおりなす食感の組みあわせもすばらしく、さらに、パッション・フルーツの種のカリッとした歯ごたえはもう最高です。

まずムースをつくります。卵黄と砂糖を、軽くフワッとするまで混ぜあわせます。そこに、沸騰させた牛乳を少しずつ加えていきますが、かき混ぜる手は休めないでください。その後生地を深鍋にうつし、全体がトロッとして、スプーンの背にくっつくくらいになるまで弱火で煮詰めていきます。できあがったらボウルにそそぎ入れ、膜がはらないようラップをかけて、冷ましておきます。

チョコレートを湯煎にかけてください。ボウルにお湯を入れないよう気をつけましょう。お湯からはずしたら、そのまま冷まします。ダブル・クリームを固く泡立てます。チョコレートを、前述の冷ましたカスタードに混ぜあわせたら、泡立てたクリームをつぶさないよう、慎重に混ぜ入れてください。それをゼリー用の大きな器1つか、人数分の小さな器に流し入れ、約1時間冷蔵庫で寝かせます。

つぎにババロアをつくります。パッション・フルーツは3-4個を残して、あとはすべて半分に割ってください。ボウルか大きな計量カップにのせた目の細かいざるの上で、中身をすくいだします。木製のスプーンを使ってこし、果汁と種にわけます。果汁を210㎖用意してから、次の段階に進みましょう。

牛乳とゼラチンを小さな深鍋に入れておきます。ゼラチンに冷たい牛乳を吸収させて、ふやかすのです。この時点ではまだ火にかけません。

卵黄と砂糖を、軽くフワッとするまで混ぜあわせたら、パッション・フルーツの果汁を少しずつ加えていきます。ついでクリームを、フワッとした角が立つまで、泡立ててください。

牛乳を入れた鍋を火にかけ、かき回してゼラチンを完全にとかします。それを、卵黄と果汁をあわせたものにそそぎ入れてかき混ぜたら、泡立てたクリームに混ぜ入れます。全体がよくなじんだところで、冷やしておいたムースの上から器に入れ、最低でも4時間は冷蔵庫で寝かせてください。とっておいたパッション・フルーツの果肉を盛りつけて供しましょう。

チョコレート・リコリス・デリス、ピリッとするココア・ウエハースを添えて

6人分

デリス用
- 放し飼いのニワトリの卵の卵黄 85g
- 上白糖 120g
- 高脂肪牛乳 .... 370㎖
- ダブル・クリーム 330g
- 砕いた(カカオ70%の)ダーク・チョコレート 250g
- リコリスのペースト .... 25㎖

ココア・ウエハース用
- 無塩バター 45g
- 水あめ 25g
- カベルネ・ソーヴィニヨンの酢 .... 20㎖
- 上白糖 40g
- 良質のココア・パウダー 8g
- ペクチン 2g
- (カカオ70%の)ダーク・チョコレート 15g
- マルドンの塩 .... 小さじ¼
- 甘いパプリカ・パウダー .... 小さじ¼(お好みで)
- アレッポの赤唐辛子(トルコのチリ・フレーク) .... 小さじ¼

供するとき
- ホイップしたクリーム .... 250㎖
- ピンク・グレープフルーツ 3房

アンナ・ハンセンがこのデザートのレシピを思いついたのは、デンマークに大好きなキミーおばさんをたずねたあとでした。「わたしはもう口いっぱいにリコリスを入れていたのに、よくばってチョコレートまで詰めこんだんです! その味は衝撃的で、一生忘れられません。以来、その味をベースにしたデザートをいくつも考えてきました。そのうちの1つがこのレシピです。チョコレート・リコリス・アイスクリームも、ザ・モダン・パントリーでは不動の人気を誇っています。リコリスがお嫌いでも、このデザートは敬遠なさらないでください。どういうわけか、このチョコレートとの組みあわせなら、リコリスを天敵のように嫌っている方々もすんなりめしあがってくださるのですから。なお、リコリスのペーストが手に入らない場合は、細かく刻んで、150㎖のお湯でコトコト煮たリコリス25gを使うといいでしょう。その際、リコリスがはねたり鍋の側面にべったりついたりすることもありますから、気をつけてください」

デリスをつくります。卵黄と砂糖を混ぜあわせます。そこに、煮立たせた牛乳とクリームをゆっくりとそそぎ入れましょう。かき混ぜる手は休めないでください。それを、牛乳が入っていた深鍋にもどし、中火にかけて、木製のスプーンかへらを使い、8の字を描くようにしながら5分ほど、全体がトロッとしてくるまで、手を休めずにかき混ぜます。火からおろし、チョコレートとリコリスのペーストを加えたら、よくかき混ぜてチョコレートとペーストを完全にとかし、しっかりとなじませてください。それを目の細かいざるでこしてのち、膜がはらないようクッキング・シートをそっとのせて、冷ましておきます。冷めたら最低でも2時間、できれば1晩、冷蔵庫で寝かせます。

ウエハースをつくりましょう。オーブンを180℃〈ガスマーク4〉に温めておきます。バター、水あめ、酢を小さな深鍋に入れてとかします。砂糖、ココア・パウダー、ペクチンを加えたら煮立たせてください。そのまま2分間煮立たせておきます。ときどきかき混ぜてください。火からおろしたら、残りの材料を混ぜ入れます。その生地を、シリコン・ペーパーを敷いた天板にのばしていきます。パレット・ナイフを使って、できるだけ薄く広げましょう。生地はべたついて広げにくいと思いますが、大丈夫です。焼けば広がりますから。9分焼き、オーブンからだしたら、表面に塩をふります。冷ましてから、静かに割って、大きめの塊をつくっていきます。使うときまで、クッキング・シートを敷いた密閉容器に保存しておいてもかまいません。冷めてもウエハースがパリッとしていないときは、天板をオーブンにもどして、もう数分焼いてください。

個々のお皿にデリスをスプーン1杯ずつ盛りつけていきます。その上に砕いたウエハースをのせ、さらにホイップしたクリームをのせます。デリスの回りにグレープフルーツの房を飾ったら、すぐに供しましょう。

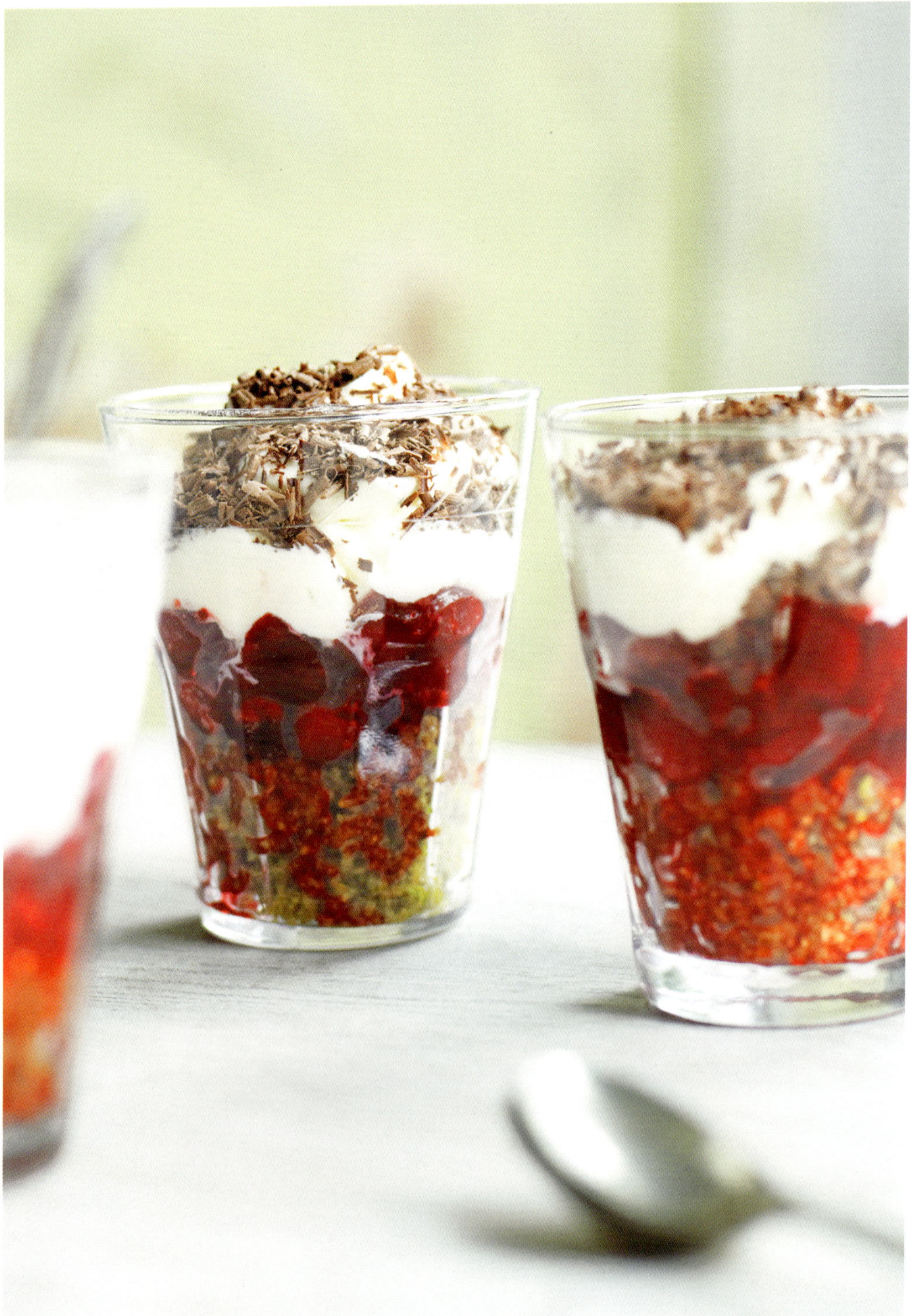

チョコレートとクランベリーとピスタチオのレイヤー・ポット

6人分

クランベリー	200g
上白糖	60g
水	大さじ1
（カカオ70%の）ダーク・チョコレート	70g
ホイッピング・クリーム	150㎖
粉砂糖	10g
殻をむいたピスタチオ	50g
ダイジェスティブ・ビスケット	50g
とかした無塩バター	35g

クリスマスのディナーで供した七面鳥の料理。その際残った（自家製の）クランベリー・ソースでつくるのにぴったりなのがこのレシピです。とはいえ、クランベリーを少し煮るのは、年間をとおしていつでも難しいことではありませんし、冷凍のものも簡単に手に入ります。なおこのデザートは必ず、個々のグラスに盛りつけて供してください。そうすれば、さまざまな色あいの層（レイヤー）が楽しめますから。

クランベリーを、つぶれない程度にやわらかくなるまで、砂糖と水で煮ていきます。煮えたら、冷ましておきます。

チョコレートを粗くすりおろすか、細かく刻んでください。

クリームと粉砂糖を、全体が軽く、フワッとして、ボリュームたっぷりになるまで泡立てます。

ピスタチオをフード・プロセッサーにかけ、細かいパン粉状にします。ダイジェスティブ・ビスケットも加えて、全体が細かいパン粉状になるまで同じ作業を繰り返してください。

パン粉状になったピスタチオとビスケットに、とかしたバターを混ぜあわせます。

しあげていきます。上記の生地を大さじ1½程度ずつ、それぞれのグラスに入れましょう。ついでクランベリーの層をつくります。つぎに、泡立てたクリームを大さじ1½程度ずつ入れ、最後に、クリームの層がかくれるくらいたっぷりと、すりおろしたチョコレートを入れて層をつくれば完成です。

最低でも1時間は冷やしてから供します。

チョコレートとココナッツのライス・プディング

2-4人分

短粒米かアルボリオ米（イタリアの短粒米）	100g
ココナッツ・ミルク	400㎖缶1
生のココナッツ・パウダー	大さじ2
牛乳	100-200㎖（必要に応じて）
砕いたミルク・チョコレート（お好みで、カカオ70%のダーク・チョコレートでも可）	50g
砂糖	大さじ2（お好みで）

弊社にとって正真正銘初となるレシピ（それもチラシのようなものでした）でとりあげたのは、リンダ・マッカートニーのブラウニーです。ただし、もともとのレシピは、アメリカ生まれの彼女の家に代々伝わるものだったので、クレイグが協力して少し手を加えました。けれど、オリジナルのレシピで使用されていたのが無糖チョコレートだったため、リンダは大西洋のこちら側で見つけた弊社の製品を、なんの問題もなく代用できました。一家は今日にいたるまで、このブラウニーのレシピをかたくなに守っていますし——リンダの（すでに成人した）お子さんたちも、なにかチョコレートのお菓子をつくろうというときには、今でも弊社の製品を使ってくださっているそうです。写真家にして3人の男の子の母親でもあるメアリー・マッカートニーも、リンダに負けず劣らず料理が好きなうえ、わざわざ本書のために、このとびきりおいしいプディングを考案してくれました。

中くらいの鍋にお米とココナッツ・ミルクを入れ、ゆっくりと、コトコト煮ていきます。ついでココナッツを加えたら、頻繁にかき混ぜてください。全体的にトロッとしすぎてきたと思ったら、牛乳を少しずつ加えます。

お米にほぼ火がとおったら——15分くらいです——砕いたミルク・チョコレートを加えていきます。チョコレートが完全にとけるまで、よくかき混ぜてください。味見をして、もう少し甘みがほしい場合は、砂糖を大さじ1か2加えてしっかりと混ぜます。できあがったら、熱々を供しましょう。

アドバイス
- もう少し芸術的にしあげたいと思ったら、分量外のチョコレートを少量とかし、それでプディングにうずまき模様を描いてから供するといいでしょう。

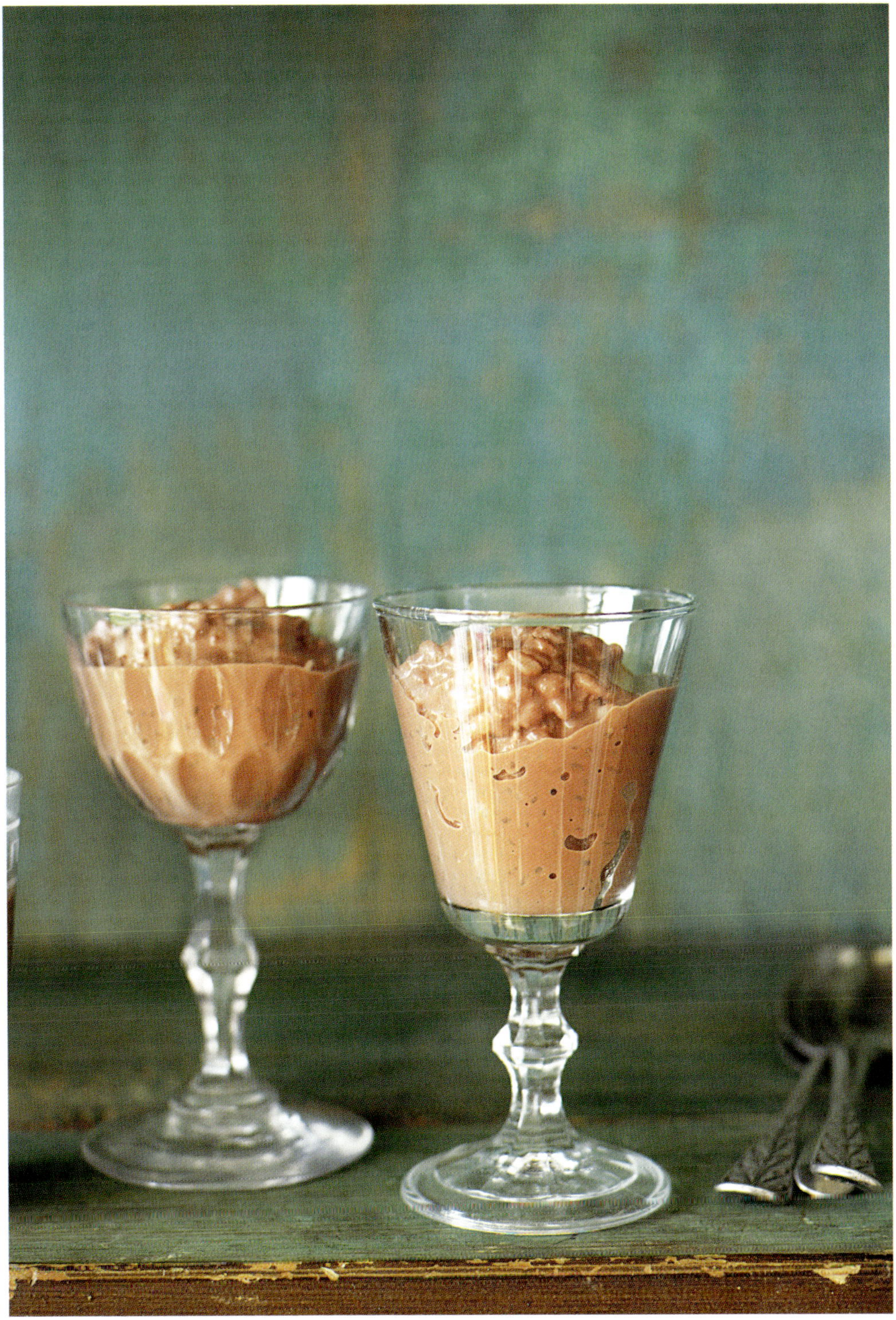

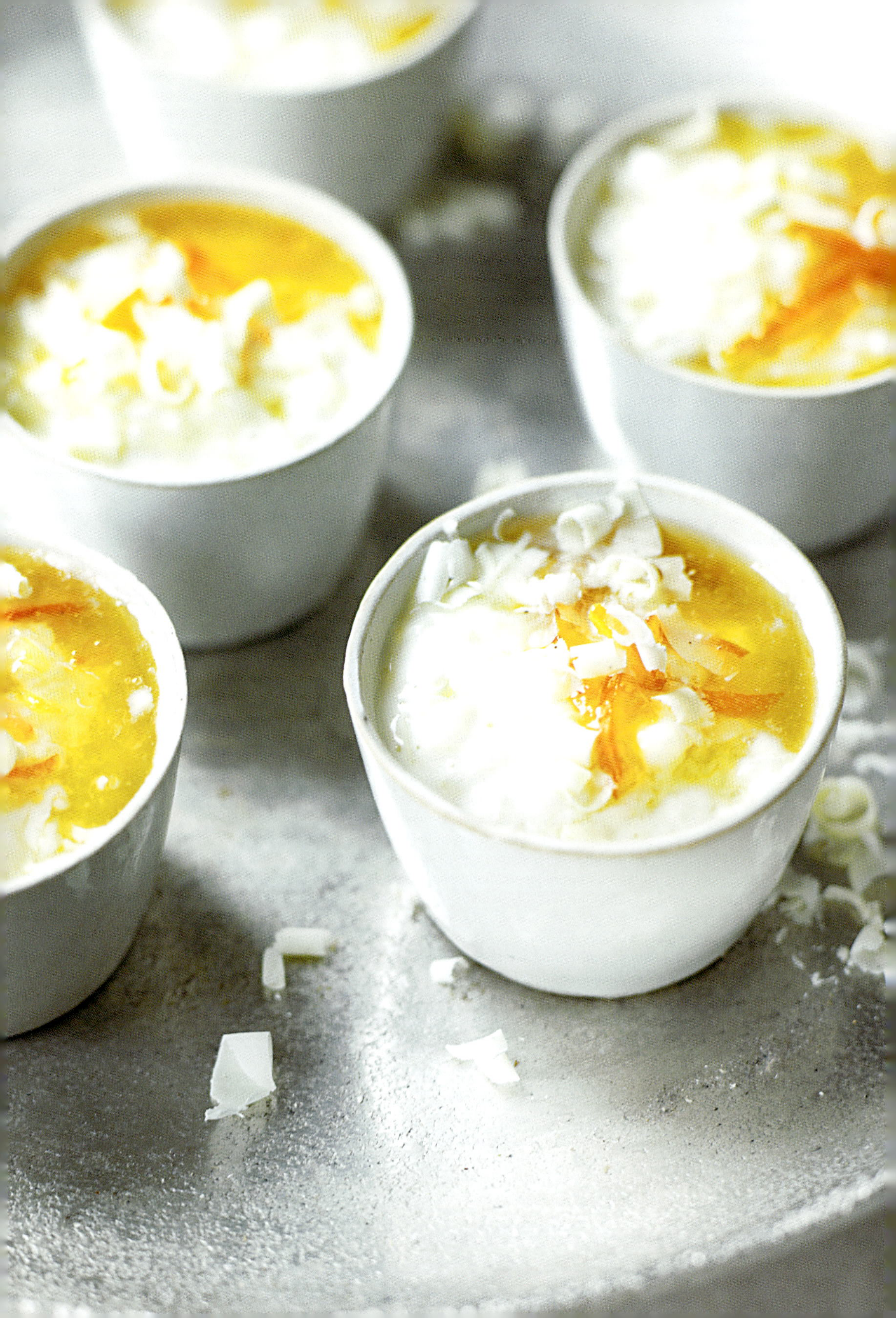

ホワイト・チョコレートとカルダモンのライス・プディング、マーマレードとコアントローのソース添え

短粒米	115g
天然ミネラルを含んだ上白糖	75g
半脱脂粉乳	400㎖
シングル・クリーム	150㎖
カルダモンのさや3本分の種のパウダー	
すりおろしたホワイト・チョコレート	100g

ソース用

マーマレード	100㎖
コアントロー	100㎖

4人分

チャールズ・ワージントンは、ヘアドレッサーとしての腕もすばらしく(ヘアドレッサー・オブ・ザ・イヤーを2度も受賞)、自宅——南フランス、ロンドン、そしてケントの森の奥深くにある自宅でのもてなしぶりは世界一であり、弊社のファン歴も長く、(まだ美容誌の編集者という「帽子」をかぶっていた)ジョー・フェアレーにチョコレートをすすめられたごくごく初期のころから弊社を愛してくださっています。ここでご紹介するのは、そんな、チョコレートに目がないチャールズの大好物の1つです。

深鍋に入れたお米と砂糖の上から、牛乳とクリームをそそぎます。カルダモン・パウダーも加えてください。

いったん煮立たせたら弱火にし、15-20分、お米がたっぷり水分を吸ってやわらかくなるまで煮ます。水気がたりないようなら、熱湯を少量たしてください。

火からおろし、すりおろしたホワイト・チョコレートを加えてかき混ぜます。鍋にふたをしておいておきましょう。

ソースをつくります。鍋にマーマレードとコアントローを入れて火にかけ、静かに混ぜあわせます。

ライス・プディングを4つの器にわけ入れ、その上からソースをふりかけます。

お好みで、削ったホワイト・チョコレートを少量飾って供しましょう。

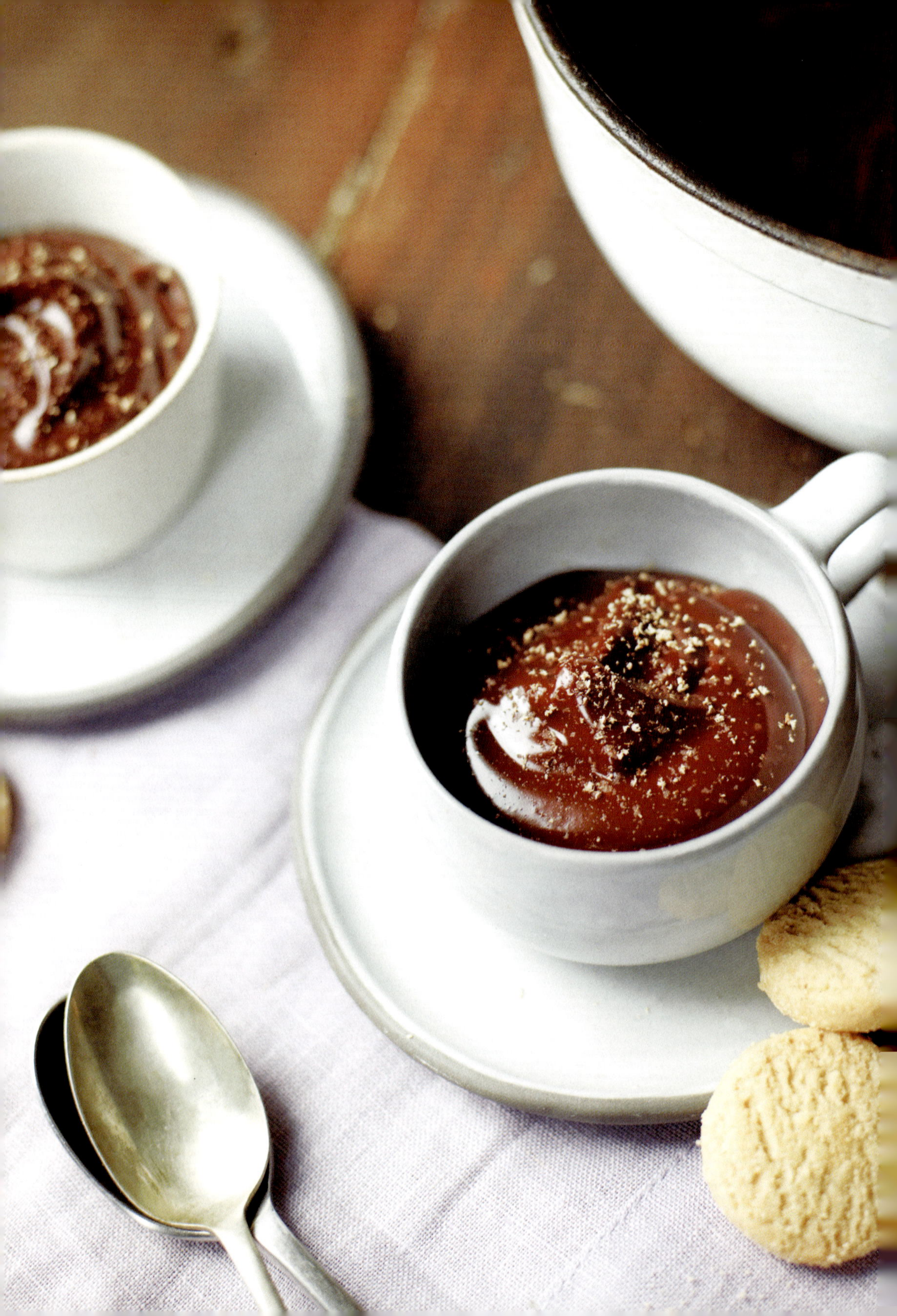

スパイシーな
チョコレート・
クリーム

6人分

ダブル・クリーム........................290㎖
　＋必要に応じて少量
生の赤唐辛子
　........................小ぶりのもの½本
　（種はとりのぞいておきます）
シナモン・スティック.....................1本
八角（スター・アニス）.................2個
クローブ..4個
砕いた（カカオ70％の）
　ダーク・チョコレート............200g
ナツメグ
ショートブレッド
　................浸して食べるためのもの

昔からあるのに品のいいこのデザートのレシピを提供してくれたのは、あのゴードン・ラムゼイのようなすばらしい面々のもとで偉大なヘッド・シェフを務めるマーク・サージェントです。彼のチョコレート・クリームは、基本的にはガナッシュで、極上のクリームでつくられます。そのため普通のものよりも一段となめらかで、スプーンで簡単にいただけるのです。スパイスは、クリームといっしょに火にかけるのが1番でしょう。そうすれば、チョコレートの香りを消すことなく、スパイシーな香りも楽しめます。

クリーム、赤唐辛子、シナモン・スティック、八角、クローブを厚底の深鍋に入れ、ゆっくりと煮立たせていきます。その後火からおろし、20分おいてスパイスの香りをうつしましょう。

クリームをこして、計量カップに入れます。スパイスは捨ててください。温かいクリームを計量し、290㎖にたりない場合はクリームをつぎたします。それを深鍋にもどして再度煮立たせたらチョコレートを加えます。その後火を止め、ベルベットのようになめらかな質感になるまでしっかりとかき混ぜてください。

クリームを容器に6等分してから、すりおろしたナツメグを少量ふりかけます。

温かいままでも、室温程度に冷ましてからでもかまいませんので、
浸して食べるショートブレッドを添えて供しましょう。

チョコレートと
チェリーの
トライフル

6人分

ベース用

トライフル用のスポンジ 8個

チェリー・ジャム 100g

ラム酒（できればゴールド・ラム）
 .... 大さじ4

種をとりのぞいたチェリー 400g
 （時期ではない場合は
 冷凍のチェリーを使用）

カスタード用

放し飼いのニワトリの卵
 Lサイズの卵黄 4個分

上白糖 45g

ベーキング・パウダーの
 入っていない小麦粉 20g

高脂肪牛乳 350ml

細かく刻んだ（カカオ70％の）
 ダーク・チョコレート 70g

ホイッピング・クリーム 400ml

粉砂糖 30g

バニラ・エッセンス 小さじ1

トッピング用

縦切りにしたアーモンド 50g

粉砂糖 15g

ラム酒 中さじ1

（カカオ70％の）
 ダーク・チョコレート 30g

わたしが選んだフルーツはチェリー。チョコレートとの相性がとてもいいからです。また、トッピングのアーモンドはキャラメライズし、カリッとした歯ごたえを引き立たせています。ほかに忘れてはならない点といえば、濃厚なおいしいチョコレート・カスタードでしょう。このトライフルは、スポンジとお酒、チェリー、チョコレート・カスタード、クリーム、そしてアーモンドを巧みにまとめあげてあります。心ならずも、1口食べるたびにほっぺたが落ちそうになるほどおいしい組みあわせです。

まず最初にカスタードをつくります。冷ましておく時間が必要ですから。卵黄と砂糖を混ぜあわせてから、小麦粉をふるい入れ、さらに混ぜあわせます。そこに、煮立てた牛乳をそそぎ入れていきます。かき混ぜる手は休めないでください。その後、混合液を深鍋にもどし、弱火にかけながら、しっかりと混ぜていきます。煮立ってきたら、そのまま弱火でさらに5分かき混ぜつづけます。次第にトロッとなめらかになってくるでしょう。その後火からおろし、チョコレートを加え、よくかき混ぜてチョコレートを完全にとかしてなじませます。ボウルにうつし、膜がはらないようラップをかけて、冷ましておきます。

アーモンドのトッピングをつくりましょう。オーブンを180℃〈ガスマーク4〉に温め、天板にクッキング・シートを敷いておきます。ボウルにアーモンドと粉砂糖、ラム酒を入れて混ぜあわせたら、それを天板に均等に広げます。オーブンで焼いてキャラメライズしていきましょう。きれいな琥珀色になればできあがりです。時間は6分ほどですが、できあがりは香りでわかるはず。完成したら、オーブンからとりだして冷ましておきます。

スポンジそれぞれを半分に割り、チェリー・ジャムを塗ってはさんでください。ガラスのボウルか深皿に、チェリー・ジャムをはさんだスポンジを敷き詰め、上からラム酒をふりかけます。その上に、チェリーを均等に配していきましょう。

クリームに粉砂糖とバニラ・エッセンスを加えて泡立てます。約1/4量を、冷ましたチョコレート・カスタードに混ぜ入れます。

チェリーの上からカスタードをたっぷりと塗り広げ、その上に、残ったクリームものせていきましょう。最後にアーモンドとすりおろしたチョコレートを散らします。

しっかり冷やしてから、とびきりおいしいデザートをめしあがれ。

ラム・レーズンと
チョコレートの
ディプロマット

レーズン	100g
ダーク・ラム	275㎖程度
(カカオ70%の) ダーク・チョコレート	100g
ダブル・クリーム	300㎖
シングル・クリーム	150㎖
上白糖	大さじ1
高脂肪牛乳	150㎖
フィンガー・ビスケット	200g
(約2パック分)	
プラリネ	200g
(次ページを参照)	

10-12人分

わたしは伝統的なデザートを心底愛しています。このデザートはまるで、1970年代のテーマ・レストランのデザートワゴンにのっているかのようですが、だからといって、自分にはつくれない、などとは思わないでください。わたしは昔から変わらずラム酒とレーズンが大好きで、味はもとより、食感も異なるものの組みあわせの妙を楽しめるレシピをつねに探しています——今回のレシピでいえば、お酒をたっぷりしみこませたしっとりしたビスケットと、お酒をたっぷりしみこませた噛みごたえのあるレーズン、軽く、とろけるようなチョコレートと、ナッツたっぷりの、甘く、歯ごたえのあるプラリネがそうです。このレシピ、頑張ってつくってみる価値はあると思います。

前の晩のうちにレーズンを125㎖のラム酒に漬けこみ、1晩冷蔵庫で寝かせておきます。

翌日、チョコレートをとかしましょう。電子レンジを使うか、湯煎にかけます。湯煎の場合は、ボウルにお湯を入れないよう気をつけてください。とけたら、冷ましておきます。

ダブル・クリーム、シングル・クリーム、砂糖を大きなボウルに入れて、しっかりと泡立てていきます。全体に固さが見えはじめるものの、依然フワッとした状態を保っているくらいにまでしあげてください。その後、とかして冷ましたチョコレートに混ぜ入れ、おいておきます。

レーズンを浸けておいたラム酒を計量カップに入れ、必要な場合にはつぎたして、150㎖にします。そこに牛乳を加えてください。これを、スープ皿のような底が平らで小さめのお皿にそそぎ入れます。

この中に、ビスケットを1枚ずつ、平らな面を下にして浸していきます。どのビスケットにも、まんべんなくしみこませてください。ただし、ビスケットはケーキの生地にしていく際にまた水分を吸収しますから、この時点でしみこませすぎてしまわないよう、くれぐれも気をつけましょう。ラム酒に浸したビスケットを、22㎝のスプリングフォーム型にきっちりと並べます。中途半端にすきまが残ってしまったときには、かまいませんから、ビスケットを割って埋めていってください。その上から、レーズンの半量を散らします。

このビスケットの層を、チョコレート・クリーム半量で覆います。クリームを平らにのばし広げたら、プラリネを少し散らしてください。ビスケットとクリームの層をそれぞれもう1層ずつつくったら、表面をプラリネでたっぷり覆って完成です。冷蔵庫で数時間冷やしてから供しましょう。あるいは冷凍してもかまいません(アドバイスを参照)。

アドバイス

- レーズンを1晩浸けておく余裕がなくても、時間を短縮できる方法があります。レーズンをラム酒で煮るのです。レーズンがラム酒をたっぷり吸いこんで、ぷっくりしてくるまで煮てください。この方法の唯一のマイナス点は、煮ているあいだにラム酒が相当蒸発してしまうので、分量に記したよりもかなり大量にラム酒が必要になる、ということでしょう。
- ディプロマットは冷凍できます。ただし乾燥させないよう、しっかりとラップで包んでから冷凍してください。冷凍した場合には、室温にもどしてから供しましょう。
- ディプロマット全体の食感をどの程度しっとりさせたいかによって、ビスケットを浸けるラム酒と牛乳の混合液の量が増減してきます。もっとたっぷり浸したい場合には、ラム酒2に対して、ダブル・クリーム1、牛乳1の割合で混合液をつくるといいでしょう。

プラリネ用（500g分）

アーモンド	250g
砂糖	250g
水	50㎖
レモン果汁	数滴

クッキング・シートを敷いた天板にアーモンドを広げます。それを、160℃〈ガスマーク3〉のオーブンで10分焼きます。オーブンからだしたアーモンドは、ほんのりと色づき、少し油がでてきているでしょう。この際、アーモンドを天板に均等に広げておいてください。

砂糖と水とレモン果汁を厚底の深鍋に入れ、中火にかけます。砂糖がとけ、やがてキャラメルになるまで、手を休めずにかき混ぜてください。キャラメルが濃い琥珀色になったら、アーモンドにそそぎかけ、そのまま冷まします。

キャラメルが固まったら、シートからはがして、適当な大きさに割ってください。

アドバイス
- グラスに水を入れ、そこに料理用のハケを浸しておき、鍋の側面にキャラメルが張りついてしまった際、すぐにとりのぞけるようにしておきましょう。最初は小さな粒状だったものがどんどん大きくなっていき、やがては鍋のまん中で1つの大きな塊になってしまいますから、見つけたそばから必ずとりのぞいていってください。
- プラリネは、密閉容器に入れておけば長期保存が可能です。
- ほとんどのレシピには、プラリネをフード・プロセッサーに入れて砕くよう書いてありますが、できればすり鉢とすりこぎを使ってみてください。そうすれば、フード・プロセッサーよりも簡単に、好みの食感や大きさにできますから。

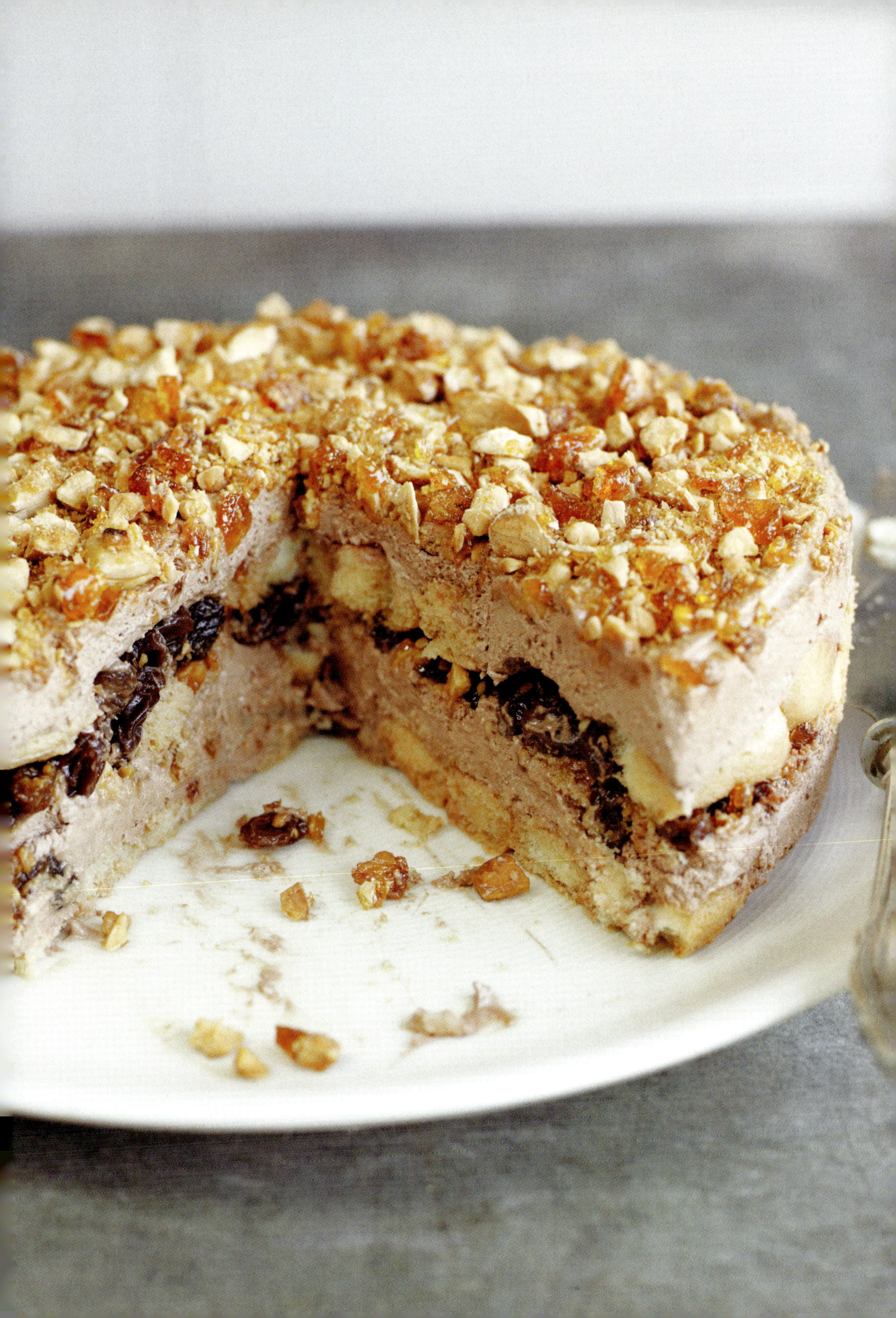

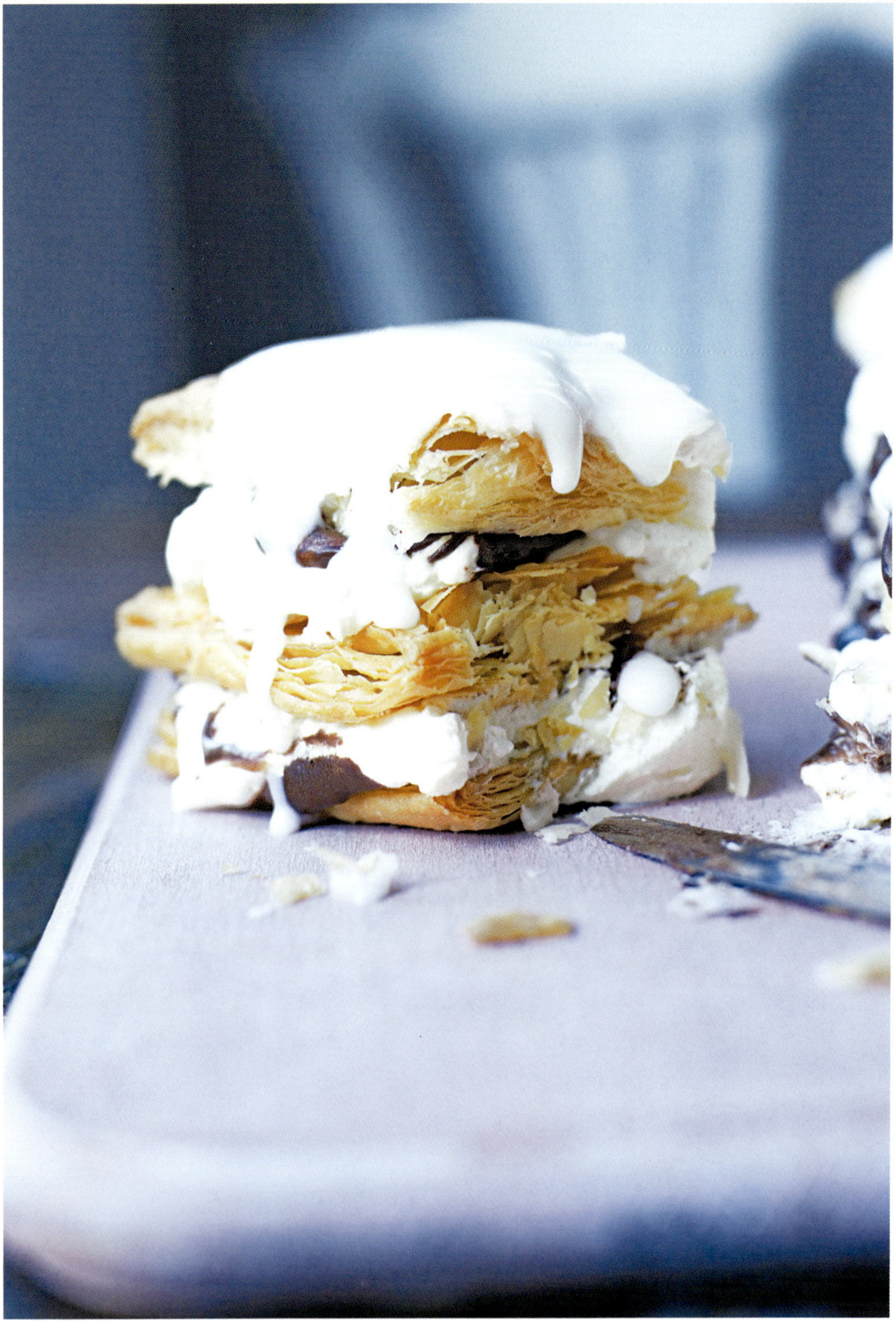

ミルフィーユ

4-6人分

バターをおりこんだパフ・ペイストリー	225g
放し飼いのニワトリのとき卵	1個分
砕いた（カカオ70％の）ダーク・チョコレート	100g
熱湯	大さじ3
バニラのさや	1本（縦半分に割っておきます）
ホイッピング・クリーム	200ml
粉砂糖	大さじ2
レモン果汁	お好みで

すでにご存知のことと思いますが、ミルフィーユという名前は、パフ・ペイストリーでつくる1000枚の紙あるいは葉を意味しています。とはいえ今日では、バターをおりこんでつくった市販のパフ・ペイストリーが簡単に手に入りますから、もはやこのお菓子をつくらない言い訳は存在しないわけです。口といわず顔じゅうに、クリームとチョコレートとペイストリー片をたっぷりつけて、気どらずに思う存分召し上がれ。

オーブンを180℃〈ガスマーク4〉に温めておきます。

軽く打ち粉をした台の上にペイストリーをおき、厚さ3mmの長方形にのばしていき、ついでその長方形を3等分して、小さな長方形をつくります。必要に応じて形を整えてください。それを、テフロン加工を施した天板に並べ、とき卵を塗ります。

生地が充分にふくらんでキツネ色になるまで、15-20分焼きます。焼きあがったらオーブンからだしてワイヤー・ラックにうつし、冷ましておいてください。

チョコレートをとかします。電子レンジを使うか、湯煎にかけます。湯煎の場合は、ボウルにお湯を入れないよう気をつけてください。とけたら、レンジなりお湯からだし、熱湯を加えてかき混ぜ、しっかりと乳化させます。

バニラ・ビーンズをクリームにこそげ入れてから泡立てて、フワッとしたクリームをたっぷりつくります。

アイシングの準備をしましょう。粉砂糖にたっぷりのレモン果汁と熱湯を混ぜあわせ、適度に酸味のきいた、トロッとしたたるペースト状にします（焼きあげたペイストリーはとてももろく、すぐに割れてしまうことをお忘れなく）。

冷ましておいたペイストリーを見てください。3枚が同じ大きさの長方形になっているか確認し、必要な場合には形を整えます。その後、1枚のペイストリーの上にアイシングをかけます。

2枚目のペイストリーにバニラ・クリームの半量を塗り広げ、ついでチョコレート・ソースの半量をたらしていきましょう。チョコレート・ソースをバニラ・クリームの中に埋めこむつもりで、ナイフの先端を利用し、慎重に押しつけていきます。3枚目のペイストリーにも同様の作業をおこなったら、そのペイストリーを2枚目のペイストリーにかさねます。

最後にアイシングをかけたペイストリーをのせてから、供しましょう。

アドバイス

- これを切りわけるのはおそろしく大変ですから、ペイストリーを焼きあげたあとで、それぞれのシートをあらかじめ1人分の大きさに切りわけておき、その後、上記の手順でつくっていく方がいいかもしれません。

デリアの
チョコレート・
リコッタ・
チーズケーキ

8-10人分

ベース用

湯むきしていない
　アーモンド........................2oz/50g

プレーン・チョコレートの
　オートミール・ビスケット
　..6oz/175g

グレープ・ナッツ・シリアル
　..1oz/25g

とかしたバター................2oz/50g

チーズケーキ用

細かく砕いた（カカオ70-75%の）
　ダーク・チョコレート
　..5oz/150g

室温にもどしたリコッタ・チーズ
　......................................12oz/350g

室温にもどした低脂肪生クリーム
　....................................7floz/200ml

放し飼いのニワトリの卵
　Lサイズ..................................2個
　（卵黄と卵白にわけておきます）

天然ミネラルを含んだ
　上白糖............................2oz/50g

板ゼラチン................................3枚

牛乳..................................大さじ2

装飾用

細かく砕いた（カカオ70-75%の）
　ダーク・チョコレート
　.....................................4oz/110g

ココア・パウダー...................少量
　　　　　　　　　　（しあげ用）

8inch/20cmのスプリングフォーム型も必要です。側面および底面に、落花生油か香りのない油を軽く塗っておいてください。

このレシピは、デリア・スミスにご快諾をいただいたうえで、『The Delia Collection : Chocolate』（©デリア・スミス、2003年BBC Books刊）を再現したものです。

「このチーズケーキは、『これでもか』というほどチョコレートが前面にでてはおらず、むしろほのかに感じる程度です。独特の味わいをもたらしているのは、リコッタ・チーズの食感とわずかな酸味であり、それがプレーン・チョコレートと巧みに混ざりあうことで、高級感あふれるチーズケーキができあがるのです」

オーブンを200℃〈ガスマーク6〉に温めておきます。まず最初に、アーモンドを小さめのクッキング・シートに広げ、タイマーを使って、オーブンで7分焼きます。焼きあがったら、細かく刻んでください。次にビスケットをビニール袋に入れ、めん棒を使って細かくしていきます。できあがったら、それをミキシング・ボウルにあけ、刻んだアーモンドとグレープ・ナッツ・シリアルを加えます。とかしたバターも入れて中身をすべてまとめあげたら、それを型の底面に敷き詰め、オーブンに入れて10分焼いてください。焼きあがったらオーブンからだして冷ましておきます。

そのあいだにチョコレート5oz／150gを湯煎にかけましょう。ボウルにお湯を入れないよう気をつけてください。とけたらお湯からはずし、しっかりと冷ましておきます。次に、リコッタ・チーズ、生クリーム、卵黄、砂糖を大きなミキシング・ボウルに入れ、全体がなめらかになってよくなじむまで混ぜあわせます。今度はゼラチンを、小さなボウルに入れた冷水に5分ほど浸しておき、そのあいだに小さな深鍋に牛乳を入れて火にかけ、煮立たせたところで火からおろしましょう。ゼラチンをしぼって余分な水気を切ったら、牛乳に加え、混ぜとかします。その後、冷ましておいたチョコレートとともにリコッタ・チーズを混ぜあわせたものの中に加え、しっかりと混ぜあわせて全体をなじませます。ついでべつのボウルに卵白を入れ、きれいなミキサーで、フワッとした角が立つまで泡立ててください。できあがったら、まずは大さじ1杯分のメレンゲをチーズケーキの生地に加えて生地をゆるめ、その後、メレンゲをつぶさないよう気をつけながら、残りもすべて混ぜ入れます。その生地を、先ほどつくっておい

たベースに流し入れたら、ラップをして冷蔵庫で少なくとも4時間は冷やします（1晩でもかまいません——長ければ長いほどいいでしょう）。

チョコレート・カールをつくります。前述した方法でチョコレートをとかしたら、プレートに流し入れ、厚さ5㎜ほどになるよう、均等にのばします。その後プレートを冷蔵庫に入れ、45分間冷やし固めてください（表面を押してもへこまなくなるまで固めます。ただし、岩かと思うほど固くしすぎないようくれぐれも気をつけてください）。左右両側にもち手のついている太刃のナイフか、チーズ用のスライス・ナイフを使い、刃を軽く押しつけるようにしながら、チョコレートをこそげとっていきます。刃を手前に引いてくれば、くるりとカールしたチョコレートができあがります（チョコレートが固すぎると、カールができずに割れてしまったりしますから、その場合は5分ほど室温においておき、その後もう1度やってみてください）。

できあがったチョコレート・カールは密閉容器に保存し、使うまで冷蔵庫にしまっておきます。トッピング用のカールをつくるには、充分すぎるほどの分量かもしれませんが、とかし固めたチョコレートが薄ければ薄いほどきれいなカールをつくるのは難しくなりますから、たくさん用意しておいた方がいいですし、あまったチョコレートは、再度とかしてべつのレシピに使ってもいいでしょう（もちろん、そのまま食べてしまっても！）。

チーズケーキを型からはずします。まず、パレット・ナイフを型の縁とケーキのあいだに入れてぐるりと走らせ、ついでバックルをはずして側面をとりはずします。その後、慎重に底面からはずし、サービング・プレートにうつしてください。チョコレート・カールをトッピングし、ココア・パウダーを少量ふるいかけたらできあがりです。

注　意
● このレシピでは、卵には加熱していません。

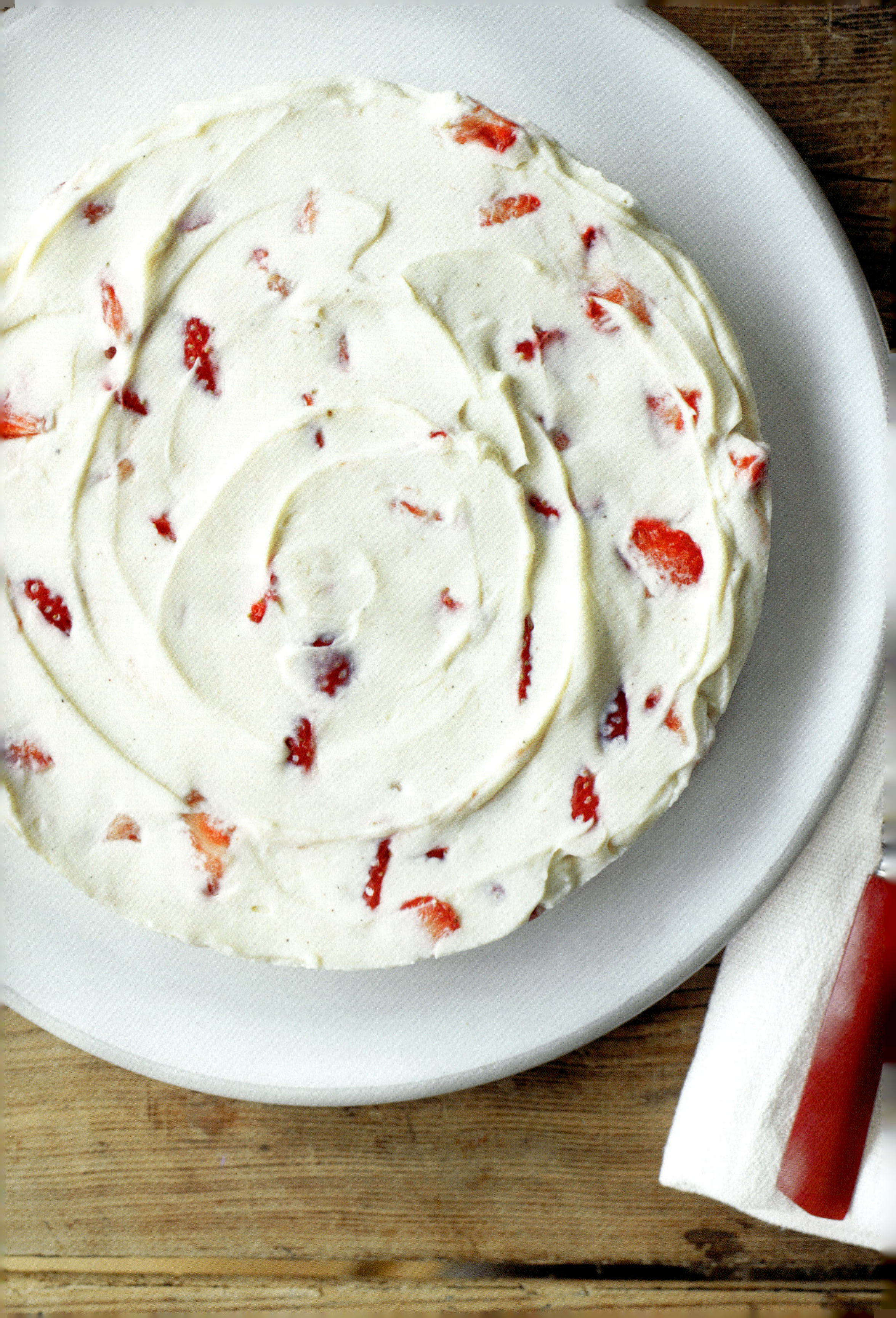

イチゴとホワイト・チョコレートのチーズケーキ

6人分

- ショートブレッド・ビスケット……175g
- やわらかくした無塩バター……50g
- ホワイト・チョコレート……250g
- 高脂肪または普通脂肪の
  クリーム・チーズ……300g
- フロマージュ・フレ(生チーズ)か
  生クリーム……200g
- 粗く刻んだイチゴ……225g

ホワイト・チョコレートとイチゴは、昔からある夏ならではの組みあわせです。このレシピは、弊社チームの母親的存在の1人であるハンネ・キニバーグが提供してくれてからというもの、チーム内で根強い人気を誇っています。一段と香りを際立たせたいのなら、レモン風味のショートブレッド・ビスケットを使ってみてください。フロマージュ・フレよりも生クリームを使った方がトッピングはゆるくなりますが、味は最高です。

ショートブレッド・ビスケットをビニール袋に入れ、口を軽く閉じるか密閉してからめん棒でたたき、パン粉状にします。

砕いたビスケットとやわらかくしたバターを混ぜあわせ、テフロン加工を施した直径20㎝のスプリングフォーム型の底にしっかりと押しつけるようにしながら敷き詰めていきます。できあがったら、使うときまで冷蔵庫で冷やしておきましょう。

ホワイト・チョコレートを湯煎にかけます。ボウルにお湯を入れないよう気をつけてください。とけたらお湯からはずして冷ましておきます。

クリーム・チーズとフロマージュ・フレを混ぜあわせ、トロッとしたなめらかな状態にします。そこにイチゴととかして冷ましておいたチョコレートを加えて混ぜてください。

できあがったトッピングを、スプーンですくいながらビスケットのベースの上にのせていきます。表面をきれいにならしてから、冷蔵庫で4-6時間か1晩冷やしてください。それから供しましょう。

チョクタスティック・チーズケーキ

12人分

ベース用

チョコレート・ダイジェスティブ・
　ビスケット 275g
とかした無塩バター 100g

トッピング用

高脂肪クリーム・チーズ 250g
放し飼いのニワトリの卵
　Lサイズ 1個
　　＋Lサイズの卵黄　1個分
バニラ・エッセンス 2滴
ダブル・クリーム .... 90㎖
グラニュー糖 60g
ベーキング・パウダー入りの
　小麦粉 15g
良質のココア・パウダー 15g
（カカオ70％の）
　ダーク・チョコレート 100g

装飾用

板のままの（カカオ70％の）
　ダーク・チョコレート 50g
良質のココア・パウダー 5g

ほっぺたが落ちそうなこのチーズケーキのレシピを提供してくださったのはThe English Cheesecake Companyです。人気があるのも当然でしょう。

まずはベースを用意します。チョコレート・ダイジェスティブ・ビスケットをパン粉状にしましょう。ミキサーにかけるか、丈夫なビニール袋に入れて軽く口を閉じ、めん棒でたたいてください。それをとかしたバターと混ぜあわせ、軽くまとめます。その後、油を塗った直径20㎝のケーキ型に、押しつけるようにして敷き詰めていきます。スプーンの背を使えば、固く均等に敷き詰められるでしょう。できあがったら冷蔵庫に入れておき、そのあいだにトッピングをつくります。

オーブンを120℃〈ガスマーク½〉に温めておきます。

クリーム・チーズと卵をミキサーにかけて、なめらかにしてください。そこにバニラ・エッセンスとクリームを加え、再度ミキサーにかけてなめらかにします。砂糖、小麦粉、ココア・パウダーをふるいあわせたら、それをゆっくりと、クリームを混ぜあわせたものの中に加えていきます。

チョコレートを適当な大きさに砕いて、ビスケットのベースの上に散らしていきましょう。その上から、前述したチョコレート・クリームの生地を流し入れ、1時間焼きます。焼きあがったら、型に入れたまま完全に冷ましてください。

そのあいだにチョコレートを削っておきましょう。よく研いだナイフの刃を大きく使って、板チョコレートを削っていきます。それをケーキにきれいに散らします。ココア・パウダーは、供する前に少量ふりかけてください。

チョコレート・パンナ・コッタ、洋ナシのバニラ風味のコンポート添え

パンナ・コッタ用

高脂肪牛乳（できれば
　ジャージー牛乳）..............500㎖

天然ミネラルを含んだ
　上白糖.................................50g

寒天パウダー.....................大さじ½
　（または寒天フレーク
　　　　　　　　大さじ½）

バニラ・エッセンス...............小さじ1
　（お好みで）

砕いた（カカオ85%の）
　ダーク・チョコレート............150g

洋ナシ用

水 ....600㎖

きめの細かい上白糖..................50g

バニラのさや...........................1本
　（半分に割って種を
　　こそげとっておきます）

固さの残る熟した洋ナシ............2個

供するときに使うクリーム
　（お好みで）

4人分

ナオミ・ニルは、食にかんすることを綴ったブログ"The Ginger Gourmand"の作者で、パンナ・コッタが大好きなのですが、めったに口にできません。というのも通常パンナ・コッタには、動物性タンパク質のゼラチンを使用しているため、ベジタリアン（や、彼女のように肉類をとらない人）向きではないからです。そこで彼女が考えだしたのが、ベジタリアンでも食べられる硬化剤――寒天を使ったこのレシピです。バニラ風味の洋ナシが、パンナ・コッタに使用している濃厚なチョコレートと相まって、すばらしいプディングが生まれました。しかもこのデザート、手ばやく簡単につくれるのです。

牛乳と砂糖を深鍋に入れて弱火にかけ、牛乳がこげないようしっかりとかき混ぜながら、ゆっくりと煮立たせていきます。煮立ってきたらさらに火を弱め、寒天を加えます。3-4分、ひたすらかき混ぜつづけ、寒天を完全にとかしましょう（寒天が入っていた箱などに書かれているとかし方も参照してください）。寒天がとけたら鍋を火からおろし、バニラ・エッセンスとダーク・チョコレートを加え、チョコレートがとけて、全体がよくなじむまで、再度かき混ぜます。

できあがったチョコレートの混合液を、目の細かいこし器を使ってこしてから、ラムカン4つに均等にそそぎ入れます。その後、ラップで覆って冷ましておいてください。冷めたら今度は冷蔵庫にうつし、最低でも4時間から1晩、冷やします。

- 洋ナシのコンポートをつくりましょう。水、砂糖、半分に割ったバニラのさやとこそげとった種を鍋に入れて煮立たせたら、その後5分間、コトコトと煮ます。そのあいだにナシの皮をむいて半分に割り、芯をすべてとりのぞいておきます。それを煮立った鍋の中に入れ、ナシにしっかりと火がとおるまで、5-10分静かに煮ていきましょう。ただし、ナシがやわらかくなりすぎないよう気をつけてください。煮えたら、穴のあいたスプーンでナシをとりだし、冷ましておきます（パンナ・コッタといっしょにナシのコンポートも前もって用意しておいても大丈夫です。その場合は、密閉容器に入れて冷蔵庫で24時間冷やしておきましょう）。

パンナ・コッタをとりだします。ラムカンをそれぞれ、軽く煮立っているお湯に数秒ずつ浸けていきます。その後、ラムカンの上にお皿をかぶせ、ラムカンとお皿両方をしっかりともってさっとひっくり返し、お皿の上にパンナ・コッタをだしてください。ナシを2等分し、1切れずつパンナ・コッタといっしょにお皿に添えていきます。

パンナ・コッタと洋ナシだけでも、あるいはお好みで濃厚なクリームを少し添えて供してもいいでしょう。

アドバイス

- このデザートは前もってつくっておいても大丈夫ですから、ストレスなく、ただひたすらおいしくいただくのにぴったりです！

グリーン・アンド・ブラックスの究極のチョコレート・フォンデュ

12人分

チョコレート・フォンデュに必要なものは基本的に2点。熱々の濃厚なチョコレート・ベースのソースと、そのソースにからめて食べる、ソースにあったさまざまな食材です。

ソース

本当のチョコレート・フォンデュをつくるためにまず考えるべきはソースです。レシピ本やインターネットでも、チョコレート・フォンデュのレシピは数多く目にしますが、そのどれもが、チョコレート以外の材料をかなりたくさん使用しているような気がします。たとえば砂糖、水あめ、コーン・シロップ、ココア・パウダー、バター、クリーム、エバ・ミルクなどです。

そういった材料をすべて、研究という名目で試してみました。実際に食べてみれば、これらをわざわざ使う理由がわかるかもしれないと思ったからです。わたしがつくったのは3種類のベースです。まずは、砂糖と水でつくる基本的なシュガー・シロップ、ついで水、砂糖、水あめ、ココア・パウダーを使った一段と複雑なもの、そして最後が、クリームとバターとエバ・ミルクを入れる、というものでした。ちなみに、この実験に使った弊社のチョコレートは、カカオ70%のダーク、ミルク、マヤゴールド、アーモンド、ジンジャー、ミントの6種類です。

いずれのチョコレートと組みあわせた場合でも、基本的なシュガー・シロップは甘くなりすぎ、ココア・パウダー入りのものはどれも味が同じになってしまい、それぞれのチョコレートの良さが完全に失われてしまいました。残る1つも、クリームやバター、エバ・ミルクの方がチョコレートよりも前面にでてきてしまっていたのです。わたしや前任者がこれまでに膨大な時間を費やしてやっときわめた、それぞれのチョコレートならではの絶妙なバランス——甘さと、チョコレートやカカオの強さがかもしだす最高のバランスを変えてしまうような材料を、どうしてわざわざ使う必要があるのでしょう？

そこで、カカオ70%のダークは、カカオマスの含有量が高いためにもたらされる自然な酸味を緩和するのに多少のクリームが必要ですから、これは例外としますが、それ以外のチョコレートはすべて、少量の水だけでソースをつくっていきます。いささか変に思われるかもしれませんが、おいしいソースができますから大丈夫です。

レシピ

いずれのレシピもチョコレート100gで、2-3人分になります。それを参考に、レシピの分量は人数に応じて増やしてください。どのチョコレートも基本的なつくり方は同じで、ごく普通に湯煎にかけるか電子レンジで加熱すれば大丈夫です。ただし、絶対に気をつけなければならないことが1点あります。チョコレートはこげやすいので、くれぐれも加熱しすぎないようにしてください。供する際は、フォンデュ・セットがあれば1番ですが、ない場合、ソースを入れるボウルをあらかじめ温めておけば、ほのかな温かさがつづきますし、必要な場合には、ときどき電子レンジに入れて10秒加熱すれば大丈夫です。あるいは、熱湯を入れたボウルにソースのボウルを浮かべておけば、冷める心配もありません。ただし、フォンデュのソースは温かいか熱々の状態がベストです。決して加熱しすぎてこがしたりしないようにしましょう。ソースが熱すぎると、チョコレートがだめになってしまうばかりでなく、あなたの口もやけどしてしまいかねませんから。

砕いたグリーン・アンド・
ブラックスのカカオ70%の
ダーク・チョコレート 100g

ダブル・クリーム 120ml

水 25ml

砕いたグリーン・アンド・
ブラックスのチョコレート：
ミルク、マヤゴールド、ミント、
ジンジャー、アーモンドの
いずれか 100g

水 40ml

カカオ70%のダーク

一般的なつくり方
深鍋に、砕いたチョコレートとクリーム、水を入れます。ごく弱火にかけ、小さな泡立て器でかき混ぜて乳化させます。できあがったソースがドロッとしすぎていたら、少量の水を加えて再度かき混ぜ、乳化させてください。

電子レンジ
砕いたチョコレートを、クリーム、水といっしょに耐熱性のボウルに入れます。それを10-20秒レンジで加熱してはとりだしてかき混ぜる、という作業を繰り返してください。チョコレートが温かくなり、しっかりと乳化すればできあがりです。

ミルク、マヤゴールド、ミント
カカオ70%のダークと同じようにつくりますが、チョコレートをのばす際に使用するのは水だけです。

ジンジャー、アーモンド
砕いたチョコレートを、フード・プロセッサーにかけ、細かいパン粉状にしてください（フード・プロセッサーにかけるのは、アーモンドなりジンジャーなりを細かくすることでソースによくなじみ、それだけが沈殿してしまうことがないからです。また、食感も均一になります）。その後はカカオ70%のダークと同じようにつくってください。

さらなる味わいを楽しむためのアドバイス
● 基本のソースを味わったら、そこに少しプラスして、あなたならではのフォンデュを楽しんでみましょう。以下に、弊社のチョコレートごとのおすすめを記しておきます。

ジンジャー
おろしたてのショウガや粗めのジンジャー・パウダー、レモンの皮、少量のハチミツを加えてみてください。さらなる辛みやすっきりした風味、あるいは甘さが楽しめるでしょう。

マヤゴールド
オレンジのしぼり汁やすりおろしたオレンジの皮、少量のグラン・マルニエ、ホワイト・キュラソー、コアントロー、少量のセビリア・オレンジ・マーマレードを加えてみましょう。いずれも、オレンジの香りが一段と際立つフォンデュになります。

アーモンド
アーモンドの香りがするリキュール、アマレットをプラスすれば、さらにパンチのきいたフォンデュができあがるでしょう。

ミント
このフォンデュで、正真正銘のフレッシュな香りを楽しむなら、フレッシュ・ミントの葉を加えるのが1番です。1つかみほどの葉をちぎってフォンデュに入れ、香りがしてきたら供しましょう。

ミントおよびカカオ70％のダーク

この2種類のフォンデュの風味を増す最もシンプルな方法は、海塩を1つまみ加えることです（ついでにいうなら、どのフォンデュもじつは同じなのですが）。また、スパイス——シナモン・スティック、さやのままのカルダモン、オールスパイスの実、ドライ・レッド・チェリー少量、バニラのさやからこそげとった種など——を入れるのもおすすめです。パウダー状のものを1つまみでも、丸のままを砕いて入れても、煮だしてもかまいません。それによって、フォンデュの風味ががらっと変わるでしょう。また、水のかわりにエスプレッソを1杯試してみてください。モカ・フォンデュが楽しめます。ピーナッツ・バターを少量加えれば、おなじみのあとを引く味になり、年齢を問わずどなたでもおいしくいただけるでしょう。

からめる食材

人の好みは千差万別。それをつねに念頭におき、お客さま全員が喜んでくださるよう、さまざまな食材を用意しなければなりません。切れるもの——フルーツやホットケーキ、パンなど——は、あらかじめ2.5cm角に切るか、スライスしておいてください。そうすれば、フォンデュ・フォークか木製の串、昔ながらのごくシンプルなフォークに刺して、きちんとソースに浸せます。プレッツェルやナッツ類、メレンゲなど切れないものは、直接手でつまんで浸しましょう。そうやっていただくと、また一段とおいしくなります。思うに、チョコレート・フォンデュ用の食材は、主として3種類、フルーツとスイーツと塩気のあるものです。

フルーツ

食材として使えるものをあげればきりがありませんが、一般的に人気があるのは次のようなものでしょう。イチゴ、バナナ（焼いたりキャラメリゼしたスライス・バナナも試してみてください、またちがった味が楽しめます）、ドライ・アプリコット、リンゴ、ブドウ、洋ナシ、モモ、パイナップル、チェリー、ラズベリー、ブラックベリー、それに砂糖漬けのフルーツ——オレンジ・ピール、レモン・ピール、グレープフルーツ・ピール、ショウガ（これは明らかにフルーツではありませんが、砂糖漬けにできるので、ここに入れました）——です。

スイーツ

手づくりでも、市販のものでも大丈夫です。どちらにするかは、プライドと時間と誠意のかねあいで決まるでしょう。これもまた、あげればきりがありません……ビスコッティ、クッキー、マフィン、ブラウニー、四角いペイストリー（バターをおりこんだパフ・ペイストリーを1箱購入し、のばして2.5cm角に切ってから焼いたものです）、アーモンド・マカロン、アマレッティ・ビスケット（小麦粉を使用していないビスケット）、フラップジャック、メレンゲ、ショートブレッド、マシュマロなど。ケーキもあります：ジンジャー、チョコレート、バニラ・スポンジ、それにエンゼル・フード・ケーキです。

塩気のあるもの

わたしはこれが1番好きかもしれません。プレッツェル、クリスプ、サワードゥ・ブレッド、ウォーター・ビスケット（薄くパリッとしたクラッカーのようなもの）、塩味のきいた四角いペイストリー、ソルト・ポップコーン、ゴルゴンゾーラ・ドルチェ（そう、青カビチーズです——捨ててしまう前に、ぜひ試してみてください）。それからもちろんナッツ類も。アーモンド、ヘーゼルナッツ、ブラジル・ナッツ、ウォルナッツ、ペカン、マカダミア、そしてピーナッツ（これは厳密にいえばナッツではありません——マメです——が、広く流通している分類にあわせておくのが1番でしょう）。

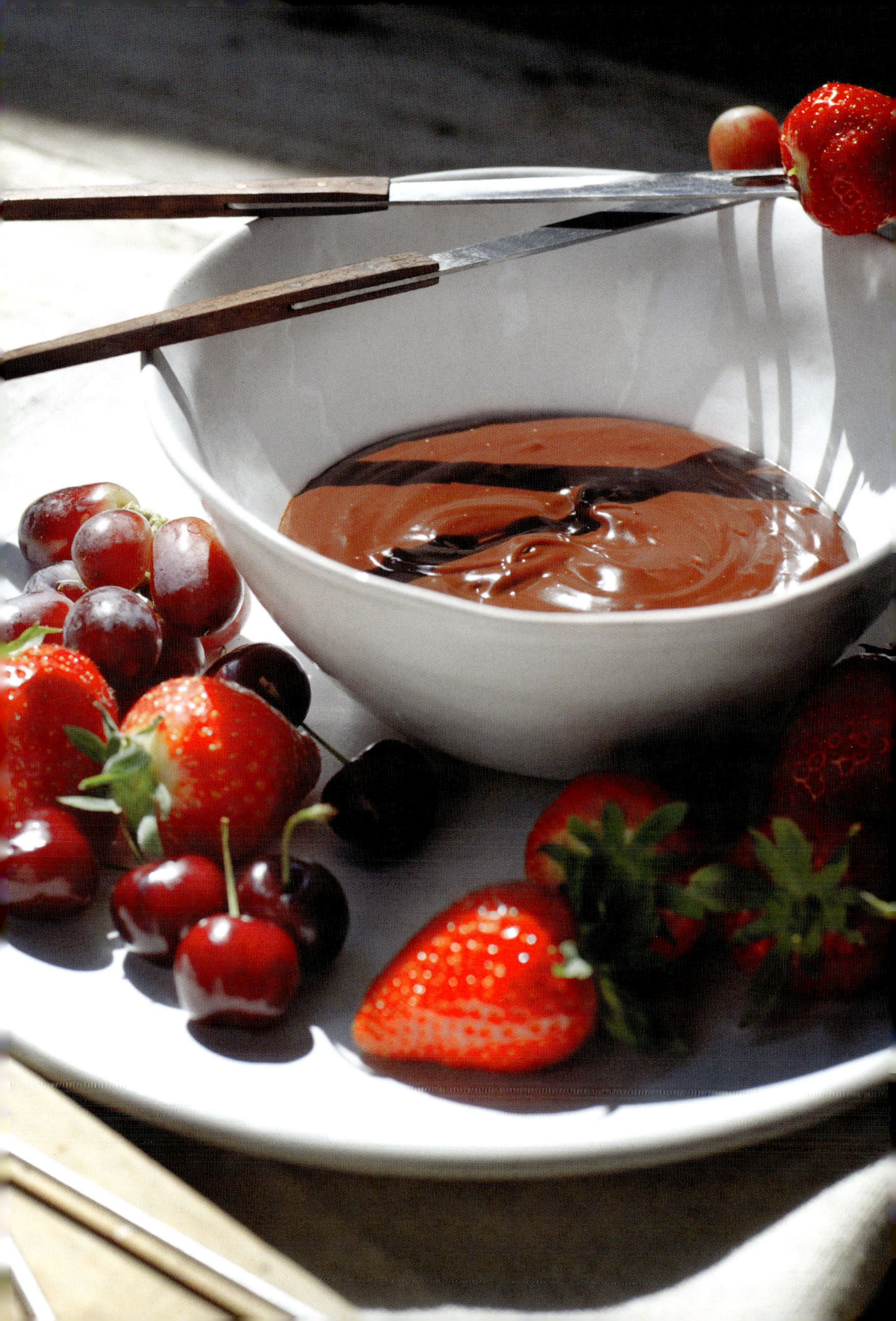

究極の
チョコレート・
スフレ

6人分

ペイストリー・クリーム用	
高脂肪牛乳	200㎖
放し飼いのニワトリの卵 L サイズ	1個
+卵黄	1個分
上白糖	10g
強力粉	10g
コーンフラワー	小さじ1

ラムカン用	
無塩バター	25g
良質のココア・パウダー	5g

スフレ用	
ペイストリー・クリーム	150g
砕いた(カカオ70%の)ダーク・チョコレート	240g
放し飼いのニワトリの卵 L サイズの卵黄	4個分
放し飼いのニワトリの卵 L サイズの卵白	8個分
上白糖	80g
クリーム・オブ・タータ(酒石英)	1つまみ

まだレシピ本のアイデアを思いつくずっと以前のことです。弊社のチームが、ロンドン南部のクラパムにある、アダム・バイアットがヘッド・シェフを務めるレストラン、トリニティを訪れました。その際チームの1人がこっそりとアダムに頼みました、自分たちのためになにか特別にデザートをつくってくれないかと。そしてつくってくれたのがこのスフレです。わたしたちは感激しきりでした——なんといっても、それぞれのスフレの上に粉砂糖で"G & B"と弊社のロゴを入れてくれていたのですから。その後、レシピ本出版が正式に決まると、わたしたちはアダムに直接電話を入れ、彼が快くレシピを提供してくれたことへのお礼を伝えました。わたしたちとしては、これはわたしたちのためだけにつくってくれたスフレだと思いたいところですが、すばらしくおいしかったので、アダムはすでに1、2度つくったことがあったのかもしれません!

まず、容量125㎖のラムカンを6つ用意します。小さな深鍋でバターをとかし、はけを使ってラムカンの内側に塗ります。

ココア・パウダーをすべて、1つのラムカンに入れてください。静かにラムカンをまわしながら、内側全体に均等にココア・パウダーをつけていきます。なおこの作業は、べつのラムカンの上でおこなってください。そうすれば、ココア・パウダーがこぼれても、下のラムカンで受けられますから。しっかりとついたら、べつのラムカンの上でラムカンをひっくり返し、余分なココア・パウダーを静かにはたき落とします。この作業を繰り返し、すべてのラムカンにココア・パウダーをつけたら、冷蔵庫に入れて冷やしておきます。

つづいてペイストリー・クリームをつくりましょう。牛乳を厚底の深鍋に入れ、ゆっくりと煮立たせていきます。そのあいだに全卵、卵黄、砂糖、小麦粉、コーンフラワーを混ぜあわせます。そこに熱した牛乳を少しずつ加えていき、全体がなめらかになるまでかき混ぜてください。それを再度深鍋にもどし、たえずかき混ぜながら、弱火で煮立たせていきます。煮立ったら、そこからさらに5-8分、全体がトロッとなめらかになるまで混ぜつづけてください。その後火からおろし、目の細かいざるでこしてボウルに入れ、膜が張らないようラップで覆って冷ましておきます。

オーブンを200℃〈ガスマーク6〉に温めておきます。

スフレをつくりましょう。チョコレートを湯煎にかけます。ボウルにお湯を入れないよう気をつけてください。とけたら冷ましておきます。

べつのボウルに卵黄を入れ、全体が軽くフワッとするまで混ぜます。そこに冷ましたペイストリー・クリームを加え、とかしたチョコレートを流し入れたら、プラスチックのへらを使って、全体がなめらかになり、つやがでてくるまで混ぜあわせてください。できあがったら、室温においておきます。

きれいなボウルに卵白と砂糖の⅓量、さらにクリーム・オブ・タータを入れ、電動ミキサーで5分間泡立てます。

その後残りの砂糖も加え、しっかりと角が立つまで泡立ててください。

メレンゲの1/3量をチョコレートの混合液に加えたら、しっかりと混ぜて全体をよくなじませます。ついで金属製のスプーンを使い、残ったメレンゲをつぶさないよう静かに加え、全体につやがでて、メレンゲの塊がなくなるまで混ぜあわせてください。

それを静かに、ラムカンのふちギリギリまで入れていきます。入れ終わったら、親指をそれぞれの縁にそって走らせ、余計なバターや生地をきれいにとってください（こうすることによって、スフレも均等にふくらみます）。

ラムカンをオーブンに入れ、16-18分焼きます。やがてスフレが少しずつ、ラムカンのふちから2cmほどの高さまで均等にふくれてくるでしょう。このあいだは絶対にオーブンをあけないでください。

スフレが焼けたら（中央はまだフワフワです）、すぐに供しましょう。

アドバイス
- メレンゲを加える際に金属製のスプーンを使えば、全体を混ぜあわせるときに、せっかく含ませた空気をつぶしすぎることもありません。
- スフレに添えるものといったらアイスクリームでしょう。小ぶりのスプーンですくったアイスクリームを、スプーンごと冷凍庫に入れておき、スフレが焼きあがったらすぐ、冷蔵庫からだしてラムカンの上にのせていきます。熱々スフレとよく冷えたアイスクリームのコントラストは最高です。このやり方でアイスクリームを添えてみようと思ったら、アイスクリームは最後の最後、供する直前にのせるか、べつべつにおだしして お客さまに自分でのせてもらいましょう。
- 以下に、チョコレート・スフレにぴったりのアイスクリームのフレーバーをあげておきますので、ぜひ試してみてください。マーマレード、コーヒー、プルーン、アルマニャック、あるいは、昔ながらのおいしいバニラでもいいでしょう。

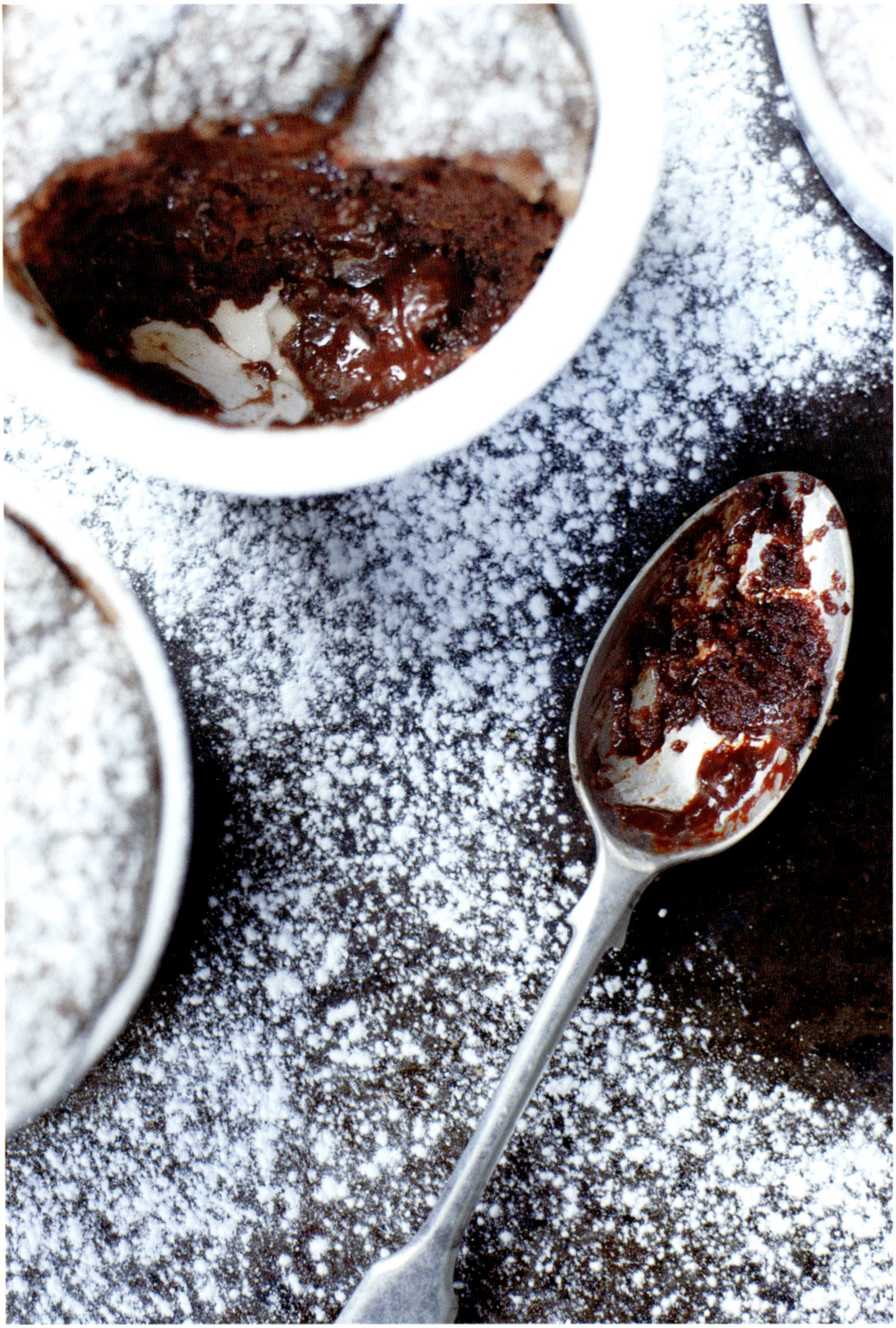

ミント・チョコレート・ボム

6人分

ミント・チョコレート 180g
放し飼いのニワトリの卵
　Lサイズ 3個
　　＋卵黄　3個分
グラニュー糖 100g
やわらかくした
　無塩バター 180g
　　＋塗布用に少々
ベーキング・パウダーの
　入っていない小麦粉 50g
粉砂糖 .... 装飾用
供するときに添える生クリーム
容量150mlのラムカン
　6個も用意してください。

ロンドン北部のイズリントンにあるレストラン、トゥルッロのためにこのレシピを考案したのは、オーナーのジョーダンとそのビジネス・パートナーであるティムです。ジョーダンの母親ルルは、数えきれないほどこのデザートをつくっていて、こよなく愛しているので、息子のジョーからこのレシピを提供したいときかされたとき、これを加えればすばらしい本になるだろうと思ったそうです。

オーブンを180℃〈ガスマーク4〉に温めておきます。

チョコレートを湯煎にかけます。ボウルにお湯を入れないよう気をつけてください。とけたら、お湯からはずして冷ましておきます。

全卵、卵黄、砂糖を、全体が白っぽく、ムース状になるまで混ぜあわせます。やわらかくしたバターも加えてさらに混ぜ、全体をよくなじませてください。それをとかして冷ましたチョコレートとあわせて混ぜます。その後小麦粉を加えてください。

ラムカンの内側にまんべんなくバターを塗り、前述した生地がくっつかないよう、丸いクッキング・シートを敷きこみます。それぞれのラムカンに（高さ¾程度まで）生地を均等に入れたら、15分焼きます。

粉砂糖をふりかけ、生クリームを添えて供しましょう。

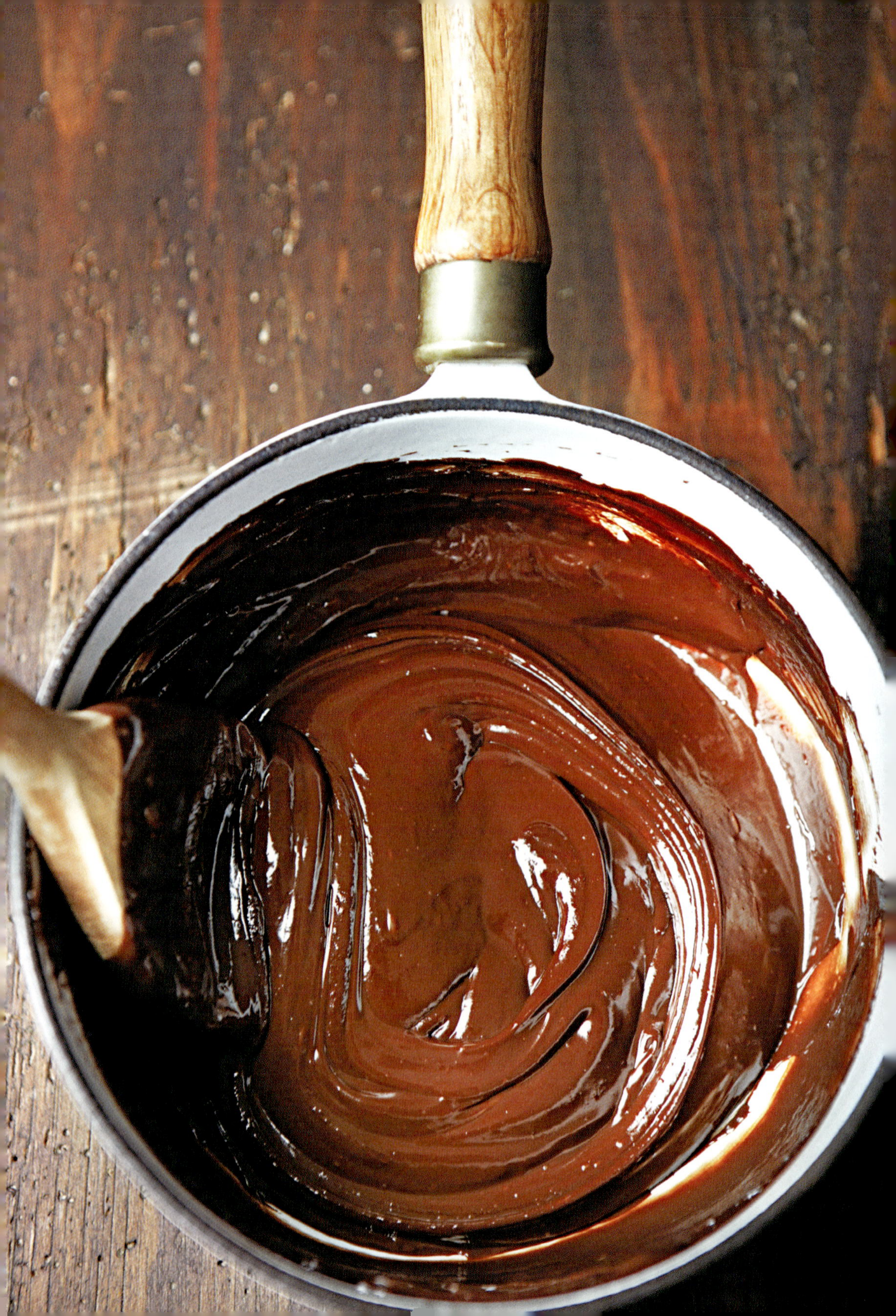

ICE CREAMS AND MORE
アイスクリームなど

サリー・クラークのビター・チョコレートとバターミルクのアイスクリーム 160
ホワイト・チョコレートとレモン・チーズケーキのアイスクリーム 162
ダーク・チョコレートとカルダモンのアイスクリーム 164
ミルク・チョコレートとラム・レーズンのセミフレッド 166
ベイクド・アラスカ 167
究極のチョコレート・ソース 168
チョコレート・アイス・ミルフィーユ 170
チョコレート・パルフェ 172

サリー・クラークのビター・チョコレートとバターミルクのアイスクリーム

4-5人分

放し飼いのニワトリの卵 Lサイズの卵黄	3個分
上白糖	115g
牛乳	190ml
ダブル・クリーム	190ml
すりおろした(カカオ70％の)ダーク・チョコレート	50g
すりおろした(カカオ85％の)ダーク・チョコレート	100g
バターミルク	140ml

今でも覚えていますが、90年代初頭、まだわたしがケンジントンのオッドビンズで仕事をしていたころ、サリー・クラークの店にいったことがあります。そこは当時、本物のパンが買える希少な店の1軒でした。

そんなサリーのこのレシピで使用しているのがバターミルクです。バターミルクはもともと、クリームからバターをつくった後に残ったもので、非常にカロリーが低いものの、乳酸という形で、かなりの酸味があります。けれどその酸味が、ここではダーク・チョコレートとよくあって、わたしのように、甘すぎる「甘いもの」が苦手なタイプでも食べられる、おいしいアイスクリームがつくれるのです。

サリーいわく、焼きたてのラング・ド・シャやバニラ・ショートブレッドのようなプレーン・ビスケットと供するのがおすすめだそうです。

卵黄と半量の砂糖を中くらいのボウルに入れ、色が白っぽくなって、全体が軽くフワッとするまで混ぜます。牛乳とクリームと残りの砂糖を、煮立たせないように気をつけながら温めます。それを、前述した卵黄の中に流し入れ、よく混ぜあわせてください。その後すぐに鍋にもどし、中火にかけて、全体をトロッとさせます。決して煮立たせないでください。

そこにすりおろしたチョコレートを加え、全体がなめらかになるまでかき混ぜます。さらにバターミルクも加え、しっかりと混ぜあわせましょう。

できあがったら、こします。冷やしておいたボウルに入れて冷ましてください。冷えたら、アイスクリーム・メーカーに入れ、各メーカーの指示にしたがって撹拌します。完成したら、食べるときまで冷凍庫に保存しておきましょう。撹拌してから12時間後に供するのが1番ですが、冷凍庫に入れておけば最低でも1週間は保存可能です。

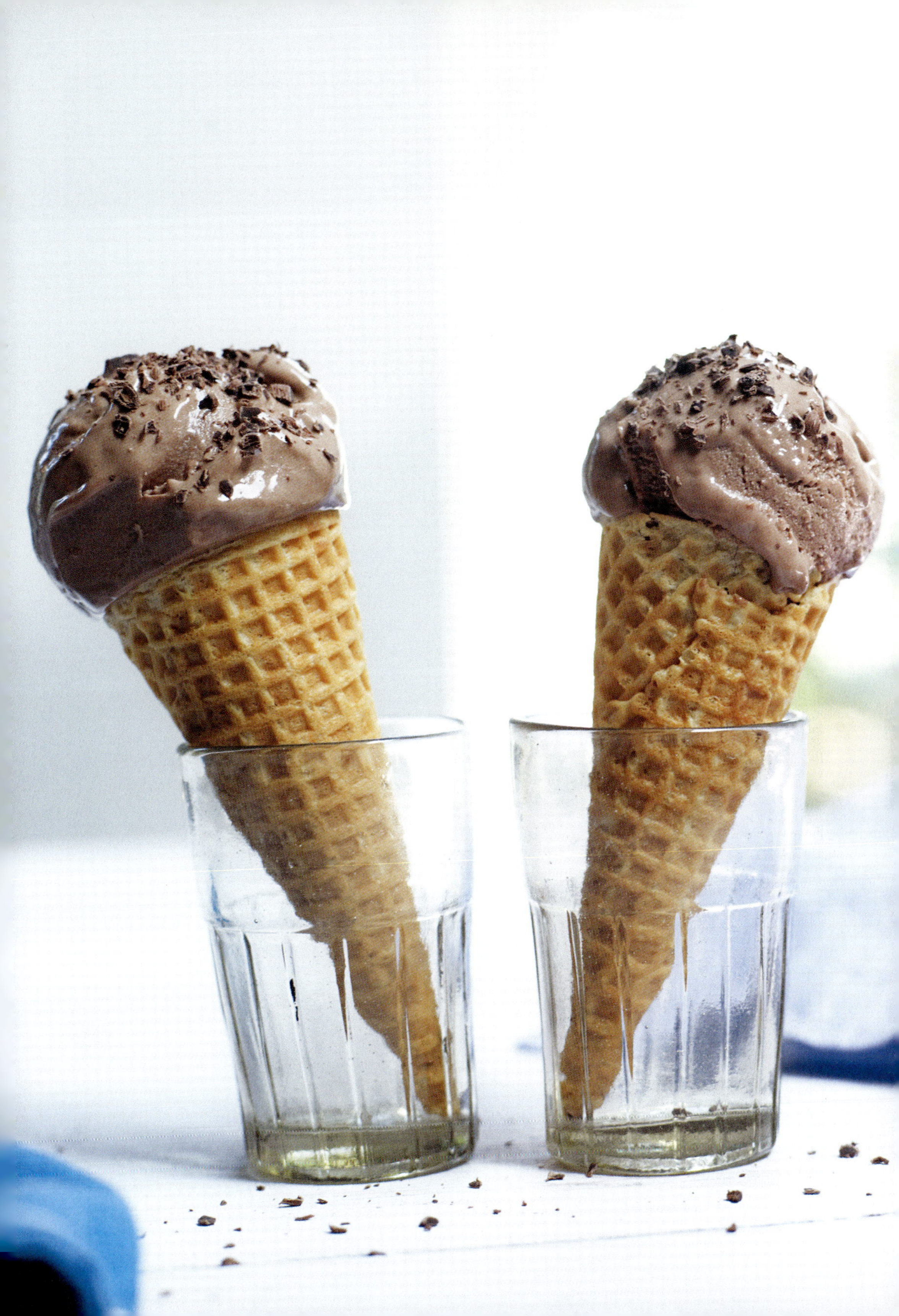

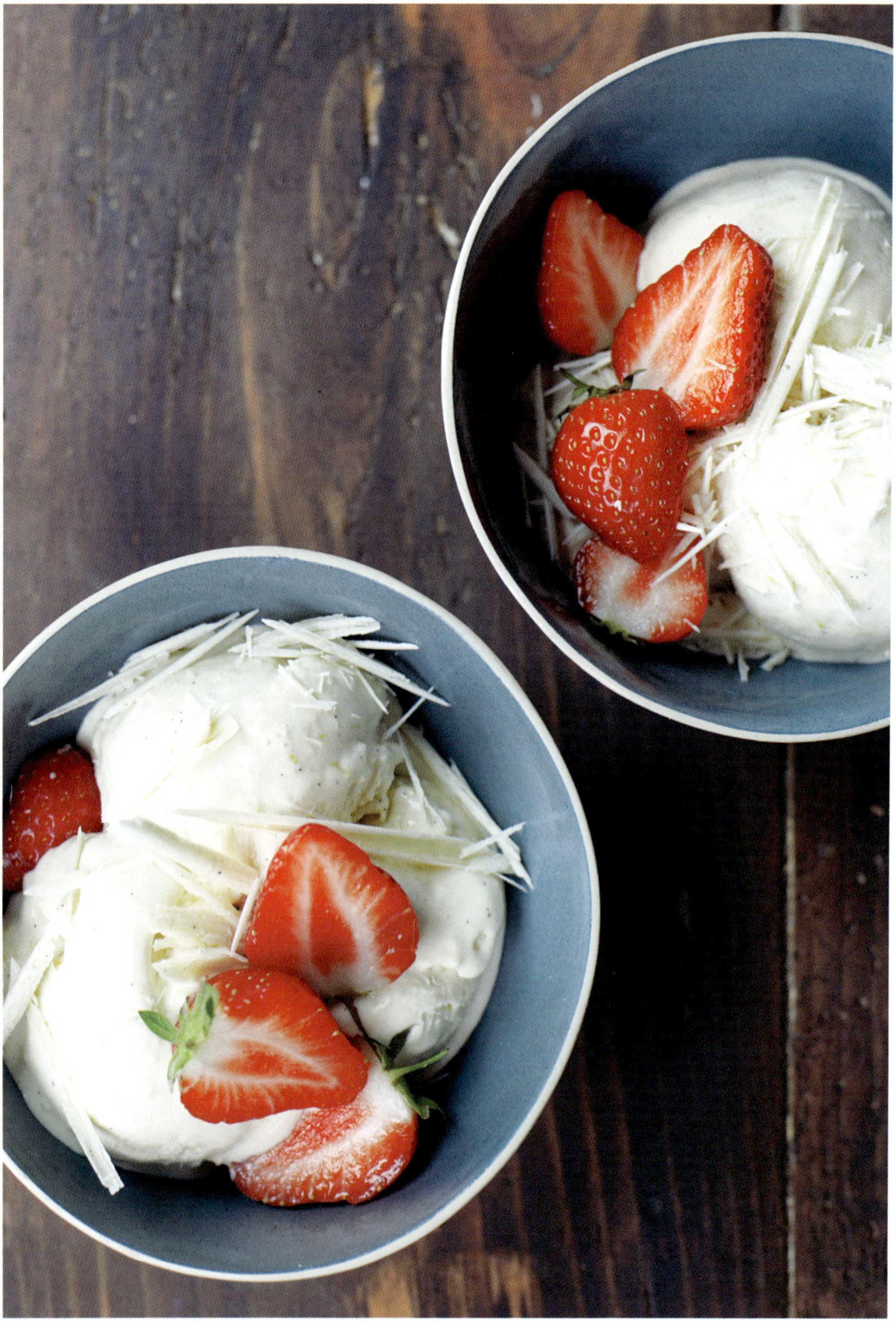

ホワイト・チョコレートとレモン・チーズケーキのアイスクリーム

10人分

上白糖	150g
放し飼いのニワトリの卵 Lサイズの卵黄	6個分
縦に割ったバニラのさや	1本分
高脂肪牛乳	150㎖
ホイッピング・クリーム	150㎖
良質のクリーム・チーズ	100g
細かくすりおろしたレモンの皮	大きいレモン1個分
すりおろしたホワイト・チョコレート	150g

供するとき
ホワイト・チョコレート（板のまま）
イチゴ

ホワイト・チョコレートのコクをいかしつつ、酸味と苦み——この場合はレモンの皮になります——を加えることで、甘さとのバランスをとっているという、これもまたすばらしいレシピです。もっとレモンをきかせたい場合には、皮を加えるとき、いっしょにレモンのしぼり汁も入れてみるといいでしょう。

卵黄と砂糖を中くらいのボウルに入れ、色が白っぽくなって、全体が軽くフワッとするまで混ぜます。

バニラのさやから種をこそげとり、牛乳、クリームとともに鍋に入れます。煮立つ直前で火を止め、前述した卵黄を混ぜたものに混ぜ入れてください。

それを鍋にもどして弱火にかけます。木製のスプーンを使い、全体がトロッとしてきて、スプーンを引きあげたとき、その背全面にしっかりとつくようになるまで、かき混ぜていきます。決して煮立たせないようにしてください。

できあがったら火からおろして冷ましておきます。その後、クリーム・チーズとレモンの皮を加えて混ぜ、冷蔵庫に入れて充分に冷やしてください。

冷えたらアイスクリーム・メーカーに入れ、各メーカーの指示にしたがって撹拌します。

ほぼ撹拌が終わったら、すりおろしたチョコレートを加えて再度撹拌します。できあがったらアイスクリーム・メーカーからだし、食べるときまで冷凍庫に入れて保存しておいてください。

供するときは、よく研いだナイフの刃全体を使って、板状のホワイト・チョコレートを削り、アイスクリームの上から散らしましょう。みずみずしい夏のイチゴといっしょに召し上がれ。

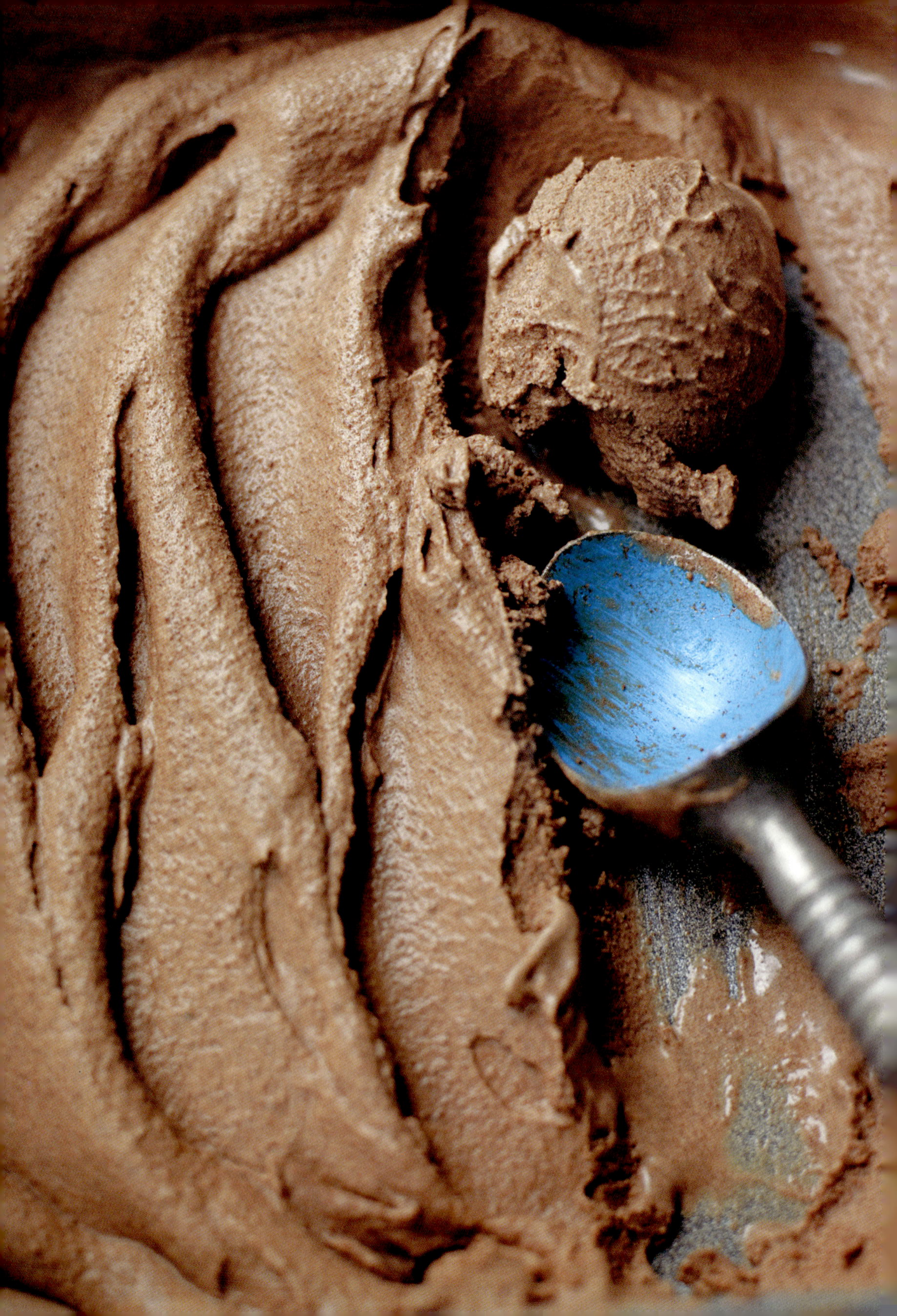

ダーク・チョコレートとカルダモンのアイスクリーム

6-8人分

（カカオ70%の）
　ダーク・チョコレート 135g
バニラのさや ½本分の種
カルダモンのさや 2本
高脂肪牛乳 .... 200㎖
上白糖 .... 65㎖
ダブル・クリーム 200g

香りの強いスパイスやハーブはいずれも、気をつけて、ひかえめに使わなければなりません。たとえチョコレートのように香りがとてもはっきりしている食材といっしょに使うときでもです。目的はあくまでもバランスをとるため、すべての食材の味や香りがきちんと引きだされ、どれ1つとして消されてしまうことのないようにするためなのですから。バーティネット・キッチンのリチャード・バーティネットによるこのレシピでは、チョコレートとカルダモンのアイスクリームがとびきりおいしくつくれますし、バニラの種（バニラ・ビーンズ）を加えることで、アイスクリームに深みが増し、複雑にして豊かな味が楽しめます。

チョコレートを湯煎にかけます。ボウルにお湯を入れないよう気をつけてください。

バニラのさやを縦に割り、ナイフの背を使って種をこそげとります。ついで、ナイフの刃の平らな面を使って、カルダモンのさやを押し割ります。

鍋に牛乳を入れ、煮立たつ直前まで温めたら、砂糖、バニラの種、押し割ったカルダモンを加えてください。砂糖がとけるまでよく混ぜます。

できあがったものをこしてカルダモンのさやをとりのぞいたら、とかしたチョコレートに流し入れて混ぜてください。さらにクリームを加えてしっかりと混ぜあわせてから、室温において冷まします。

冷めたらアイスクリーム・メーカーに入れ、各メーカーの指示にしたがって撹拌します。食べるときまで冷凍庫に入れておきましょう。

ミルク・チョコレートとラム・レーズンのセミフレッド

6-8人分

レーズン	75g
ライト・ラム	大さじ2
砕いたミルク・チョコレート	225g
放し飼いのニワトリの卵Lサイズ	2個
＋卵黄	2個分
上白糖	100g
バニラ・エッセンス	小さじ1
軽く泡立てたダブル・クリーム	350ml
細かく砕いた焼きメレンゲ	60g

レインズボロー・ホテルのヘッド・シェフを務めるポール・ゲイラーが提供してくれたこのレシピでつくるセミフレッドのとてもすばらしい点の1つは、焼きメレンゲが入っている、ということです。おかげで、軽い食感ながらサクッとした歯ごたえも楽しめるのですから。しかもこの味わいを楽しめるのは、手づくりのアイスクリームだけ（要するに、工場でつくられる長期保存可能なアイスでは難しい、ということです）。つくってから数日たつと、メレンゲがアイスクリームの水分を吸って甘ったるくなるうえ、ブヨッとしてしまって、せっかくのサクサク感も失われてしまうからです。さて、もう1つ、すばらしい点をあげておきましょう。ラムとレーズンという、昔ながらの組みあわせです。しかもここで使われているレーズンは、よく市場に大量にでまわっている、香料を使って香りづけされたものではなく、本物のラム酒をしみこませた本格的なもの。もちろんわたしは大好きです。

レーズンを小さなボウルに入れ、ラムを加えて1晩おき、味をしみこませます。

チョコレートを湯煎にかけます。ボウルにお湯を入れないよう気をつけてください。

とけたら冷ましておきます。

全卵、卵黄、砂糖を中くらいのボウルに入れ、色が白っぽくなり、全体に軽くフワッとなるまでかき混ぜます。

そこにとかしたチョコレートとバニラ・エッセンス、ラム酒に浸けたレーズンとラム酒を加え、よく混ぜます。その後、砕いたメレンゲと軽く泡立てたクリームを静かに加えてください。

容量900gのローフ型にラップを敷きこみます。側面のラップは、へりよりも5cm余分に用意しておいてください。

セミフレッドの生地を型に入れたら、作業台の上で型を軽くたたいて気泡を消します。その後ラップでぴっちりと包み、しっかりと凍るまでか1晩、冷凍庫に入れておきます。

凍ったセミフレッドは、お皿の上にひっくり返してだし、慎重にラップをとりのぞいて、厚めにスライスしてから供しましょう。

ベイクド・アラスカ

6-8人分

縦切りにしたアーモンド	50g
粉砂糖	15g
ラム酒	中さじ1
20cmのスポンジ・ケーキ	1個
ペドロ・ヒメネス（シェリー酒）	たっぷり
良質のチョコレート・アイスクリーム	500ml

メレンゲ用

上白糖	360g
水あめ	30g
水	80ml
放し飼いのニワトリの卵 Lサイズの卵白	6個分
バニラ・エッセンス	小さじ1

このレシピはぜひつくってみてください。おそらくあなたが思っている以上に簡単ですから。市販のスポンジ・ベース（少々手抜きではありますが、ブドウの香りたっぷりで、コクのあるシェリー酒、ペドロ・ヒメネスをしみこませますから大丈夫です）とチョコレート・アイスクリームを利用すればなおさらです。メレンゲも、砂糖の熱いシロップでつくるので、手間はかかりません。ガスバーナーで一気にこげ目をつければいいだけです。

まずはアーモンドのトッピングをつくります。オーブンを180℃〈ガスマーク4〉に温め、天板にはクッキング・シートを敷いておきます。アーモンドと粉砂糖、ラム酒をボウルの中で混ぜあわせてから、天板に均等に広げてください。オーブンで焼き、キツネ色になるまでキャラメライズします。だいたい6分くらいですが、できあがってきたら香りでわかるでしょう。完成したらオーブンからとりだして冷ましておきます。

大きなお皿にスポンジをおき（必要ならスポンジを切ってください）、大さじ数杯分のペドロ・ヒメネスをふりかけていきます。スポンジがビショビショにならない程度にたっぷりしみこませてください。

アイスクリームを冷凍庫からだし、冷蔵庫にうつして少しやわらかくしておきます。

メレンゲをつくります。上白糖、水あめ、水を弱火にかけ、砂糖を完全にとかしてください。その後火を強くし、砂糖用温度計を使って、110℃になるまでシロップを煮立たせます。シロップが110℃になったら、卵白を電動のスタンド・ミキサーかハンド・ミキサーで、しっかりと角が立つまで泡立てます。シロップは、121℃になったところで火からおろします。それを泡立てた卵白に少しずつ流し入れていきますが、そのあいだも、最低速に設定したミキサーで、ずっとかき混ぜつづけてください。シロップが全部混ざったら、バニラ・エッセンスを加え、メレンゲが冷めるまでそのまま混ぜていきます。

アイスクリームを冷蔵庫からとりだし、スポンジにのせていきます。スポンジのへりから3cm程度を残して、あとはしっかりアイスクリームで覆ってください。その後、アイスクリームの上にキャラメライズしたアーモンドを散らしたら、メレンゲをたっぷり使って、スポンジもアイスクリームもすっぽりとすきまなく覆っていきましょう。メレンゲをきれいにのばすなら、パレット・ナイフがおすすめです。あとは、ガスバーナーでメレンゲにまんべんなく色をつけて完成です。

軽く冷やしたペドロ・ヒメネスをグラスについで、できたてを供しましょう。

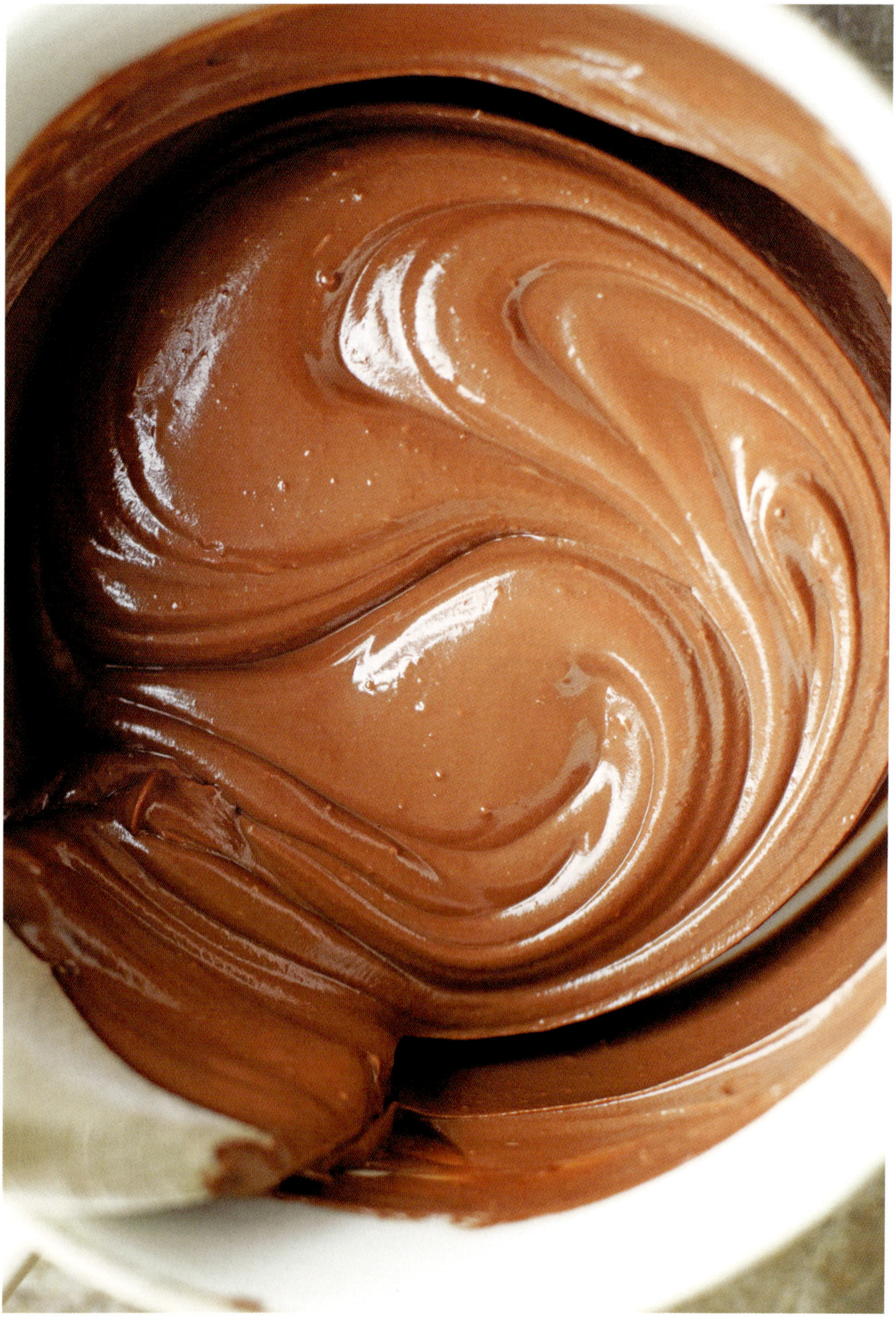

究極の
チョコレート・
ソース

ダブル・クリーム	150㎖
全乳	70㎖
砕いた（カカオ70%の）ダーク・チョコレート	100g

300㎖分以上

このソースの魅力は、材料のバランスのよさにあります。(つくりたての)熱々でも、(冷蔵庫からだしたばかりの)よく冷えた状態でも、そのあいだのどんな温度のときであっても使えます。冷蔵庫からだしたてを使う場合は、まず軽くかき混ぜてください。そうすればすぐにトロッとしてきます。ありとあらゆるおいしいものと同じで、このソースもまた、良質で安全な素材を使っており、信じられないほど簡単にできます。

クリームと牛乳を小さな深鍋に入れて煮立たせます。

その後火からおろし、チョコレートを加えて、全体がなめらかになり、チョコレートが完全にとけるまでかき混ぜてください。

熱々でも、ほのかに温かくても、室温でも、冷蔵庫からだしたての冷たい状態でもおいしくいただけます。

チョコレート・アイス・ミルフィーユ

砕いた（カカオ70%の）
　ダーク・チョコレート.............200g
砕いたホワイト・チョコレート..300g
ダブル・クリーム.....................450㎖
バニラ・エッセンス................小さじ2

放し飼いのニワトリの卵
　Mサイズの卵白.................2個分
粉砂糖.......................................25g
良質の
　ココア・パウダー................装飾用

12人分

これは、『グッドハウスキーピング』誌のグルメ・チームのみなさんが提供してくださったすばらしいレシピ3点の中の1つです（あとの2点はp.94の「チョコレート・ペカン・パイ」とp.122の「マーブル・ムース」です。こちらもぜひつくってみてください）。もちろんわたしたちは、本書に掲載したレシピはすべて、徹底的に試作をして、なにも問題がないことを確かめていますが──『グッドハウスキーピング』のキッチンから提供していただいたレシピはどれも、提供前にすでに3度もの試作をへており、それはつまり、このレシピ本をつくるために、ものすごい数のミルフィーユが食された、ということです（大変は大変な仕事でしたが、でも……）。

容量900gのローフ型に少し水をふってから、ラップを2重にして敷きます。クッキング・シートを切って、45.5×33㎝サイズのものを2枚用意しておきます。

チョコレートを湯煎にかけましょう。ボウルにお湯を入れないよう気をつけてください。とかしたチョコレートを半量ずつ、クッキング・シートそれぞれの上に広げていきます。薄く、シートの端ギリギリまでのばしてください。そのままシートを冷蔵庫に入れ、30分冷やします。

べつのボウルにホワイト・チョコレートと150㎖のクリームを入れ、前述したように湯煎にかけます。とけたら冷ましておきましょう。

さらにべつのボウルに残りのクリームとバニラ・エッセンスを入れ、軽く角が立つ程度まで泡立てます。それを、とかして冷ましておいたホワイト・チョコレートと混ぜあわせます。

べつのきれいなボウルに卵白を入れ、泡立てていきましょう。粉砂糖を少しずつ加えながら、しっかりと角が立つまで泡立てます。できあがったら、前述のホワイト・チョコレートの中に混ぜ入れてください。

ダーク・チョコレートをシートからはがして、大きく割ります。全体の¼量を冷凍可能な容器に入れ、装飾用として冷凍庫に入れておきます。

ホワイト・チョコレートを混ぜたクリームの¼量を型に入れ、その上に、残ったダーク・チョコレートの⅓量をかさねていきましょう。この作業を2度繰り返し、最後、1番上にクリームの層をつくればできあがりです。

ラップで包み、とっておいたチョコレートといっしょに、まずは1晩冷凍庫に入れておきます。最長1ヶ月は保存可能です。

供する1時間前には、ミルフィーユもとっておいたチョコレートも冷蔵庫にうつします。その後冷蔵庫からだし、サービング・プレートにミルフィーユをそっとひっくり返してだしてから、ラップをはがします。とっておいたチョコレートを、形にこだわらずに小さく割って、ミルフィーユの上に飾ってください。

ココア・パウダーをふりかけて供しましょう。

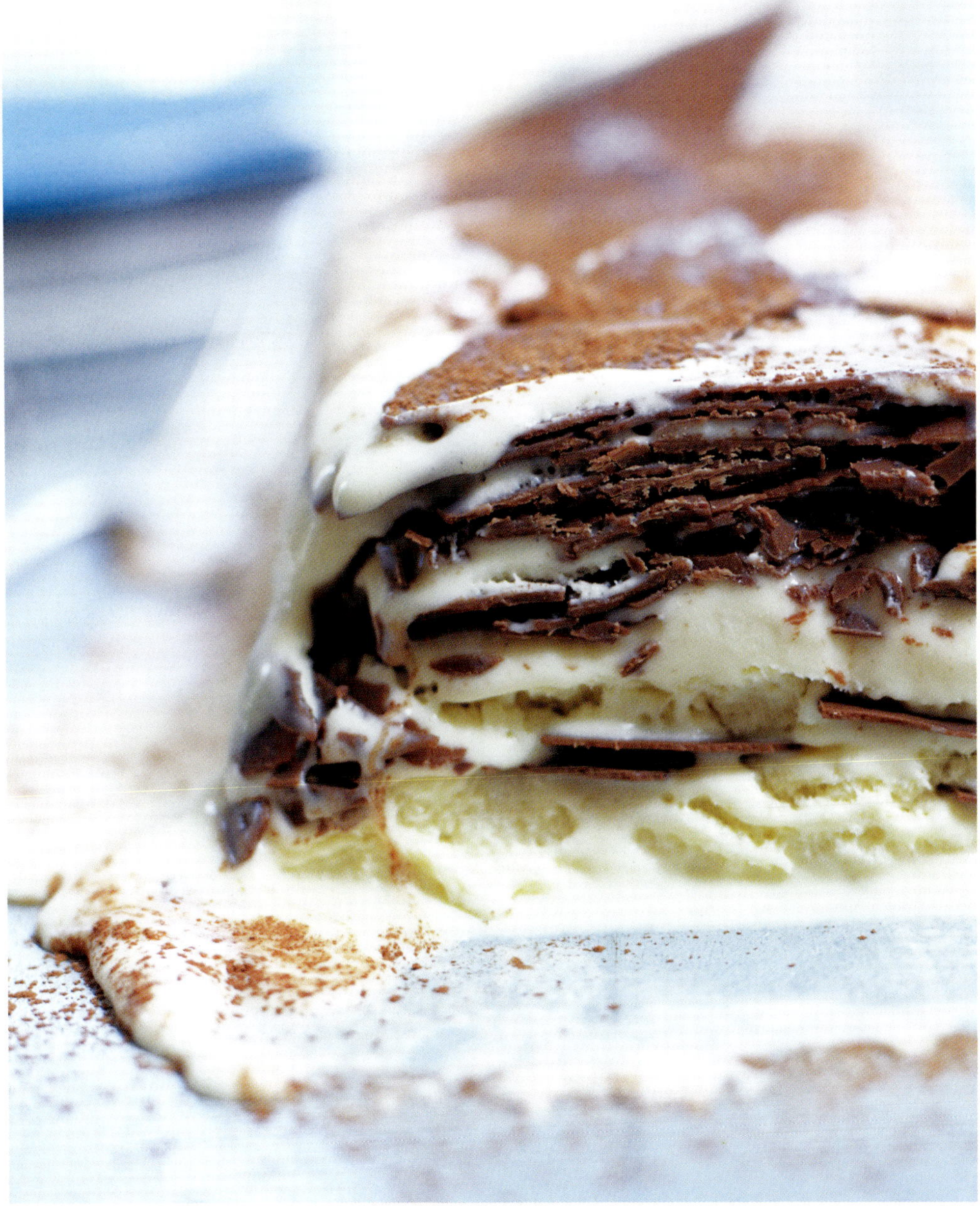

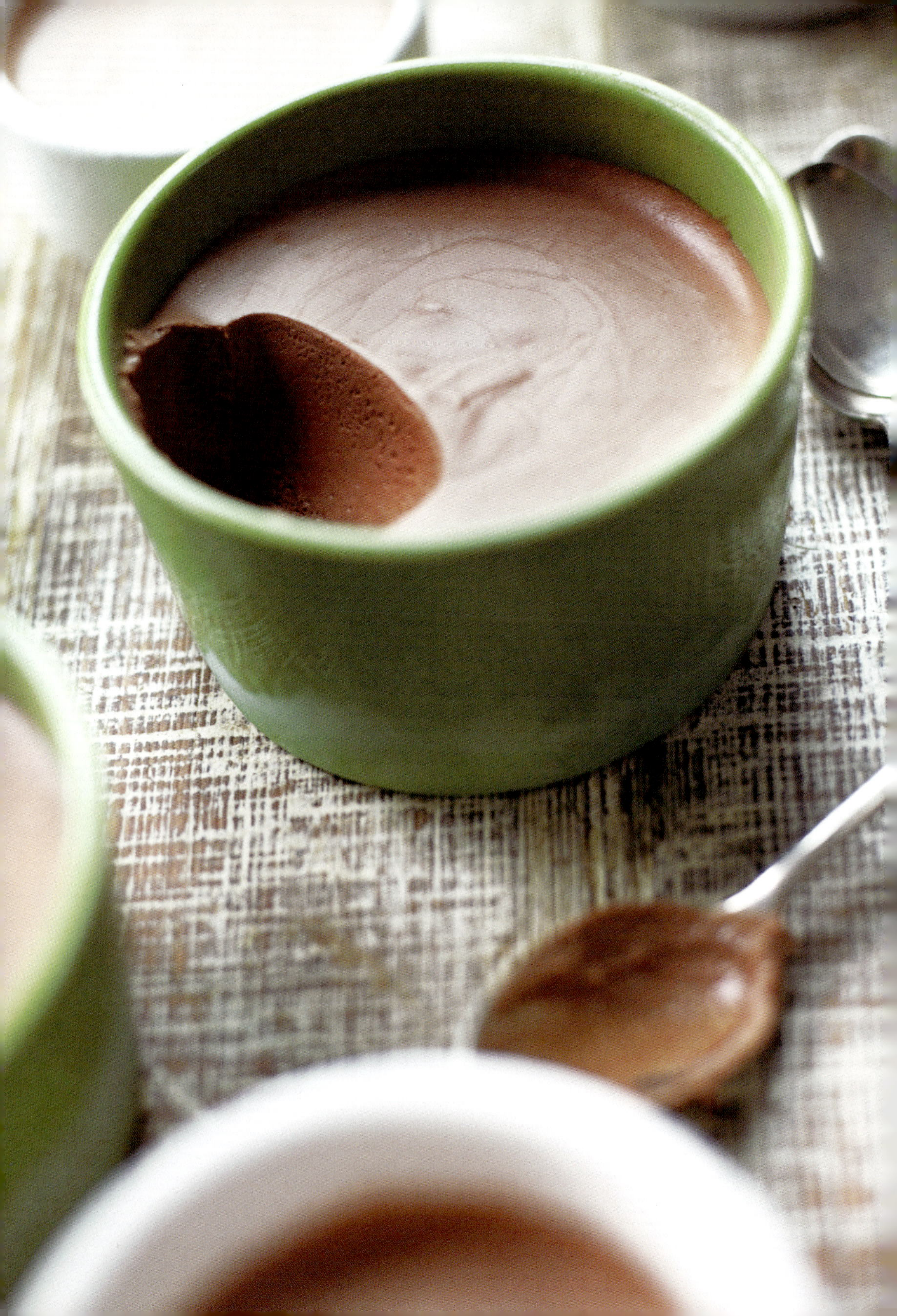

チョコレート・パルフェ

6-8人分

上白糖かグラニュー糖	125g
水	150㎖
砕いた(カカオ70%の)ダーク・チョコレート	125g
放し飼いのニワトリの卵 Lサイズの卵黄	4個分
アルマニャック	大さじ1
エスプレッソ	大さじ1
ホイッピング・クリーム	300㎖

冷凍したデザートがお好きなら、このパルフェはぴったりです。濃厚な材料が組みあわせの妙を発揮するときが供しどき――冷凍庫からだしてすぐです――まったりとコクがありながら、スッキリとした口どけが味わえるデザートです。

砂糖と水を鍋に入れ、煮立たせて砂糖を完全にとかします。その後さらに3分煮立たせてください。

火からおろしたらチョコレートを加え、チョコレートがとけて完全に乳化するまでかき混ぜます。

卵黄を、全体に白っぽくなるまでかき混ぜたら、ゆっくりと、前述のチョコレート混合液を流し入れていきます。全体が冷めるまでかき混ぜてください。この作業には、電動のミキサーが必要かもしれません。その後アルマニャックとエスプレッソを加えてさらにかき混ぜ、しっかりと乳化させます。

クリームを、軽くフワッとするまで泡立てたら、前述のチョコレート混合液に混ぜ入れます。

個々のラムカンに入れて、冷凍してください。

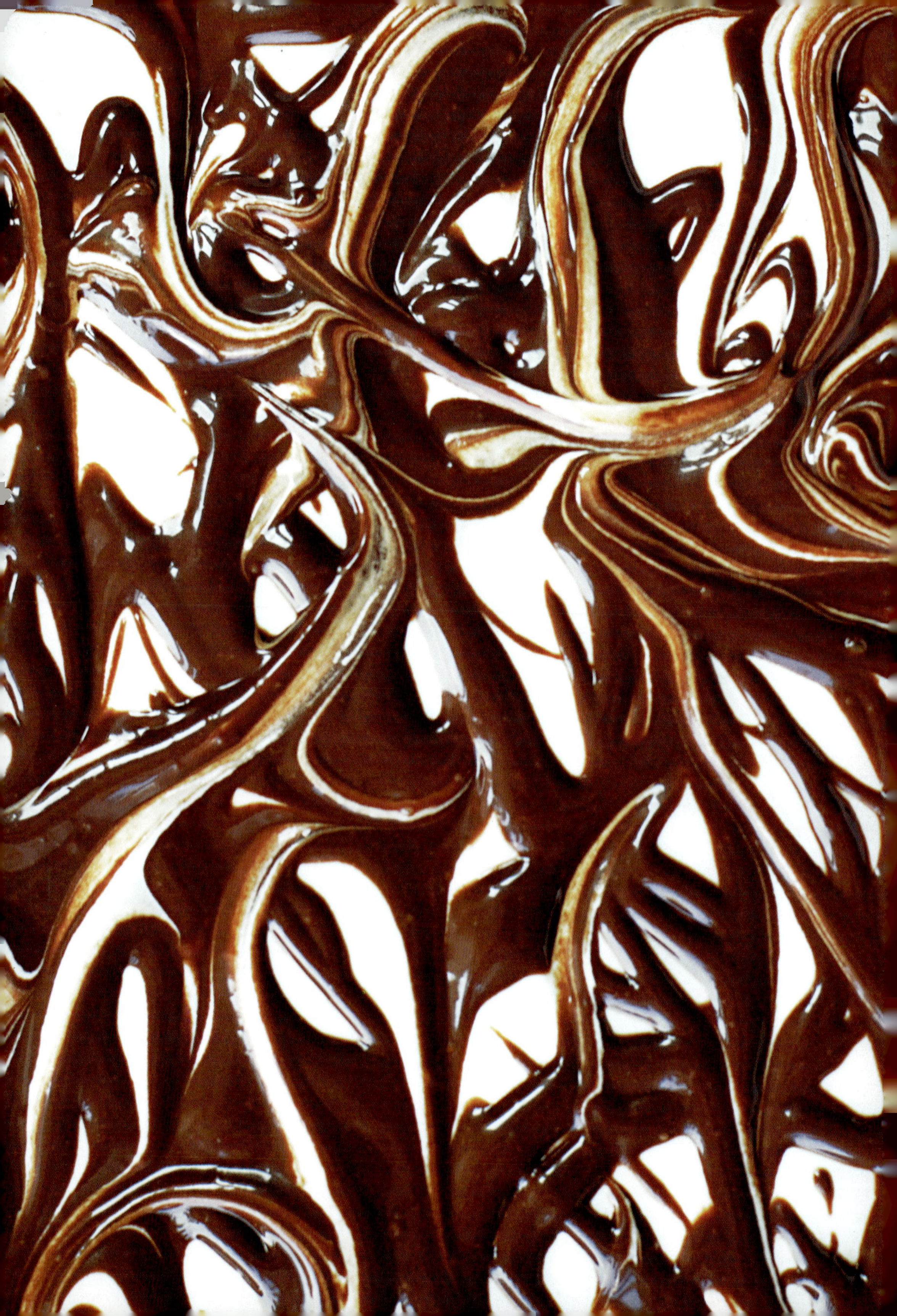

SWEETS AND TREATS
小菓子とチョコレートのあつかい方

チョコレートのテンパリング 176
幻のチョコレート 178
6種のホット・チョコレート 180
チュロスとスペイン風チョコレート 183
イチゴのパート・ド・フリュイ 184
チョコレート・マシュマロ 186
チョコレート・シード・ボム 188
チョコレート・フリッター 190
ピスタチオとイチジクのチョコレート・ビスコッティ 192
チョコレートとオレンジのジンジャー・ビスコッティ 194
バニラ・クリーム・トリュフ 196
サイモン・ホプキンソンのチョコレート・ピティヴィエ 197
トム・エイケンスのチョコレート・クレープ 200
タイムとチョコレートのトリュフ 202
アーティザンのチョコレート・マティーニ 204
抹茶とホワイト・チョコレートのニュー・オーリンズ・フィズ 205

チョコレートの
テンパリング

弊社の最初のレシピ本には、チョコレートのテンパリングについて、正確ではあるものの比較的専門的な方法をのせてあります。当然たくさんの道具も用意しなければならず、正確に温度を計ることも必要でした。そういった方法は、テンパリングしていないチョコレートを使ってなにかをつくるときには欠かせませんが、市販のチョコレートはいずれもテンパリングしてありますから、その手のチョコレートを使うときには、もっと簡単な方法でも充分でしょう。

科学の話

ココア・バターはカカオ豆の脂肪分で、体温よりも低い温度でとけます。ココア・バターの板チョコレートにおける働きは、原料──脱脂ココア・パウダー、砂糖、乳糖、乳タンパク質（チョコレートの種類によります）──のコーティングと、それらが口の中で簡単にとけるようにすることです。ココア・バターは6つの異なる結晶からなっていて、不安定なために低温でとけるものもあれば、安定しているものもあります。テンパリングの手順は、基本的にまずチョコレートを加熱し、次に冷却、その後再度加熱していきます。そのあいだ、チョコレートはしっかりとかき混ぜていてください。こうしてまず、もともと安定している少量の結晶はそのままに、残りの結晶もしっかりと安定させていけば、チョコレートには適度な固さと光沢がもたらされ、口どけもなめらかになるのです。以下にくわしく説明していく簡単なテンパリングの方法では、あらかじめテンパリングしてあるチョコレートを、加熱してとかします。とかしただけでは、ココア・バターの結晶はまだ少し残っていますが、その結晶が核となって、冷やせばチョコレートがきちんと固まってくれるのです。

簡単なテンパリング

1番いい方法は、耐熱性の容器を使い、電子レンジで加熱することでしょう。その方があっというまにできますし、洗いものも減らせれば、時間の節約にもなります。とはいえ、同じことは湯煎でも可能です──ただしポイントは、チョコレートの塊がまだ少し残っているうちにお湯からボウルをはずすことです。残った塊は、お湯からはずしたあとで、しっかりとかき混ぜてとかしてください。

必要な量のチョコレートを細かく割ってから、大きめの計量カップのような耐熱性の容器に入れます。最初はまず30秒ずつ電子レンジにかけます。30秒たったらいったんとりだしてよくかき混ぜ、それからまたレンジにかけるという作業を繰り返してください。そのうちにチョコレートがとけてきたら、30秒を20秒か10秒にし、最後は5秒にします。時間は、テンパリングするチョコレートの量と、使用する電子レンジの出力数によります。大事なのは、まだ多少とけ残った塊があるうちに加熱をやめることです。最後は、かき混ぜてとかします。この時点で、チョコレートに軽く指を浸し、その温度を唇で試してみてください。少し冷たく感じるはずです（唇は温度に敏感で、すばらしい天然の温度計です）。温かいと感じるなら、それは加熱しすぎということになりますが、それで全部がだめになってしまうわけではありません（あくまでもわずかに加熱しすぎ、というときのことで……もしチョコレートをこがしてしまったのであれば、全部処分してください。ただし、きちんと注意していれば、そんなことにはならないでしょう）。その場合は、テンパリングしてあるチョコレートを少量、とかしたチョコレートに加えてかき混ぜていきます。少し冷たいと感じるようになるまで、何度も唇で温度を確かめてください。

チョコレートを使う前には、そのテンパリングの具合を確かめましょう。わたしは大理石の作業台に少量たらして2、3分待ちます。チョコレートの表面がわずかに鈍い色になり、少しパリッとすれば大丈夫です。少量をアルミ箔か耐油性ペーパーにたらし、それを1分ほど冷蔵庫に入れておいてもいいでしょう。もしチョコレートが固まらなければ、まだ温かく、核となる結晶が不足しているかまったくない状態なので、板チョコレートを割ったものをさらに加え、かき混ぜて全体の温度をさげてください。その後、テンパリングができた状態でもまだチョコレートの塊がいくつか残っている場合には、その塊はとりのぞいておきましょう。

このやり方のポイントは、道具をたくさん使わずにすむことであり、それぞれのチョコレートによって異なる冷却や加熱の適温をいちいち調べなくてもいいことです。このやり方なら、どんな色のチョコレートにも、どれだけの量のチョコレートにも対応できます。何度もやっているうちに、電子レンジの最適な使用回数もわかってきて、手早くできるようになるでしょうし、チョコレートを加熱しすぎることもなくなってくるでしょう。どうか、楽しみつつこのやり方を試してみてください。わたしが自分のキッチンで1番よくやっているのもこのやり方です。

幻のチョコレート

この11年以上ものあいだ、幸せなことに、わたしは自分が開発したたくさんの板チョコレート（それ以外に、チョコレート・ボックスやアイスクリーム、ビスケット、イースター・エッグなどもあります）が市場に送りだされ、成功をおさめるさまを見てきました。今でも、自分がかかわってきた商品を大好きだといってくださる方の声をきくと、嬉しくてたまりません。

しかし悲しいかな、開発したすべての作品が店頭に並んだわけではないのです。もちろんそれなりの理由があります。たとえば、弊社で使用しているオーガニックの材料はいずれも、弊社で探しうる最高品質のものですが、あまりにも高価すぎて、手ごろな値段の板チョコレートには使用できないというケース。また、オーガニックのものを入手できない材料もあれば、工場内へのもちこみが物理的に難しかったり、せっかくの高品質でありながら、店頭に並んでいるあいだにその質が落ちてしまう材料もあるのです（どれがどれかはご想像におまかせします）。

そこで、商品化にはいたらなかったものの、味は最高の板チョコレートをいくつかご紹介しようと思いました。もちろんあなたにもつくれます。p.176の手順にしたがってチョコレートをテンパリングし、そこに材料を加えてしっかりとかき混ぜ、それを耐油性ペーパーの上に広げていけばいいのです（便利なチョコレート・モールドがキッチンにある家庭など、ほとんどないのですから）。たんに大きく広げたままでもかまいませんし、スプーンの背やパレット・ナイフを使って、好きなように形づくってもいいでしょう。弊社では、16℃ほどでチョコレートを冷やしますが、ひんやりとした戸棚や冷蔵庫でも充分にことたります。ただし、くれぐれもにおいの強い食品のそばには

おかないでください。チョコレートはおどろくほどの早さでにおいを吸収してしまいますから。テンパリングしたチョコレートが固まったら、ラップに包んで、どこでもかまいません、普段あなたがチョコレートをしまっているところに保存しておいてください（1番いいのは、つねに15－20℃の場所ですが、現実問題として、そんな場所など、ごく普通の家にはありませんから）。

ここでとりあげているミルク・チョコレートは、できれば、わたしが使っているもの——弊社のカカオ37％の調理用ミルク・チョコレートが理想ですが、34％のものでも、多少粘性があるだけで、あとは問題なくできます。ダーク・チョコレートの方は、わたしはよくカカオ60％のものを使います。これは、ダーク・チョコレートの材料として弊社が特別につくっているものなので（70％のものよりもわずかながらバランスがいいような気がするからです）、一般には購入できないため、70％のものを使うといいでしょう。最後に、それぞれのレシピで必要なチョコレートの分量は、付加する材料とその割合から逆算してください。たとえば、デーツを100g使用する場合、400g相当の板なり独自の形なりのチョコレートをつくるには、テンパリングしたチョコレートが300g必要になる、ということです。

ミルク・チョコレートとマジュール・デーツ

デーツを約1cm角に刻みます（これがなかなか大変な作業ですが）。チョコレートをテンパリングし、刻んだデーツと混ぜあわせて（だいたいデーツ25％、ミルク・チョコレート75％）、耐油性ペーパーに流し広げます。

ヌガー入りのダーク・チョコレート

トローネといわれる、イタリアの固いヌガーを探してください（たいていアーモンド入りです。イギリスなら、ウェイトローズというスーパーマーケットで売っています）。包みをあける前に、めん棒なにかで思いきりたたいてください。最終的に、ヌガーが5-10mmくらいの小さな塊になるまでがんばりましょう。その後、ヌガー20％、ダーク・チョコレート80％程度の割合で、上記と同じ手順でつくっていきます。

塩キャラメル・ポップコーン入りのミルク・チョコレート

ごく普通にトウモロコシを炒ります。そのまま全部口に入れてしまわないよう気をつけましょう。できあがったら冷ましておきます。砂糖100gと水少量を厚底鍋に入れて火にかけます。砂糖がとけたら、117℃になるまでさらに加熱をつづけてください（砂糖用温度計を使うといいでしょう）。そこにポップコーンを3-4つかみ分ほど加え（この分量は、鍋の大きさによります。鍋いっぱいまで入れたいところでしょうが、そうすると、いきおいよくかき混ぜるときにポップコーンが飛び散ってしまいますから、そうならない程度にしておいてください）、砂糖が結晶化してポップコーンにからむまでよく混ぜます。それを耐油性ペーパーの上に広げ、手でさわれるくらいまで冷めたら、くっついて1塊になっているポップコーンを、できるだけ細かく割っていきます。その後、テフロン加工を施したフライパンにポップコーンを入れ、たえずかき混ぜながら加熱してください。ポップコーンの表面についた砂糖がキャラメルになってきます。全体がきれいにキャラメライズできるまで加熱しますが、砂糖をこがして苦くしてしまわないよう、気をつけてください（あっというまにこげてしまいますから、注意しましょう）。できあがる直前、お好みで塩をふります（わたしがよく使うのはマルドンの海塩です。それも、キャラメルの甘さをおさえるためにかなりたっぷりと）。フライパンの中身をきれいに耐油性ペーパーにあけ、必要とあらばもう1度割ってから、冷ましておきます。その後、ポップコーン10％、ミルク・チョコレート90％程度の割合で、上記と同じ手順でつくっていきましょう。

ピスタチオ入りのダーク・チョコレート

これはとても簡単です。できるだけ品質がよく、緑が濃く、香りの強いピスタチオを手に入れるだけ。使うのは、ピスタチオ25％、ダーク・チョコレート75％程度の割合です。お好みで、塩味のついたロースト・ピスタチオを使ってもいいでしょう。

6種の
ホット・
チョコレート

いずれのレシピも1人分

水	大さじ1
良質のチョコレート・ドリンク・パウダー	小さじ3
細かく砕いた（カカオ70%の）ダーク・チョコレート	20g
ルビー・ポート	100㎖

ダーク・チョコレート・ワイン

このレシピのもとになったのは、1726年に、ロンドン南西部にあるノーサンバーランド公爵のロンドンにおける邸宅「サイオン・ハウス」のペイストリー職人ジョン・ノットが考案したレシピです。

水、チョコレート・ドリンク・パウダー、チョコレートを小さな深鍋に入れて弱火にかけます。こげつかないよう、また、材料がきちんと乳化するよう、たえずかき混ぜていてください。全体がトロッとなめらかになったら、ポートワインを加え、混ぜあわせてよくなじませます。適当なグラスにつぎ入れ、30分冷やしてから、冷たい状態で供します。

牛乳	250㎖
フレッシュ・ミントの葉	10枚
＋装飾用の小枝	1本
良質のチョコレート・ドリンク・パウダー	小さじ4
ミント・チョコレート	1かけ

ミント

弊社のミント・チョコレートにはオーガニックのペパーミント・オイルを使用しています。そこに一段と複雑にして正真正銘フレッシュな香りを付加するため、まず最初に牛乳にミントの葉を浸してください。

つくり方は簡単です。すべての材料を小さな深鍋に入れて弱火にかけ、たえずかき混ぜて材料をなじませます。煮立つ直前に火からおろしてください。こしてからお気に入りのマグカップにそそぎ入れ、新鮮なミントの小枝を添えればできあがりです。

牛乳	250㎖
良質のチョコレート・ドリンク・パウダー	小さじ3
細かくすりおろしたジンジャー入りのチョコレート	20g＋装飾用に少々
ジンジャー・パウダー	少量
シナモン・パウダー	少量
おろしたてのナツメグ	

ジンジャー

ジンジャーだけにこだわらず、わたしは、ほかのスパイス——それも、昔からジンジャーブレッドに風味をもたらすために使われているスパイスを少し加えています。ただし、スパイスを加えるときは注意してください。最初はごく少量からはじめるのが1番です。その後、量を加減していくといいでしょう。ジンジャーとシナモンとナツメグをすりおろしたものは、ほぼ同量にしてください。ジンジャーとシナモンを加えるときには、スプーンの柄の先端でパウダーをすくってみるといいでしょう。マイクロプレイン社の万能おろし金は、チョコレートを細かくすりおろすのに最適ですし、じつのところ、それ以外のものもすべからくきれいにすりおろせます。

すべての材料を小さな深鍋に入れて弱火にかけ、たえずかき混ぜて材料をなじませます。煮立つ直前に火からおろしてください。味見をして、必要ならスパイスを加えます。お気に入りのマグカップにそそぎ入れたら、上からチョコレートをすりおろして、いただきます。

牛乳	250㎖
良質のチョコレート・ドリンク・パウダー	小さじ3
細かく砕いたミルク・チョコレート	20g
糖蜜	小さじ½
ダーク・ラム	15㎖
わたをとったオレンジの皮（約5㎝）	1片（お好みで）

ミルク・ラムとチョコレートのトディ

このレシピを思いついたのは、昔からある大好きなアイスクリームのフレーバーがきっかけです。レーズンをドリンクになじませるのは難しいので、かわりに糖蜜を少量加え、フルーツっぽい色をだしています。

牛乳、チョコレート・ドリンク・パウダー、砕いたチョコレート、糖蜜を小さな深鍋に入れて弱火にかけ、たえずかき混ぜて材料をなじませます。煮立つ直前に火からおろしたら、ラムを加えてください。お気に入りのマグカップにそそぎ入れます。お好みで、オレンジの皮を浮かべてもいいでしょう。

牛乳................................250㎖
良質のチョコレート・
　ドリンク・パウダー............小さじ3
マヤゴールド・チョコレート.........20g
わたをとったオレンジの皮
　..........................1片（約5㎝）
バニラのさや.......................1本
　（割って、種をこそげとって
　　おきます）
シナモン・スティック................1本
　小ぶりのもの（約5㎝）
おろしたてのナツメグ

マヤゴールド

オレンジの皮、バニラのさや、シナモン・スティック、おろしたてのナツメグを使うことで、マヤゴールド・チョコレートの香りが一段と引き立ちます。

ナツメグ以外の材料をすべて（バニラの種はもちろん、さやも忘れずに）、小さな深鍋に入れて弱火にかけ、たえずかき混ぜて材料をなじませ、シナモン、バニラ、オレンジの香りをしみこませます。煮立つ直前に火からおろしてください。お好みで、さやや種、皮はとりのぞいてかまいません。お気に入りのマグカップにそそぎ入れたら、上からナツメグをすりおろして、いただきます。

牛乳................................250㎖
良質のチョコレート・
　ドリンク・パウダー............小さじ3
細かくすりおろしたアーモンド・
　チョコレート........................40g
　＋ふりかける分少々

アーモンド

アーモンドの香りは比較的ほのかです。香りづけに使われるのはもっぱらビター・アーモンドですが、アーモンドのペーストでつくる、昔なつかしいマジパンの香りとは大きく異なります。したがって、弊社のチョコレートを使って、ローストしたアーモンドの香りを再現するには、チョコレートを細かくすりおろして、それを直接ドリンクに加えるしかありません。アーモンド・チョコレートをすりおろすのに、ここでもまた欠かせないのが、マイクロプレイン社の万能おろし金です。

つくり方は簡単です。すべての材料を小さな深鍋に入れて弱火にかけ、たえずかき混ぜて材料をなじませます。煮立つ直前に火からおろしてください。お気に入りのマグカップにそそぎ入れたら、上からチョコレートをすりおろして、いただきます。

チュロスと スペイン風 チョコレート

水	250㎖
塩	1つまみ
ベーキング・パウダーの入っていない小麦粉	250g
ヒマワリ油	揚げ油用

スペイン風チョコレート用

牛乳	250㎖
ダブル・クリーム	75㎖
刻んだ（カカオ70%の）ダーク・チョコレート	200g

4-6人分

オマー・アリーボエは、レストラン、エル・ブジの料理長フェラン・アドリアの弟子にして、エル・ピラータ・デ・タパスのヘッド・シェフです。彼が提供してくれたのが、このチュロス・コン・チョコラテ、つまりはチュロスとホット・チョコレートのレシピでした。これは、彼の愛するマドリードにある、チュレリアというチュロス専門店からうまれたものです。「これは、わたしが8歳のときにチュロスの師匠から教えられて以来ずっと、毎日朝食につくっているバージョンです。これに肩を並べられるレシピなんてありません。スペイン風チョコレートに浸して食べてくださいね……念のため」

水と塩を大きな深鍋に入れて煮立てます。そこに少しずつ小麦粉を加えていき、木製のスプーンで5分間かき混ぜて、全体をよくなじませ、粘土のような質感の生地をつくっていきます。

しぼり袋に生地を入れてください。ここで重要なのは、口金が正五角形か六角形の星形をしていること。さもないと、生地を揚げたときに、中までしっかり火がとおらないからです。ついで生地をしぼりだしていきます。その際、でてきた生地の先端を親指と人差し指でつまみ、ある程度しぼりだしたところで、馬蹄形の形をつくりながら、その先端を口金の方にもっていきます。そうすれば、口金のところで生地を切ったとき、両端のくっついた、きれいな馬蹄形ができあがるでしょう。生地をしぼりだすのはかなり大変ですが、やってみる価値はあります！

油を185℃まで熱してから、チュロスを数本ずつまとめて揚げていきます。揚げ時間は全部で2分。うちわけは、最初に入れた面を1分15秒揚げ、ついでひっくり返して45秒揚げてください。揚げあがったら、キッチン・ペーパーにのせて余分な油を切り、熱々を、濃厚なおいしいスペイン風チョコレートに浸して供しましょう。

スペイン風チョコレートのつくり方です。牛乳とダブル・クリームを深鍋に入れて、沸騰直前まで加熱します。その後弱火にして、刻んだチョコレートを加え、手を休めずにかき混ぜて、チョコレートを完全にとかしてください。

アドバイス

- できあがったチョコレートに、細かくすりおろしたオレンジの皮を加えれば、一段と深みのある香りが楽しめます……とびきりのおいしさです。

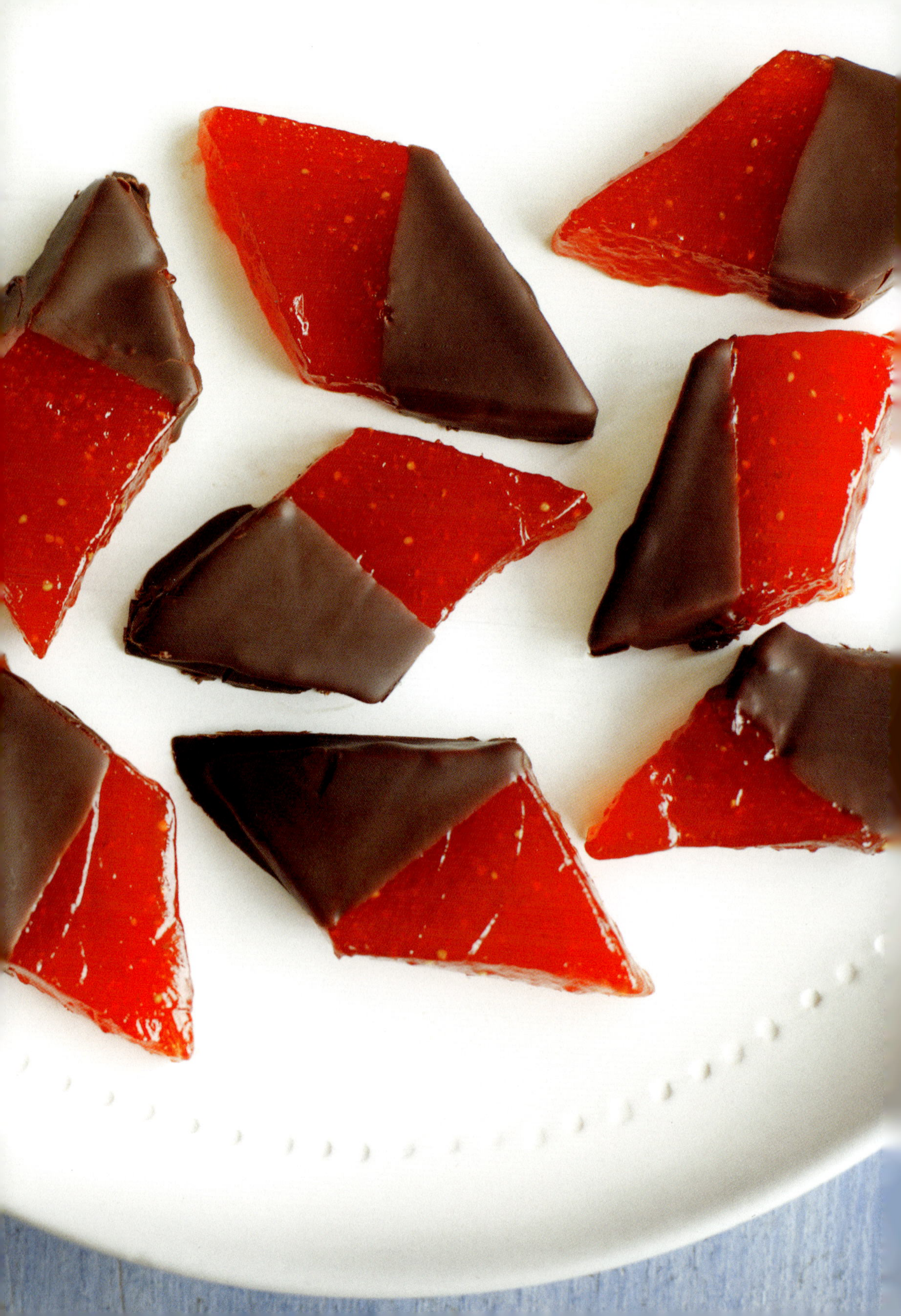

イチゴの
パート・ド・
フリュイ

イチゴ	175g
ペクチン・パウダー	3g
＋上白糖	15g
上白糖	150g
水あめ	30g

小ぶりのレモン½個分の果汁
（お好みで多くても可）

砕いた（カカオ70％の）
ダーク・チョコレート 100g

約30個分

本当の話です。シャロン・オズボーンと弊社創業者ジョー・フェアレーが、バッキンガム宮殿で列に並び、女王陛下への拝謁を待っていたときのこと、ジョーの名札に書かれていた「グリーン・アンド・ブラックス」の文字を認めるやいなや、シャロンが言ったのです。「今朝は午前2時にベッドからでて、冷蔵庫をあさったのよ、それもひとえに、あなたのところのチョコレート・アイスクリームが食べたかったから」（弊社関係者のだれもがびっくりすることがあるのですが、わたしたちと顔をあわせると、多くの方が、こちらがなにもいわないうちから、ご自分の好きな弊社のチョコレートやアイスクリームのフレーバーのことをすすんでお話しくださる、というのもその1つです）そんなシャロンのことが、わたしたちも大好きなので、彼女のレシピをここにご紹介できることが嬉しくてたまりません。

イチゴをピューレ状にして、120gのイチゴ・ピューレを用意します（量は多少増減してもかまいません）。

ペクチンと上白糖を混ぜあわせます。

イチゴ・ピューレを小さな深鍋に入れて弱火で煮立てていきます。ペクチンと砂糖を混ぜあわせたものを加え、よくかき混ぜてください。ピューレが煮立ってきたら、残りの砂糖を加えます。かき混ぜて砂糖をしっかりとなじませます。その後、再度煮立たせてください。

水あめを加え、今度は中火にして、砂糖用温度計で106℃に達するまで加熱していきます。だいたい3分くらいです。砂糖がこげないよう、鍋のすみずみまでしっかりとかき混ぜてください。

106℃に達したら火からおろし、レモンの果汁を加えて、好みの型に流し入れます。室温で2時間おいて、固めてください。

チョコレートをとかします。電子レンジを使うか、湯煎にかけます。湯煎の場合は、ボウルにお湯を入れないよう気をつけてください。とけたら冷ましておきます。

イチゴのペーストをチョコレートに浸すか、コーティングしてから、大理石のボードか、シリコン・ペーパーを敷いたまな板に並べていきます。チョコレートが固まってから供しましょう。

アドバイス
- フルーツ・ピューレを、底の平らな小ぶりの容器に流し入れて固め、その後、できあがったペーストを容器からとりだして、いろいろな形――ひも状やダイヤモンド、三角形など――に切りわけてもいいでしょう。小さな型抜きを使うのもおすすめです。また、ケータリングや料理用の器具をとりあつかっている店舗にはたいてい、かわいらしい形のチョコレート・モールドがおいてありますから、それを利用するのもいいでしょう。
- ほかのフルーツも試してみてください。パッション・フルーツやマンゴー、メロンをはじめとするウリ科のフルーツ、柑橘類などです。ただし、甘みと酸味のバランスがちょうどよくなるよう、使うフルーツに応じてレモン果汁の量は調整してください。

チョコレート・マシュマロ

かなりたくさんつくれます

ガナッシュ用
(カカオ70%の)
　ダーク・チョコレート 60g
ダブル・クリーム .... 60㎖
熱湯 大さじ1-2杯
　　　　　　　　　　（必要に応じて）

マシュマロ用
粉砂糖 大さじ3
コーンフラワー 大さじ3
植物油 .... 塗布用
ゼラチン・パウダー 25g
熱湯 .... 125㎖
グラニュー糖 .... 500㎖
水 .... 250㎖
放し飼いのニワトリの卵
　Lサイズの卵白 2個分
バニラ・エッセンス 小さじ1

マシュマロの口どけは大好きですが、大人になった（と言われている）わたしにとっては、少々甘すぎる感じがします。そこで見つけた解決策は、シンプルなチョコレートのガナッシュを、マシュマロのあいだにたっぷりはさんで固めるというものです。

まずはガナッシュをつくります。チョコレートを細かく刻んで、ボウルに入れます。クリームを加熱し、煮立ってきたらチョコレートを入れてください。よくかき混ぜてチョコレートをきれいにとかし、全体をなめらかにします。もしチョコレートとクリームが分離して油っぽくなっているようなら、お湯を大さじ1、2杯加えて、乳化させてください。できあがったら、そのままおいておきます。

粉砂糖とコーンフラワーをふるいあわせます。それを、油を塗った20×30㎝の浅い型に適量ふりかけてください。

ボウルにゼラチンと熱湯を入れて、ゼラチンをとかします。とけたら、そのままおいておきます。

砂糖と水を深鍋に入れて弱火にかけ、かき混ぜて砂糖をとかしてください。その後火力を強め、砂糖用温度計を使って、シロップが110℃程度になるまで煮立たせます。この時点で、卵白を泡立てます。電動のスタンド・ミキサーかハンド・ミキサーを使って、しっかりと角を立ててください。砂糖用温度計が121℃になったら、鍋を火からおろします。その中にとかしたゼラチンをそそぎ入れ、かき混ぜてなじませます。ミキサーを最低速に設定し、卵白をかき混ぜながら、シロップをごく少量ずつそそぎ入れていきましょう。シロップがすべてよく混ざったら、バニラ・エッセンスも加えてさらに混ぜていきます。目安は、マシュマロの生地がもったりとしてきて量も増えていながら、まだとろみがある状態──ミキサーをもちあげたとき、生地の表面にすじが2、3秒残る程度です。

型に、マシュマロの半量を流し入れます。その上からガナッシュをたらしていきます（ガナッシュが固まりだしていたら、もう1度少し温めてください）。その後ナイフの先端を使って、マシュマロとガナッシュをよくなじませます。その上から残りのマシュマロを流し入れ、濡らしたスプーンの背かパレット・ナイフで、表面を整えます。冷蔵庫に入れて、充分に冷やしてください。

まだ残っている、粉砂糖とコーンフラワーを混ぜあわせたものを、作業台にふりかけます。充分に冷やしたマシュマロの型の側面および底面に、油を塗ったパレット・ナイフと自分の指の両方またはいずれかをさしこんで、型とマシュマロのあいだに空気を入れ、打ち粉をした作業台の上にひっくり返してだします。それを角形に切りわけていきましょう。ナイフには途中で何度か油を塗り、打ち粉をしてください。切りわけたマシュマロは、打ち粉の上でころがして、全体に粉をまぶします。できあがったら、密閉容器にしまって、冷蔵庫で保存しましょう。

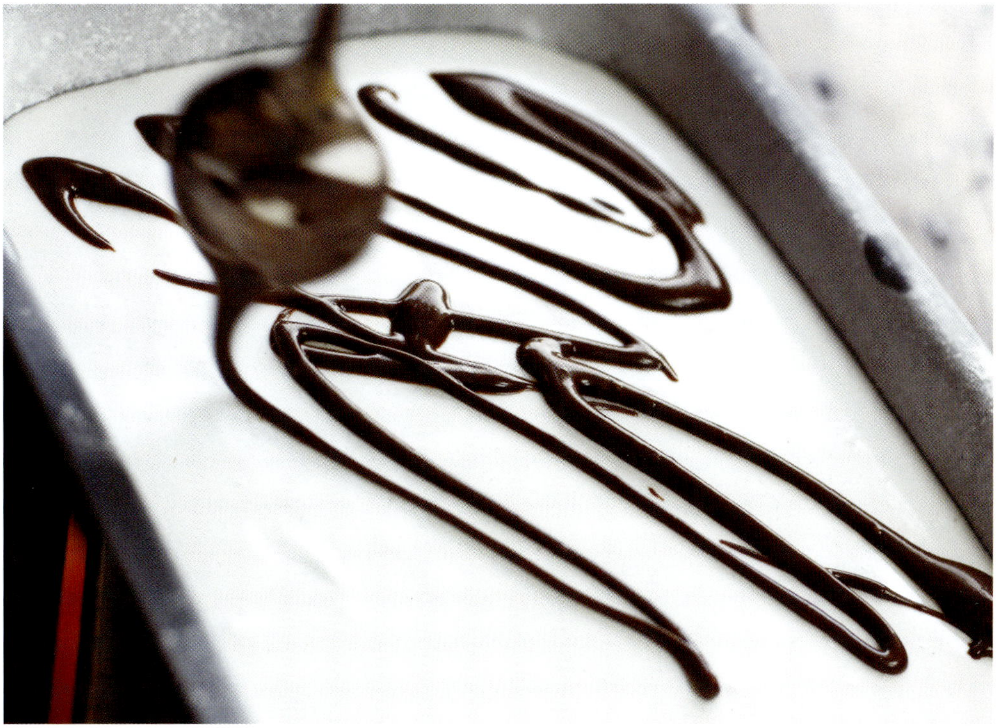

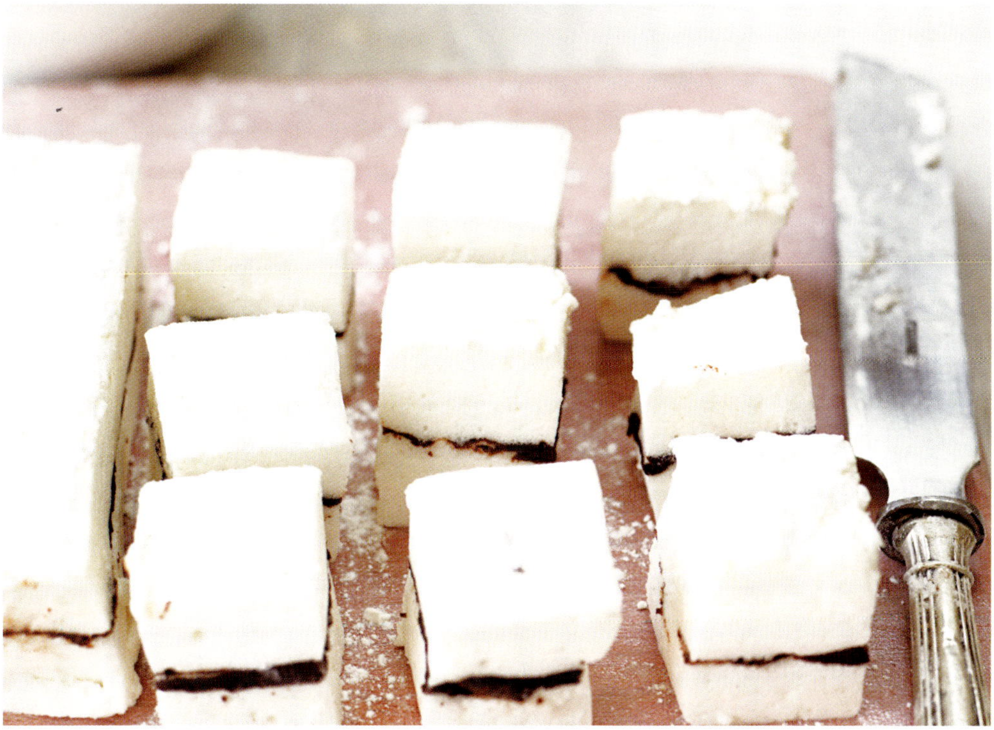

チョコレート・シード・ボム

約20個分

ジャンボ・オート	80g
ヒマワリの種	50g
カボチャの種	10g
ミルク・チョコレート	200g
糖蜜	大さじ2
ライス・シリアル	25g

コーティング用
(カカオ70%の)
ダーク・チョコレート 50g
ケシの実 50g

インターネットのホームページ"Guerrilla Gardening.org"を立ちあげたリチャード・レイノルズが提供してくれたこのレシピ誕生のきっかけは、ゲリラ・ガーデニングの「シード・ボム」。それは、長いあいだ見むきもされずにきた土地を美しく変えていくために投げこむ、種と堆肥と土を混ぜてつくった小さな団子のことです。土地に栄養を与えているゲリラ・ガーデナーのみなさんにも栄養を与えるべく、ここではおいしい団子をつくりましょう。堆肥と土のかわりにチョコレートとシロップを使い、種は、栽培用ではなく、食用のものを使います。

大きな天板に、クッキング・シートを敷いておきます。

フライパンを高温で熱し、オートをから煎りしてください。色が変わって、ほんのりと香りがしてきたら、ミキシング・ボウルにあけます。フライパンはそのまま使い、まずはヒマワリの種を、ついでカボチャの種を煎っていきます。いずれも、ほのかに香りがして焼き色がつき、つやがでてくるまで煎りますが、くれぐれもこがさないよう気をつけてください。できあがったら、オートと同じボウルにあけます。

それと同時進行で、ミルク・チョコレートを湯煎にかけます。ボウルにお湯を入れないよう気をつけてください。それから冷ましておきます。チョコレートがとけたら、糖蜜を加えて、静かにかき混ぜておきましょう。

煎ったオートなどを入れたミキシング・ボウルの中に、ライス・シリアルも混ぜ入れてください。そこに、とかしたチョコレートと糖蜜の混合液を流し入れて、よくかき混ぜます。

混ぜあわせたものを適量とりだしながら、大ぶりのクリと同じくらいの大きさに丸めていきます。できあがったら、天板に並べていきましょう。

前述したのと同じ方法で、コーティング用のチョコレートをとかします。

丸めたボールを1つずつ、とかしたチョコレートに半分だけ浸し、その面を上にしてもう1度天板にもどしてください。全部のボールのコーティングが終わったら、コーティングしたチョコレートの上からケシの実を散らし、そのまましばらくおいておきます。

これでチョコレート・シード・ボムの完成です。いつでも好きなときに、胃袋に投げこんで、栄養を与えてください。

アドバイス

● ここではダーク・チョコレートでコーティングしましたが、かわりにバタースコッチやジンジャーのチョコレートも試してみたところ、どちらもとてもおいしかったです!

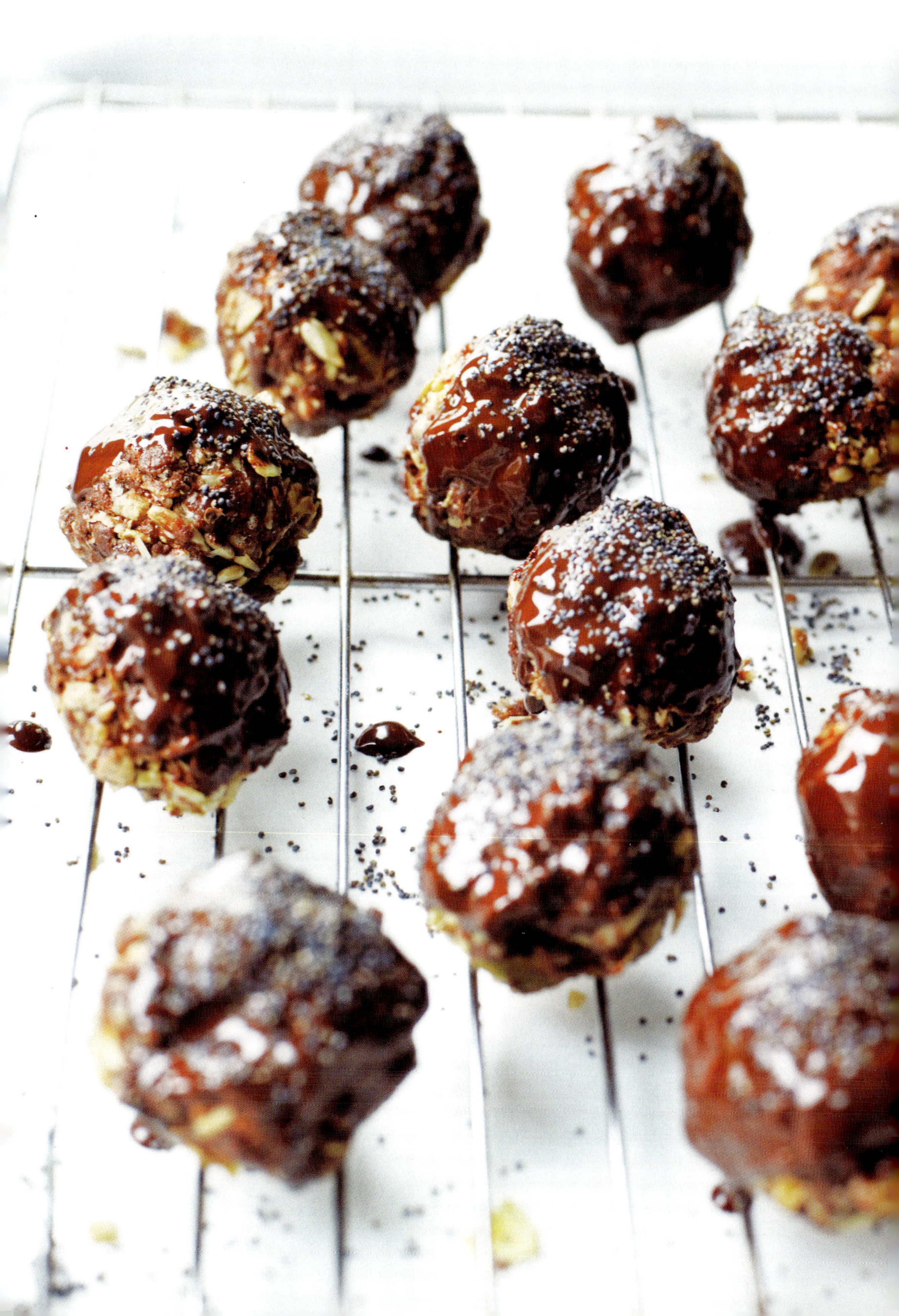

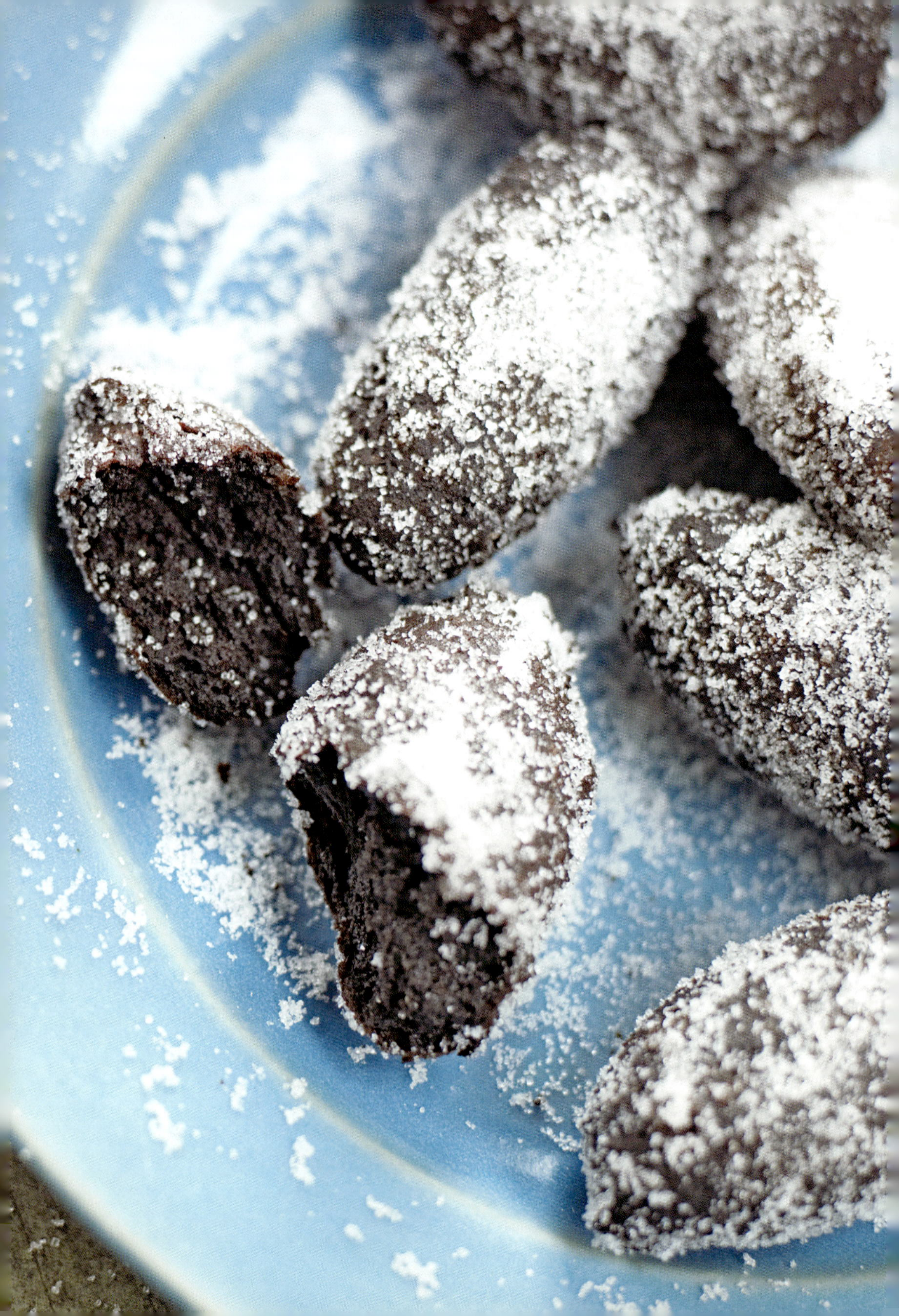

チョコレート・フリッター

約24個分

牛乳	75ml
水	100ml
無塩バター	60g
上白糖	30g
良質のココア・パウダー	25g
ベーキング・パウダーの入っていない小麦粉	75g
（カカオ70％の）ダーク・チョコレート	50g
放し飼いのニワトリの卵 Mサイズ	2個
重曹	小さじ½
ヒマワリ油	揚げ油用
上白糖	まぶすときに使用

このレシピを提供してくれたのはサム・ハッチンス、ロンドンのグレート・クイーン・ストリートにある、わたしが大好きなレストランのシェフです。このレシピからできあがるのは、おいしくて、肩ひじはらずにいただけるデザート。食事が終わったら、このフリッターを人数分揚げて、外はカリッと、中はフワッとした状態にしあげ、テーブルの中央に供すれば、客人たちはめいめいのペースでつまみつつ、楽しい食後のひとときがすごせます。フリッターを浸すクリームをボウルに入れて用意し、おいしいモーリ（甘くて赤いヴァン・ド・ナチュレ──チョコレートにぴったりの究極のワインです）をついだグラスを添えてもいいでしょう。

牛乳、水、バター、砂糖、ココア・パウダーを深鍋に入れて、煮立たせます。

そこに、木製のスプーンを使って、小麦粉を混ぜ入れます。その後、弱火にしてさらに10分加熱してください。火からおろしたら、そのまま20分冷まします。

そのあいだに、チョコレートを湯煎にかけます。ボウルにお湯を入れないよう気をつけてください。それから冷ましておきます。

牛乳の混合液が冷めたら、卵を1つずつ割り入れて混ぜ、さらに、とかして冷ましたチョコレートも混ぜ入れます。

揚げ鍋の油を170℃まで熱してください。あるいは、厚底の深鍋やフライパンに約1ℓのヒマワリ油（またはほかの無香タイプの油）を入れて、パンの小片が30秒でキツネ色になるまで熱します。入れる油は、フリッターが完全に浸るくらいたっぷり必要ですが、かといって入れすぎず、くれぐれも鍋の⅓程度までにしてください。大さじを2本使って、生地をフリッターの形にまとめたら、熱した油の中に慎重に沈めていきます。1度に入れるのは5-6個にしてください。揚げ時間は5分ほどで、表面が黒っぽくなり、パリッとしてくればできあがりです。中まで火はとおしますが、とおしすぎは厳禁です。しっとりした状態になっているよう気をつけてください。

穴のあいたスプーンでフリッターをすくいあげ、キッチン・ペーパーを敷いたお皿の上に並べて、余分な油を切ります。油を吸ったペーパーはすぐにベトベトになってしまいますから、何枚か敷きかえてください。浅いボウルに上白糖を入れ、その中でフリッターをころがして砂糖をまぶします。この手順を繰り返してすべてのフリッターをしあげたら、熱々のうちに供しましょう。

アドバイス

- フライパンを使って揚げる場合は、調理用の温度計がとても役に立ちます。熱した油の温度は、見ただけではわかりませんし、危険なうえに、できあがりも大きく変わってきかねませんから。また、油を熱するときは、弱火でゆっくりと温度をあげていってください。適温に達したら、しばらくは火を止めて作業をした方がいいかもしれません。その後、温度がさがりすぎてきたりしたら、もう1度火をつけるといいでしょう。

ピスタチオとイチジクのチョコレート・ビスコッティ

30個分

- ベーキング・パウダーの入っていない小麦粉 200g
- 良質のココア・パウダー 50g
- ベーキング・パウダー 小さじ1½
- 塩 1つまみ
- 上白糖 150g
- 粒のままのピスタチオ 100g
- 粗く刻んだドライ・イチジク 125g
- 放し飼いのニワトリの卵 Lサイズ 2個

イタリアの固いビスケットであるビスコットは、理想をいえば、甘口のワインに浸していただくために、食事が終わってから供するのがベストです。じつはこのビスコット、名が体を表している数少ないお菓子の1つで、ビスが「2度」、コットが「焼かれる」という意味のとおり、2度焼きするお菓子なのです。このレシピでは、イタリアのドルチェ（甘いデザート）でよく使われる2つの材料、香ばしいピスタチオと、栄養分たっぷりのドライ・イチジクを使用しています。そこにココアを加えることで、色の対比もあざやかになり、甘口のおいしいイタリア産赤ワイン、レチョート・ディ・ヴァルポリチェッラにもぴったりの味わいになるでしょう。

オーブンを190℃〈ガスマーク5〉に温め、天板にはクッキング・シートを敷いておきます。

小麦粉、ココア・パウダー、ベーキング・パウダー、塩を混ぜあわせます。そこに砂糖、ピスタチオ、ドライ・イチジクを加えて、混ぜてください。さらに、卵も少しずつ加えていき、こねあわせて生地をつくります。

生地を3等分し、20×4cmのソーセージ型に成形します。それを天板に並べ、20分焼いてください。

手でさわれるくらいまで冷めるのを待ってから、それぞれの塊を1cm幅にていねいにスライスしていきます（パン切り包丁を使ってみるといいでしょう）。スライスしたものは、再度クッキング・シートの上に並べ、それぞれの面をさらに3分ずつ焼けば完成です（できるだけ並べますが、天板1枚には並べきれないかもしれませんから、その場合は何度か繰り返しておこなってください）。

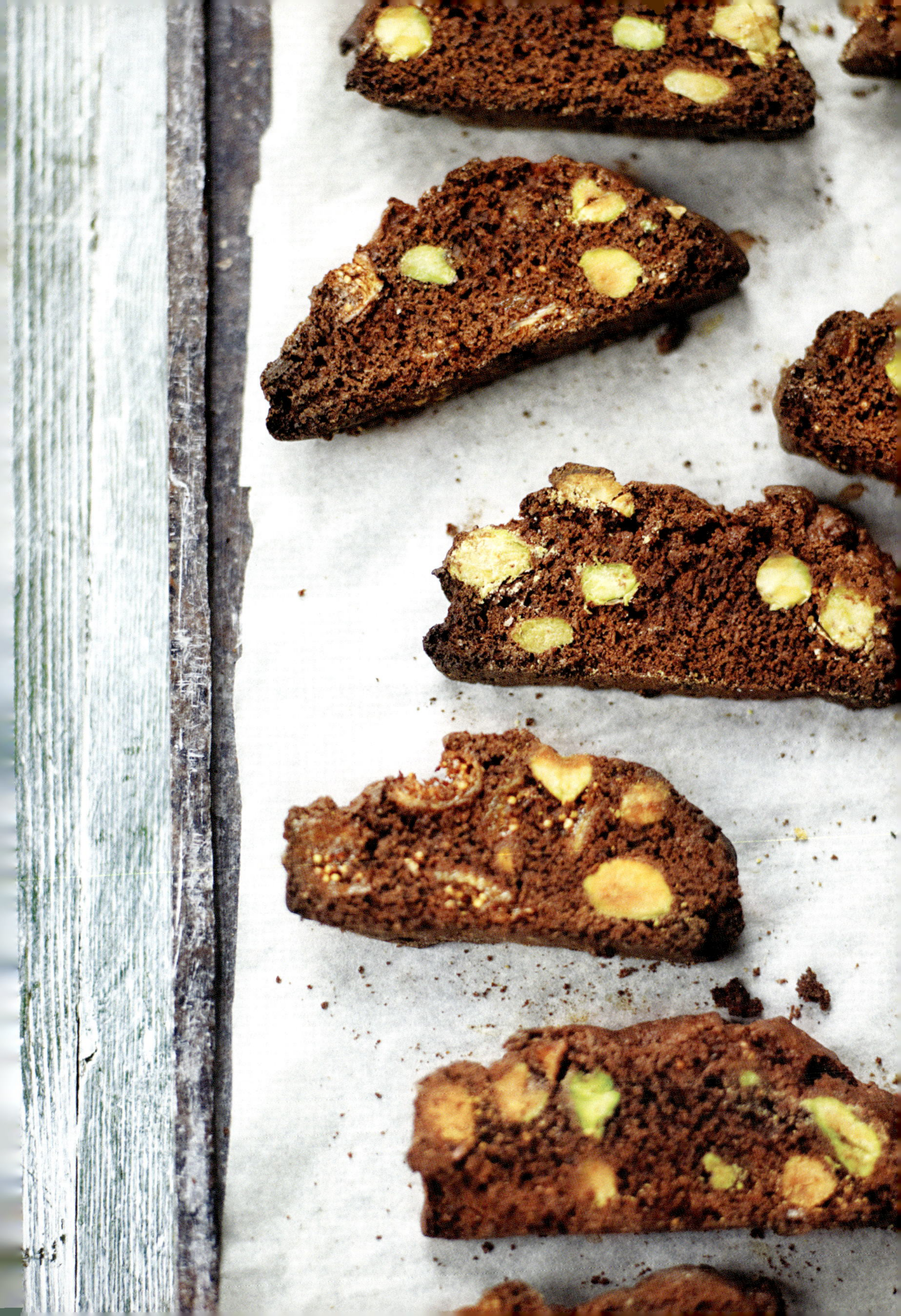

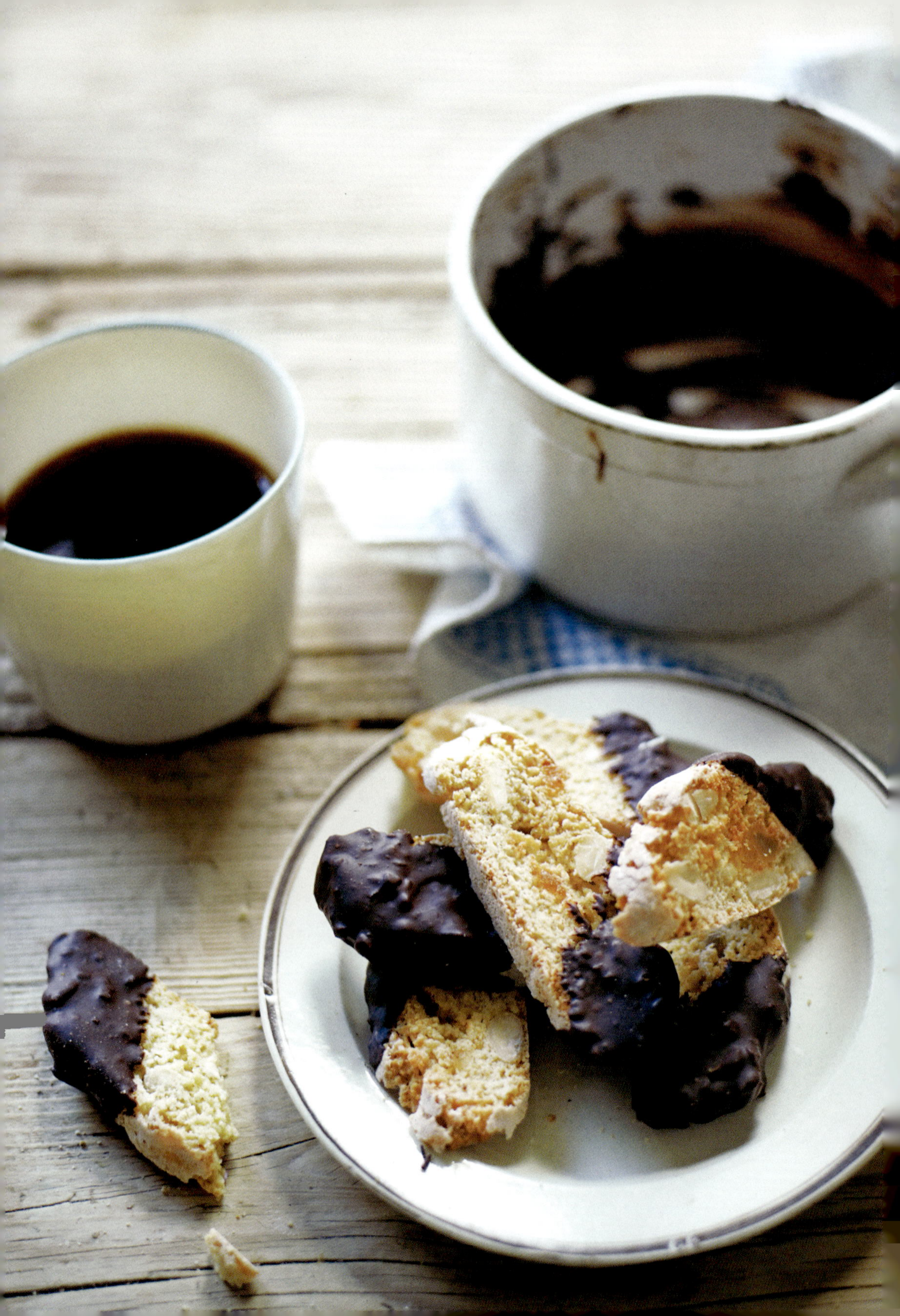

チョコレートとオレンジのジンジャー・ビスコッティ

～

30個分

粒のままのアーモンド	150g
00小麦粉（最も精製された小麦粉）	250g
ベーキング・パウダー	小さじ1
上白糖	150g
細かく刻んだステム・ジンジャー（ショウガの根茎を砂糖漬けにしたもの）	50g
軽く割りほぐした放し飼いのニワトリの卵Lサイズ	2個
オレンジ・エッセンス	小さじ1½
粉砂糖	装飾用
ジンジャー入りダーク・チョコレート	150g

これは、カイル・キャシー社の編集者が提供してくれたレシピの中でも、最も人気の高かったものです。広報担当のエンマ・マリジュイクスは、イタリア人のおばあさまがつくってくださったおいしいビスコッティをもとに、味に少し変化をつけて、このチョコレートとオレンジのすばらしいハーモニーをつくりだしました。

お湯を沸かし、そこにアーモンドを入れます。30秒煮てから、お湯を捨てます。アーモンドの薄皮をむいて、そのままおいておきましょう。

オーブンを180℃〈ガスマーク4〉に温め、天板1枚か2枚にクッキング・シートを敷いておきます。

ボウルに小麦粉、ベーキング・パウダー、砂糖を入れて混ぜます。そこにアーモンド、ジンジャー、卵、小さじ1杯分のオレンジ・エッセンスを加えてください。それらをよく混ぜてまとめ、やわらかい生地をつくります。きれいな作業台の表面に粉砂糖をふりかけ、その上で生地を3等分し、それぞれをソーセージ型に成形します。

それを天板に並べ、軽く押して、ころがらない程度に平らにしてください。そのまま、生地がキツネ色になるまで20分焼きます。

オーブンからだしたら、それぞれの塊を1㎝幅にていねいにスライスしていきます。スライスしたものを1枚ずつ天板に並べ、オーブンにもどして再度2-3分焼いてください。焼きあがったら、オーブンからだして冷ましておきます。

ビスコッティを冷ましているあいだに、チョコレートをとかします。電子レンジを使うか、湯煎にかけましょう。湯煎の場合は、ボウルにお湯を入れないよう気をつけてください。とけたチョコレートに、残っていたオレンジ・エッセンス小さじ½を混ぜ入れます。

ビスコッティをチョコレートに浸し、それぞれを半分ぐらいまでコーティングしたら、ワイヤー・ラックに並べてチョコレートを固めてください。

バニラ・クリーム・トリュフ

約50個分

ホイッピング・クリーム............175g
塩...........................1つまみ
縦に割ったバニラのさや............1本
グラニュー糖...................75g
室温にもどした
　無塩バター..................125g
ミラベルなどお好みのリキュール
　..................大さじ1-2杯
　　　　　　　　（なくても可）
（カカオ70％の）ダーク・
　チョコレート..........250g程度
　（トリュフを浸すときに使用）
ココア・パウダー..............装飾用

わたしたちが「マイ・チョコレート」のハンナを知ったのは、弊社の創業者ジョー・フェアレーが、1度ハンナのすばらしいワークショップに参加してからです。わたしたちは、でむいていって自分たちの目で確かめずにはいられませんでした。そしてその結果わかったのです、これが、最もすばらしいレシピの1つであることが。本当に楽しい経験でした。そして今やハンナも、弊社のチョコレートを使ってくれているのです！

ホイッピング・クリーム、塩、バニラのさやを深鍋に入れて弱めの火にかけ、充分に加熱したところで火力を1番弱くし、20分ほどコトコト煮て、クリームにバニラの香りをうつします。決して煮立たせないでください。

火からおろしたら、砂糖を加えて混ぜ、冷まして20℃（室温）にします。

ボウルにバターを入れ、電動のスタンド・ミキサーかハンド・ミキサーを使って撹拌し、やわらかく、なめらかな状態にします。その後、撹拌をつづけながら、徐々に前述のクリーム混合液を加えていきましょう。リキュールを使う場合は、ここで混ぜ入れてください。

生地が凝固してきたら（冷めすぎたということです）、湯煎にかけてもう1度熱を加え、再度乳化させます。生地がやわらかすぎる場合には、氷水にボウルを浮かべてかき混ぜてください。

天板1枚か2枚にクッキング・シートを敷きます。しぼり袋に口金（長さ3㎝、幅1.8㎝程度のもの）をつけ、トリュフの生地を詰めて、クッキング・シートの上にしぼりだしていきます。大きさはだいたいナツメグの実ぐらいです。この大きさでしぼっていけば、全部で50個程度のトリュフがつくれます。生地をしぼったら、天板をそのまま冷凍庫に入れます。45分ほどたったらだしてください。

そのあいだに、チョコレートを湯煎にかけます。ボウルにお湯を入れないよう気をつけてください。とけたらお湯からはずし、冷まして40℃にします。浅いボウルか平らなお皿にココア・パウダーを入れ、ふるいを用意します。

トリュフのフィリングをとかしたチョコレートに浸し、ついでココア・パウダーの上においてまぶしていきます。ココア・パウダーがきれいについたら、1度に2、3個ずつふるいにかけて、余分な粉を落としてください。できあがったトリュフは密閉容器にしまって冷蔵庫に入れるか、つくりたての味のまま、より長く保存しておきたい場合には、冷凍庫に入れておきましょう。

サイモン・ホプキンソンの チョコレート・ピティヴィエ

4-6人分

パフ・ペイストリー用

強力粉 ...... 225g＋打ち粉用に少々
塩 1つまみ
細かく刻んだ冷たいままの
　無塩バター 225g
レモン½個分の果汁
冷水 .... 150㎖
放し飼いのニワトリの
　とき卵 .... 1個分（グレーズ用）
粉砂糖 .... 装飾用

クレーム・パティシエール（カスタード・クリーム）用

高脂肪牛乳 .... 250㎖
縦に割ったバニラのさや 1本
放し飼いのニワトリの卵
　Lサイズの卵黄 3個分

上白糖 75g
ベーキング・パウダーの
　入っていない小麦粉 25g

チョコレート・クリーム用

やわらかくした無塩バター 110g
上白糖 110g
放し飼いのニワトリの卵
　Lサイズ 2個
アーモンド・パウダー 110g
良質のココア・パウダー 50g
ダーク・ラム .... 大さじ½
チョコチップ・サイズに細かく刻んだ
　（カカオ70％の）
　ダーク・チョコレート 100g
供するときに使う濃厚なクリーム

ローリー・リーの昔から変わらないおいしい料理が楽しめるカフェ・アングレで昼食をとっていたとき（そこにいったら、パルメザン・カスタードとアンチョビ・トーストを注文すること。つぎにいったときもまたそれを注文すること）、バー・カウンター近くにいるサイモン・ホプキンソンを見かけました。わたしが尊敬する料理本の著者の1人であったことと（彼の著作を1冊ももっていないならぜひ購入すること。それも全部）、ワインをかなり飲んでいたためにすっかり図々しくなっていたことから、わたしはすぐさま彼のもとにいき、この本にレシピを提供してほしいと頼んだのです。いきなりだったので、当然のことながらサイモンはしばし面食らっていましたが、しばらくすると、この話をすっかり気に入ってくれ、レシピを提供してくれました。それがこれです。彼の著書『Roast Chicken and Other Stories』に掲載されていたチョコレート・ピティヴィエで、簡単に説明すると、チョコレートとアーモンドのクリームをはさんだ、とびきりおいしいパフ・ペイストリー、ということです。

まずはペイストリーをつくります。できれば前日か、せめて数時間前にはあらかじめつくっておきましょう。

小麦粉と塩をボウルにふるいあわせ、バターを加えます。

粉とバターはざっくりと混ぜます。通常のペイストリーをつくるように、すりあわせたりはしないでください。バターには極力ふれずに、粉となじませる感じです。バター・ナイフを2本使って、バターを十字に切っていくようなつもりで混ぜるといいでしょう。

そこに、レモン果汁と冷水を混ぜあわせたものを加えます。金属製のスプーンを使って、生地がしっかりとまとまるまでていねいに混ぜてください。

生地を冷たい作業台の上におき、厚い長方形を成形します。その後、作業台に打ち粉をしてから、めん棒を使って、生地を18×10㎝程度の長方形に、ていねいにのばしていきます。

のばした生地の⅓を中央にむかっておりたたみ、残りの生地をその上に重ねてください（3つ折にした状態になります）。それを上から軽く押したら、冷蔵庫で10分寝かせます。

10分たったら、生地を作業台のもとの場所にもどし、90°回転させます。それを、前述したのと同じ大きさまでのばし、同じようにおりたたんで、冷蔵庫で寝かせてください。

生地を回転させ、のばし、おりたたんで、寝かせるという工程を、さらに3度繰り返します（やれやれ！ これぞまさに、市販のペイストリー生地を買えばよかったと思う瞬間でしょう！）。できあがったら、ペイストリーをラップで包み、数時間から1晩、冷蔵庫に入れておきます。

クレーム・パティシェールをつくります。牛乳とバニラのさやを深鍋に入れて弱火にかけ、静かに煮立てていきましょう。

卵黄、砂糖、小麦粉を、全体が軽くフワッとするまで混ぜあわせます。それをかき混ぜながら、温めた牛乳を少しずつそそぎ入れていきさす。その後、この混合液を鍋にもどし、トロッとしてくるまでじっくりと加熱してください。決して煮立たせないようにしましょう。できあがったら、こしてボウルに入れます。バーラのさやは捨ててください。その後冷やします。

チョコレート・クリームをつくります。バターと砂糖を、全体が軽くフワッとするまで混ぜあわせてください。そこに卵を加えて、再度混ぜます。さらにアーモンド・パウダーとココア・パウダーも加えて、また混ぜていきます。ラム酒と、冷ましたクレーム・パティシェールも加え、最後にチョコチップを混ぜ入れたら、冷やしておきます。

オーブンを200℃〈ガスマーク6〉に温め、クッキング・シートに油を塗っておいてください。

ペイストリーを厚さ3mm程度にまでのばします。それを、10cmの正方形4つと、15cmの正方形4つに切りわけてください。小さい方の正方形を、打ち粉をした板の上に並べます。

アイスクリーム・サーバーか大さじを使って、それぞれの正方形の中央にチョコレート・クリームをのせていってください。生地の縁にとき卵を塗り、それぞれの生地の上に大きい正方形をかさね、空気を押しだすようにしながら、しっかりとはりつけていきます。

直径10cmの抜き型を使って、クリームをはさんだペイストリーをきれいな丸い形に抜いてください。フォークの先端を使って、ペイストリーの縁を押してしっかりとはりつけながら、きれいな模様をつけていきます。残ったとき卵を塗り、粉砂糖を軽くふりかけます。

クッキング・シートの上に並べて、オーブンで15-20分か、生地が充分にふくらんで、つややかなキツネ色になるまで焼いてください。オーブンからだしたら、粉砂糖を再度軽くふりかけ、濃厚なクリームを添えて、熱々を供しましょう。

アドバイス

- ペイストリーをつくるときは、それが何度目の工程かがすぐにわからなくなってしまいますから、注意してください。また、最後の工程のときになってもまだ、刻んだままの状態のバターが残っているかもしれませんが、そのままで心配はありません。オーブンで焼いているときに、残ったバターの塊がとけて、ペイストリーの層のあいだに蒸気がまわり、それによって生地がふくらむからです。
- 1回で4つのピティヴィエをつくりますが、このレシピの分量だと、ペイストリーがかなりあまります。型を抜いてあまった生地を集めれば、あと2個はつくれるでしょう。必ずしも最初のものほどきれいにふくらまないかもしれませんが、それほどの遜色はありません。その場合は、あまった生地を集めて、ていねいにまとめあげ、前述したようにのばせば大丈夫です。
- さらに見栄えをよくしたい場合は、卵を卵黄と卵白にわけて、卵黄のみをグレーズとして使用します。卵白の方は、「接着剤」としてのみ使いましょう。

199

トム・エイケンスのチョコレート・クレープ

18-20枚分

とかした無塩バター	60g
砕いた（カカオ70％の）ダーク・チョコレート	50g
上白糖	50g
＋装飾用に少々	
ベーキング・パウダーの入っていない小麦粉	230g
良質のココア・パウダー	30g
放し飼いのニワトリの卵 Mサイズ	4個
＋Mサイズの卵黄 2個分	
（すべてをいっしょにして、割りほぐしておきます）	
半脱脂粉乳	550ml
焼くための油	

トム・エイケンスは、よく母親といっしょにつくっていたレシピをもとに、このレシピを考案しました。ココア・パウダーを加えて、一段とチョコレート風味の増したおいしいクレープにしてあります。トムにとっては不動のお気に入りレシピです。

バターとチョコレートを鍋に入れ、弱火でゆっくりととかしておきます。

砂糖、小麦粉、ココア・パウダーをふるいあわせて、大きなボウルに入れます。中央にくぼみをつくり、そこに、まず割りほぐした卵を入れ、ついで牛乳を入れ、最後にとかしたバターとチョコレートを加えて混ぜあわせてください。

それを目の細かいこし器でこしたら、2、3時間寝かせておきます。

準備ができたら、テフロン加工を施した大きなフライパンを火にかけ、少量の油を塗ります。クレープの生地をたっぷりと入れ、フライパンをまわしながら薄くのばしていきましょう。

両面を1分ずつ焼いたら、耐油性ペーパーを敷いた、温めておいたお皿の上にクレープをのせ、上白糖をふりかけます。生地を全部使って焼けるだけ焼き、1枚焼けるたびに、先にできたクレープの上にかさねて、前述したように上白糖をふりかけてください。

できたてを供します。チョコレート・ソースかムースを添えてもいいでしょう。

アドバイス
- フライパンに均等に油を引くなら、適当な大きさにおりたたんだキッチン・ペーパーを使って、フライパン全体にまんべんなくのばすのがおすすめです。
- 生地をこがさないためには、フライパンにたっぷり油を引き、中火で焼いてください。
- 生地がもったりしていると感じたら、分量外の牛乳を少したしてみましょう。

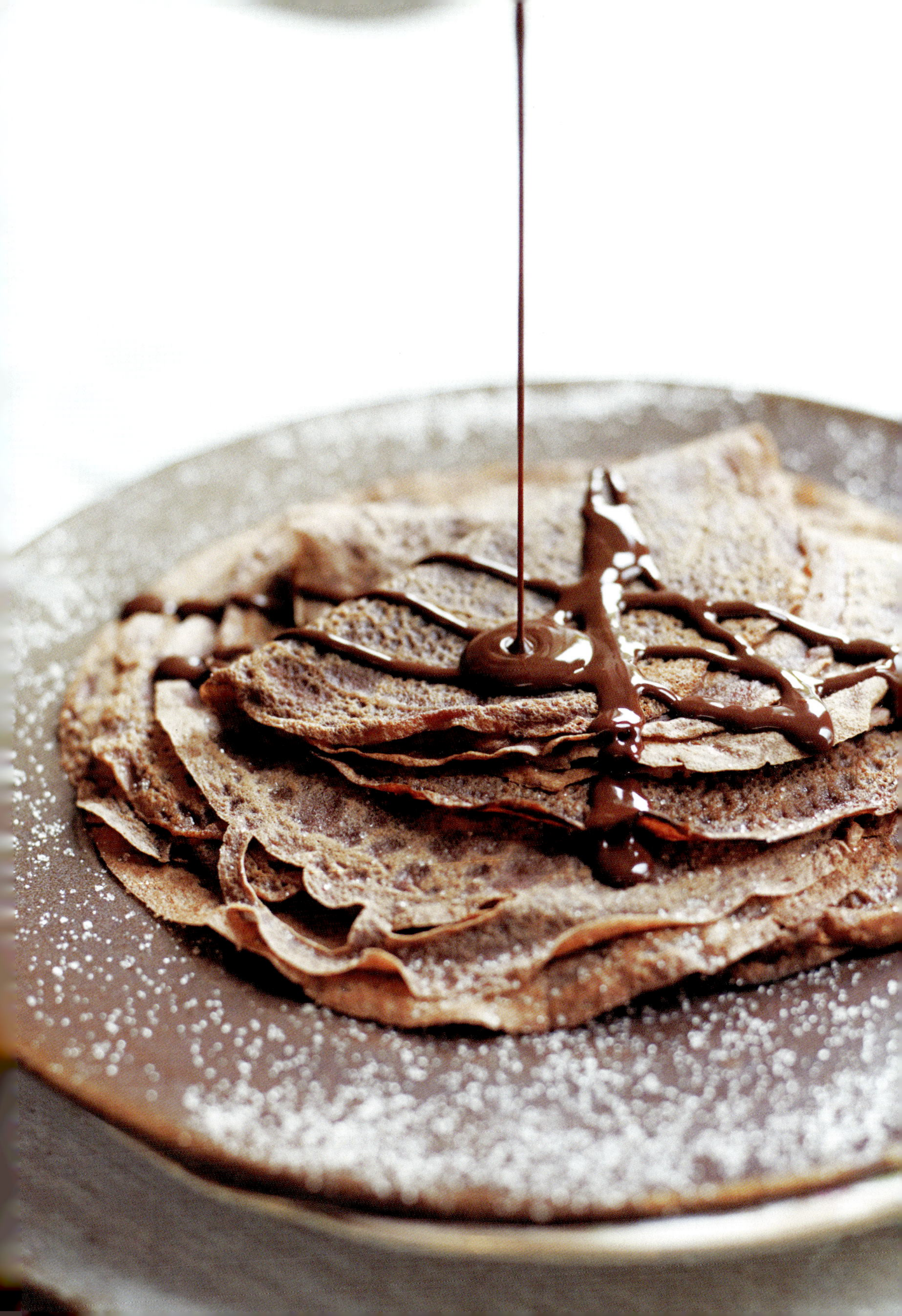

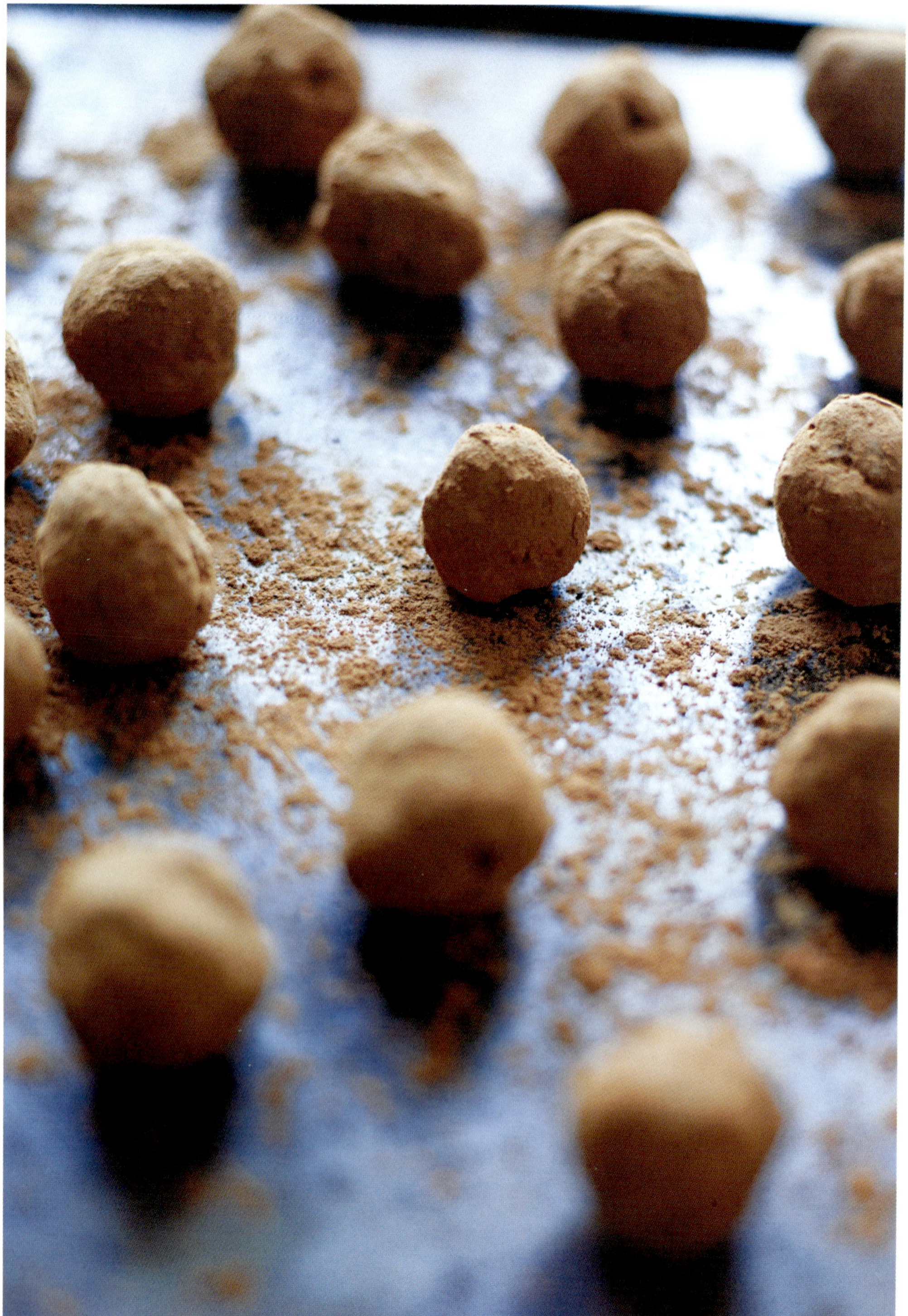

タイムと
チョコレートの
トリュフ

ホイッピング・クリーム............175㎖
タイムの小枝.................................15g
砕いた（カカオ70％の）
　ダーク・チョコレート..............200g
良質のココア・パウダー........装飾用

約20個分

ジョー・ウッドがオーガニック食材に興味を抱くようになったのは20年以上も前、どのスーパーマーケットの棚にも当然のようにオーガニックの食材が並ぶにはまだほど遠い、はるかに昔のことでした。これからご紹介する彼女のレシピでは、使用している材料が比較的少ないとはいえ、当時は、このレシピをオーガニックの材料だけでつくるのは無理でした。今ならどれも簡単に入手できますが。ジョーは、クリームにタイムの香りをしっかりとうつしてからガナッシュをつくっているので、とてもすばらしいガナッシュができあがっています。タイムのかわりにローズマリーやミント、バジルなどほかのハーブも試してみてください。香りを浸出させる量や時間をいろいろと変えてみて、あなたの好みに1番あうものをさがしてみましょう。

大きくて重いまな板か天板を、ラップかワックス・ペーパーでぴっちりと、隙間なく覆います。

小さな深鍋にクリームとタイムを入れ、弱火で煮立たせていきます。火からおろしたら、そのまま10分かけて、タイムの香りをしっかりとクリームにうつしていきましょう。10分たったらこして、再度クリームを火にかけ、煮立たせます。その後、味見をします。自分の舌と鼻を信じましょう。タイムの香りが弱いと思ったら、熱いクリームの中にタイムを入れたまま、5分ほどおいておきます。

大きなミキシング・ボウルにチョコレートを入れ、すぐにクリームをそそぎ入れます。チョコレートがすべてとけるまで、しっかりと混ぜあわせてください。

その後、ガナッシュが固まるまで、室温で冷まします。1時間半ほどかかるでしょう。

ガナッシュが固まったら、スプーンを使って、一口大にすくいとっていきます。手のひらに軽くココア・パウダーをつけ、ガナッシュが手につかないようにしてから、両手でガナッシュを丸めていきます。

できあがったトリュフはすぐに、ふるったココア・パウダーの上でころがし、用意しておいたまな板か天板に並べて完全に固めてください。

アーティザンの
チョコレート・
マティーニ

チョコレート・オリーブ用

粒のままのアーモンド 50g

（カカオ70％の）
　　ダーク・チョコレート 50g

ホワイト・チョコレート 25g

緑の着色料 .... 少量
　　　　　　　　　（色づけに使用）

カクテル1杯分

ウォッカ .... 50㎖

リレ／マティーニ .... 25㎖

アーティザン・ドゥ・ショコラを営むジェラルドとアンは、わたしの大切な友人で、弊社最初のレシピ本にもレシピを提供してくれました。本の中でわたしが特に気に入っているレシピの1つで、アーティザンで供しているチョコレートと塩キャラメルのタルトです。そんな彼らが、2冊目となる本書のためにと提供してくれたのは、ノッティング・ヒル店で供しているチョコレート・カクテルのレシピ2点でした。いずれのレシピも多少の手間はかかりますが（たとえばこのレシピで使うチョコレート・ウォッカは、つくるのに最低でも1週間は必要です。が、いったんできあがれば、ゆうに15杯はカクテルが楽しめます）、ぜひつくってみてください。

アーティザンでは、甘いチョコレート・リキュールよりも、ウォッカ――カカオ・ニブ（カカオ豆を粗く挽いたもの）やカカオ100％のチョコレート、できれば1番ダークなチョコレートなどをできるだけ長く浸けておいたウォッカ――を使うようすすめています。750㎖のウォッカに対して、25gのカカオ・ニブを用意し、最低でも1週間は漬けこみます。定期的にボトルをふってください。ウォッカは金色を帯びた琥珀色になり、ビター・チョコレートの味がしてくるようになります。

アーモンドをローストしてから、冷ましておきます。チョコレートを湯煎にかけましょう。ボウルにお湯を入れないよう気をつけてください。ホワイト・チョコレートも同様にとかし、そこに緑の着色料を加えます。とかしたチョコレートは、冷まさないようにしておいてください。

ボウルにアーモンドを入れ、とかしてまだ温かいダーク・チョコレートを少しずつ入れて、アーモンドをコーティングしていきます（多すぎると、アーモンド同士がくっついてしまいますから気をつけましょう）。スプーンを使って、チョコレートが固まるまで、いきおいよくかき回します（ただし、アーモンド同士はくっつかないようにしてください）。この作業は、涼しい場所でおこなうといいでしょう。この工程を、ダーク・チョコレートがなくなるまで繰り返します（アーモンドではなく、ボウルばかりコーティングしているようなら、チョコレートを入れるスピードがはやすぎるということです）。その後、緑に着色したチョコレートでも同じ作業を繰り返し、ダーク・チョコレートでコーティングしたアーモンドを、さらに緑のチョコレートでコーティングしていきます。

できあがったら、両手で軽くころがしてつやをだします。あとは、数時間おいてチョコレートを結晶化させてください（アーモンドのつまみ食いをやめられれば、ですが）。

マティーニ・グラスを冷やします。カクテル・シェーカーに氷を入れてください。チョコレート・オリーブをグラスの底かかたわらに添えます。

ウォッカをシェーカーに入れます。リレ／マティーニを加えてください。（シェイクはせずに）バー・スプーンでかき混ぜます。

2度にわけてグラスに注ぎます。冷たいうちに供しましょう。

アドバイス

- カカオ・ニブが手に入らない場合は、ウォッカ750㎖に対して、細かく刻むかすりおろすかした（カカオ70％の）ダーク・チョコレート25gとココア・パウダー9gで代用できます。1週間ほどたってから、コーヒー用のフィルター・ペーパーでこせばできあがりです。
- もっと辛口のマティーニにしたい場合は、お好みでリレ（ベルモット）の量を減らしてください（10㎖くらいがちょうどいいでしょう）。
- アーモンドは、180℃〈ガスマーク4〉に設定したオーブンで8分程度か、いい香りがしてくるまで焼きます。きれいな焼き色をつけてください。ただし、くれぐれもこがさないようにしましょう。

抹茶とホワイト・チョコレートのニュー・オーリンズ・フィズ

抹茶チョコレート・ドリンク用（カクテルでたっぷり4人分）

高脂肪牛乳.................150㎖

クリーム.....................25㎖

アーティザンの
　抹茶チョコレート.........45g

または、良質のホワイト・
　チョコレート.............40g
　＋上質の抹茶パウダー　5g
（お茶が上質であればあるほど、
　ドリンクもおいしくなります）

カクテル用

ジン..........................25㎖

レモン果汁.................25㎖

上白糖..........バー・スプーン1杯分

冷抹茶.......................50㎖

放し飼いのニワトリの卵の
　卵白........................1個分

炭酸水....................しあげ用

ニュー・オーリンズ・フィズともいわれるカクテル、フィズは、1888年、ヘンリー・ラモスによってつくられました。このフィズをつくるのに必要なのは、ごく普通にバーにある材料と体力だけです。たとえばラモス・フィズの場合、クリームと卵とアルコールを乳化させ、適度に泡立った状態で供するためには、それこそ我を忘れたようにシェイクしなければなりません（5分間、猛然とシェイクしつづけるのです）。実際ラモス本人は、理想のフィズをつくるべくバトンタッチしながらシェイカーをふらせるため、バーテンダーを大量に雇っていたそうです。オリジナルはクリームとオレンジ・ウォーターを使いますが、アーティザン版ではクリーミーなホワイト・チョコレートと抹茶を使います。

抹茶チョコレート・ドリンクは、あらかじめ数時間前につくっておきます。牛乳とクリームを、こがさないように気をつけながら加熱してください。

チョコレートを細かく割るか、ごく薄く切っていきます。（そこに抹茶を加え、）熱した牛乳を上からそそぎ入れて、スプーンまたはスパチュラで混ぜて乳化させます。その後冷ましておきましょう。

完全に冷めたら、こして（必要ならミキサーにかけてください）、カクテルづくりにとりかかります。

カクテル・シェイカーに、ジン、レモン果汁、上白糖を入れます。そこに抹茶チョコレート・ドリンクも加えてください（泡だらけになってきたら、泡を消すように、泡の上からそそいでいきます）。卵白をときます。それをバー・スプーン1杯分、シェーカーに加えてください。さらに氷をたっぷり入れます。

最低でも4分はシェイクしましょう（オリジナルのニュー・オーリンズ・フィズは、次から次へとバーテンダーが交代しながら、10分間もシェイクされたそうです）。スリング・グラスいっぱいに氷を入れます。そこへ2度にわけてそそぎ入れてください。

炭酸水をたして完成です。

アドバイス

- 抹茶パウダーは、日本食材をあつかっている店にいけば購入できますが、手に入らない場合は、代用として、最上の緑茶を探し、スパイス・ミルか、すり鉢とすりこぎを使ってできるだけ細かくしたものを使いましょう。

索引

あ

アイシング 38-9, 40-1, 42-3, 44, 45, 60-2, 64-5, 66-7, 72-3
アイスクリーム
　サリー・クラークのビター・チョコレートとバターミルク 160-1
　ダーク・チョコレートとカルダモン 164-5
　ベイクド・アラスカ 167
　ホワイト・チョコレートとレモン・チーズケーキ 162-3
赤唐辛子
　ココア・ウエハース 129
　スパイシーなチョコレート・クリーム 136-7
アプリコットとウォルナッツのチョコレート・スライス 30-1
アーモンド
　究極のチョコレート・フォンデュ 150
　チェリー・チョコレート、なつかしいロール・ケーキ 106-7
　ホット・チョコレート 182
　リンジー・ベラムのチョコレートとアーモンドとラズベリーのバースデー・ケーキ 66-7
イチジク
　パート・ド・フリュイ 184-5
　ホワイト・チョコレート・チーズケーキ 146-7
　イチジクとピスタチオのチョコレート・ビスコッティ 192-3
　ザッハトルテ 50
ウェディング・ケーキ
ウエハース、ピリッとするココア 129
ウォルナッツとアプリコットのチョコレート・スライス 30-1
ウーピー・パイ、アニタ 32-3
オリーブ・オイル・チョコレート・トルテ 111
オリーブ、チョコレート 204
オレオ、なんちゃって 22-3
オレンジ、チョコレート、ジンジャー・ビスコッティ 194-5
オート
　チョコチップ・クッキー 16-7
　チョコレート・シード・ボム 188-9
　チョコレートをかけたフルーティなフラップジャック 28-9
オーブン用温度計 10, 13

か

カクテル
　アーティザンのチョコレート・マティーニ 204
　抹茶とホワイト・チョコレートのニュー・オーリンズ・フィズ 205
カスタード
　チョコレートとチェリーのトライフル 138
　チョコレート・メレンゲ・パイ 92
カッサータ 112-3
カップケーキ
　ジャッジズ・ベーカリーのチョコレート 38-9
　ハミングバード・ベーカリーのジンジャー・チョコレート 44-5
　ハミングバード・ベーカリーのダーク・チョコレート 46
　プリムローズ・ベーカリーのピーナッツ・バター 40-1
　ホワイト・チョコレートとブラックベリー 42-3
カルダモン
　ダーク・チョコレート・アイスクリーム 164-5

チョコレート・マフィン 47
ガナッシュ 22-3, 65, 186
キャラメル
　アレグラ・マッキーヴァディの百万長者じゃない人のショートブレッド 24-5
　塩、なめらかなチョコレート・トルテ 78-9
クッキー
　チョコチップ 16-7
　とびきりしっとりのチョコレートとヘーゼルナッツ 20-1
クランベリーとチョコレートとピスタチオのレイヤー・ポット 130-1
クリ
　チョコレート・スフレ・ケーキ 70-1
　ブッシュ・ド・ノエル 116-7
クリスマス
　クリスマス・プディング、ジェーン 114-5
　ブッシュ・ド・ノエル 116-7
クリーム、スパイシーなチョコレート 136-7
クレープ、トム・エイケンスのチョコレート 200-1
クレーム・パティシエール 197-9
クロワッサン・プディング、チョコレートとラズベリー 100-1
グルテンフリー・ケーキ
　アニー・ベルの罪悪感ゼロのチョコレート・ケーキ
　オリーブ・オイル・チョコレート・トルテ 111
　グルテンフリーのチョコレート・ファッジ・プディング 97
　ザッハトルテ 50
　チョコレートとクリのスフレ・ケーキ 70-1
　なめらかな塩キャラメル・トルテ 78-9
ケーキ
　アニー・ベルの罪悪感ゼロのチョコレート 58-9
　究極のチョコレート・ファッジ 72-3 (カップケーキ、マドレーヌ、マフィンの項も参照)
　クローディア・ローデンのガトー・ショコラ 68-9
　心痛むチョコレート 63
　ダーク・チョコレートとブランデーとチェリー 64-5
　チョコレート・スティッキー・トフィー・プディング 102-3
　チョコレートとクリのスフレ 70-1
　ニック・マルジーエリのチョコレート・バーボン・ケーキ 76-7
　リンジー・ベラムのチョコレートとアーモンドとラズベリーのバースデー 66-7
　ローズ・レヴィ・ベランバウムのチョコレート・レイヤー 60-2
コアントローとマーマレードのソース 134-5
ココア・バター 176
ココナッツとチョコレートのライス・プディング 132-3

さ

ザッハトルテ 50
シャルロット、チョコレート 104-5
ジンジャー
　究極のチョコレート・フォンデュ 151
　ダーク・チョコレートのルーラード、洋ナシのコンポート入り 108-9
　チョコレート・オレンジ・ビスコッティ 194-5
　チョコレート・タルト、ピュア・ゴールド・シー・ソルト、フェンネル・シードのブリットル添え 86
　ハミングバード・ベーカリーのチョコレート・カップケーキ 44-5
　ホット・チョコレート 181
スコーン、チョコチップ 46
スチームド・チョコレート・プディング 98-9
スパイス

チョコレート、オールインワン・ローフ 56-7
チョコレート・クリーム 136-7
スフレ
　究極のチョコレート 154-5
　ケーキ、チョコレートとクリ 70-1
セミフレッド、ミルク・チョコレート、ラム・レーズン 166
ソース
　究極のチョコレート 168-9
　トフィー 102-3
　マーマレードとコアントロー 134-5

た

タイムとチョコレートのトリュフ 202-3
タタン、洋ナシとチョコレート 82-3
タルト
　チョコレート 81
　ピュア・ゴールド・シー・ソルト・チョコレート、ジンジャー、フェンネル・シード・ブリットル添え 86
　ロレイン・パスカルのチョコレート・バノフィ 84-5
チェリー
　ダーク・チョコレートとブランデーのケーキ 64-5
　チョコレート・トライフル 138
　チョコレート・ムース 106-7
チュロスとスペイン風チョコレート 183
チョコレート・シナモン・ロール、アリアンナ 51-3
チョコレートのレシピ、つくり方 178-9
チョコレートをとかす 176-7
チーズケーキ
　イチゴとホワイト・チョコレート 146-7
　チョコタスティック 148
　デリアのチョコレート・リコッタ 144-5
　ブラウニー、チョコレートとラズベリー 36-7
　レモン、ホワイト・チョコレートのアイスクリーム 162-3
ティフィン、チョコレート 26-7
テンパリング、チョコレート 176-7
ディプロマット、ラム・レーズン・チョコレート 139-41
デリス
　チョコレート・リコリス、ココア・ウエハース添え 129
　ホワイト・チョコレートとパッション・フルーツ 128
デーツ、マジュール、ミルク・チョコレート 179
トフィー
　プディング・ケーキ、チョコレート・スティッキー 102-3
　ロレイン・パスカルのチョコレート・バノフィ・タルト 84-5
トライフル、チョコレート・チェリー 138
トリュフ
　タイムとチョコレート 202-3
　バニラ・クリーム 196
トルテ
　オリーブ・オイル・チョコレート・トルテ 111
　ザッハトルテ 50
　なめらかな塩キャラメル・チョコレート 78-9
　ニック・マルジーエリのチョコレート・バーボン・ケーキ 76-7

な

ナス、心痛むチョコレート・ケーキ 63
ヌガー、ダーク・チョコレート 179

は

バタークリーム 38 (アイシングの項も参照)
バターミルクとビター・チョコレートのアイスクリーム、サリー・クラーク 160-1
バナナ

チョコレート、いなか風ブレッド 54-5
バノフィ・タルト、ロレイン・パスカルの
　チョコレート 84-5
バースデー・ケーキ
　究極のチョコレート・ファッジ 72-3
　リンジー・ベラムのチョコレートとアーモンド
　　とラズベリーのバースデー 66-7
バーボン・チョコレート・ケーキ、ニック・
　マルジーエリ 76-7
パイ
　ダリーナ・アレンのチョコレートと
　　ピーナッツ・バター 88-9
　チョコレートとペカン 94-5
　チョコレート・プディング 90-1
　チョコレート・メレンゲ 92-3
　パッション・フルーツとホワイト・チョコレートの
　　デリス 128
パルフェ、チョコレート 172-3
パンナ・コッタ、チョコレート、洋ナシの
　バニラ風味のコンポート添え 149
百万長者じゃない人のショートブレッド、
　アレグラ・マッキーヴァディ 24-5
ビスケット
　アニタのすてきなウーピー・パイ 32
　アレグラ・マッキーヴァディの百万長者じゃ
　　ない人のショートブレッド 24-5
　チョコレートをかけたフルーティな
　　フラップジャック 28-9
　なんちゃってオレオ 22-3
　メイダ・ヒーターのブラウニー・クリスプ
　　18-9 (ビスコッティとクッキーの項も参照)
ビスコッティ
　チョコレートとオレンジ、ジンジャー 194-5
　ピスタチオとイチジクのチョコレート 192-3
ピスタチオ
　イチジクのチョコレート・ビスコッティ
　　192-3
　ダーク・チョコレート 179
　チョコレート・ティフィン 26-7
　チョコレートとクランベリーの
　　レイヤー・ポット 130-1
ピティヴィエ、サイモン・ホプキンソンの
　チョコレート 197-9
ピーナッツ・バター
　カップケーキ、プリムローズ・ベーカリー
　　40-1
　チョコレート・パイ、ダリーナ・アレン 88-9
フェンネル・シードのブリットル 86-7
フォンダン、究極のチョコレート 96
フォンデュ、グリーン・アンド・ブラックスの
　きわめつき 150-3
フラップジャック、チョコレート・ソースがけの
　フルーティタイプ 80
フラン、「オールド・イングリッシュ」
　チョコレート 80
フリッター、チョコレート 190-1
フロスティング 40-3, 44, 45, 60-2
　(バタークリーム、アイシングの項も参照)
ブッシュ・ド・ノエル 116-7
ブラウニー
　究極のチョコレート 34-5
　チョコレートとラズベリーのチーズケーキ
　　36-7
　メイダ・ヒーターのクリスプ 18-9
　ブラックベリーとホワイト・チョコレートの
　　カップケーキ 42-3
ブランデーとダーク・チョコレートとチェリーの
　ケーキ 64-5
ブリットル、フェンネル・シード 86-7
ブレッド
　いなか風のチョコレートとバナナ 54-5
　ローフ、オールインワン・スパイシー・
　　チョコレート 56-7
プディング

カッサータ 112
究極のチョコレート・フォンダン 96
グルテンフリーのチョコレート・ファッジ・
　プディング 97
ジェーンのクリスマス・プディング 114
チョコレート・シャルロット 104
チョコレート・スティッキー・トフィー・
　プディング・ケーキ 102
チョコレートとラズベリーのクロワッサン・
　プディング 100
チョコレートのスチームド・プディング 98
チョコレート・プディング・パイ 90
プラリネ 139-41
ベイクド・アラスカ 167
ペイストリー
　ショートクラスト 30-1, 81, 88-9
　チョコレート 84
　パフ 142-3, 197-9
ペカンとチョコレートのパイ 94-5
ヘーゼルナッツとチョコレートのとびきり
　しっとりクッキー 20-1
ホット・チョコレート
　アーモンド 182
　ジンジャー 181
　スペイン風チョコレート 183
　ダーク・チョコレート・ワイン 180
　マヤゴールド 182
　ミルク、ラム、チョコレート・トディ 181
　ミント 181
ホワイト・チョコレート
　イチゴのチーズケーキ 146-7
　うっとりするほどなめらかなフロスティング
　　60-2
　カルダモンのライス・プディング、
　　マーマレードとコアントローのソース添え
　　134-5
　ガナッシュ 22-3
　パッション・フルーツ・デリス 128
　ブラックベリーのカップケーキ 42-3
　マーブル・ムース 122-3
　ラズベリー・チーズケーキ・ブラウニー
　　36-7
　レモン・チーズケーキ・アイスクリーム
　　162-3
ポット
　5分でできるチョコレート 124-5
　チョコレート、クランベリー、ピスタチオ
　　130-1
ポップコーン、塩キャラメル、
　ミルク・チョコレート 179

ま

マシュマロ、チョコレート 186-7
抹茶とホワイト・チョコレートの
　ニュー・オーリンズ・フィズ 205
マティーニ、アーティザンのチョコレート 204
マドレーヌ、チョコチップ 48-9
マフィン、チョコレートとカルダモン 47
マヤゴールド 10
　アレグラ・マッキーヴァディの百万長者じゃ
　　ない人のショートブレッド 24-5
　究極のチョコレート・フォンデュ 151
　ピュア・ゴールド・シー・ソルト・チョコレート・
　　ジンジャー・タルト、フェンネル・シードの
　　ブリットル添え 86
　ホット・チョコレート 182
　マーマレードとカルダモンのソース 134-5
　ミルク、ラム、チョコレート・トディ 181
ミルフィーユ 142-3
　チョコレート・アイス 170
ミント・チョコレート
　究極のチョコレート・フォンデュ 151
　ホット 181
　ボム 156-7

ムース
　ダークとミルク・チョコレート 120-1
　チェリー・チョコレート 120-1
　ホワイト・チョコレートとパッション・
　　フルーツのデリス 128
　マーブル 122-3
メレンゲ
　チョコレート・パイ 92-3
　ベイクド・アラスカ 167

や

洋ナシ
　コンポート、ジンジャーとダーク・
　　チョコレートのルーラード 108-9
　チョコレートのタタン 82-3
　バニラ・コンポート、チョコレート・パンナ・
　　コッタ 149

ら

ライス・プディング
　チョコレートとココナッツ 132-3
　ホワイト・チョコレートとカルダモン、
　　マーマレードとコアントローのソース添え
　　134-5
ラズベリー
　チョコレート・クロワッサン・プディング
　　100-1
　チョコレート・チーズケーキ・ブラウニー
　　36-7
　チョコレートとアーモンドのバースデー・
　　ケーキ、リンジー・ベラム 66-7
ラム
　ミルク、チョコレート・トディ 181
　レーズン・チョコレート・ディプロマット
　　139-41
　レーズン、ミルク・チョコレート、セミフレッド
　　166
リコッタ
　アニー・ベルの罪悪感ゼロのチョコレート・
　　ケーキ 58-9
　カッサータ 112-3
　デリアのチョコレート・チーズケーキ 144-5
リコリス・チョコレート・デリス、ココア・
　ウエハース添え 129
ルーラード
　ジンジャーとダーク・チョコレート、
　　洋ナシのコンポート入り 108-9
　なつかしいチェリー・チョコレートと
　　アーモンドのロール・ケーキ 106-7
　ブッシュ・ド・ノエル 116-7
　ブルー・リースの究極のチョコレート 110
　レモン・チーズケーキとホワイト・チョコレートの
　　アイスクリーム 162-3
レーズン
　ミルク・チョコレートとラムのセミフレッド
　　166
　ラムとチョコレートのディプロマット 139-41
ローフ、オールインワン・スパイシー・
　チョコレート 56-7
ロール・ケーキ、なつかしいチェリー・
　チョコレートとアーモンド 106-7

わ

ワイン、ダーク・チョコレート 180

GREEN & BLACK'S ORGANIC
ULTIMATE CHOCOLATE RECIPES
THE NEW COLLECTION

究極のチョコレートレシピ

発　　　行	2012年4月20日
発 行 者	平野　陽三
発 行 元	ガイアブックス

　　　　〒169-0074 東京都新宿区北新宿 3-14-8
　　　　TEL.03(3366)1411　FAX.03(3366)3503
　　　　http://www.gaiajapan.co.jp

発 売 元　産調出版株式会社

Copyright SUNCHOH SHUPPAN INC. JAPAN2012
ISBN978-4-88282-834-1 C2077

落丁本・乱丁本はお取り替えいたします。
本書を許可なく複製することは、かたくお断わりします。
Printed in China

MIX
Paper from responsible sources
FSC® C008047

編集：
ミカ・カー＝ヒル (Micah Carr-Hill)
「グリーン・アンド・ブラックス（GREEN&BLACK'S）」のテイスティング部門統率者として、チョコレートからアイスクリームにいたるまで、全新製品のレシピを手がける。新たな味が「グリーン・アンド・ブラックス」の基準に達しているか判断するのも、製品化へのゴーサインを出すのも彼の仕事。「グリーン・アンド・ブラックス」は1991年、ジョセフィン・フェアレーとクレイグ・サムズにより、環境を損なうことなく、良質なおいしいオーガニック・チョコレートをつくりたいとの願いのもと創業された。イギリス初となるカカオ70%のチョコレートや世界初のオーガニック・チョコレートを販売したことでも知られる。1994年には、同社の"マヤゴールド"が世界初のフェアトレード認証を受ける。2011年末までには、すべてのフレーバーがフェアドレード・チョコレートとして認められる予定。同社初のレシピ本『Unwrapped : Green & Black's Chocolate Recipes』(2003年出版)は、グルマン世界料理本大賞で「チョコレート部門最優秀賞」を受賞、世界中で50万部以上を売り上げる。

翻訳者：
岩田 佳代子 （いわた かよこ）
清泉女子大学文学部英文学科卒業。訳書に『良質カロリーの携帯便利帳』『ケビン・マクラウドの最新カラーデザイン』（いずれも産調出版）など。

NET WEIGHT 70 GRS.
Packed by
SPAIN
www.pimenton-ladalia.com
CALIDAD : DULCE
QUALITY : SWEET
GREEN&BLACK'S® 72% BAKING CHOCOLATE
GREEN&BLACK'S® 72% BAKING CHOCOLATE
GREEN & BLACK'S
ORGANIC
ADD HOT MILK
Net Wt. 5.3oz (150g)
USDA
ORGANIC